MARBURGER JAHRBUCH THEOLOGIE XXXVI

MARBURGER THEOLOGISCHE STUDIEN

145

begründet von

Hans Graß und Werner Georg Kümmel

herausgegeben von

Friedhelm Hartenstein und Michael Moxter

MARBURGER JAHRBUCH

THEOLOGIE

XXXVI

DAS NEUE

herausgegeben von

Elisabeth Gräb-Schmidt und Martina Kumlehn

EVANGELISCHE VERLAGSANSTALT
Leipzig

Die Deutsche Nationalbibliothek verzeichnet diese Publikation in der Deutschen Nationalbibliographie; detaillierte bibliographische Daten sind im Internet über http://dnb.dnb.de abrufbar.

Printed in Germany

Das Buch wurde auf alterungsbeständigem Papier gedruckt.

Bei Fragen zur Produktsicherheit wenden Sie sich bitte an info@eva-leipzig.de.

Cover: Zacharias Bähring, Leipzig
Satz: Ulrike Meinhold/Susanne Schleeger, München
Druck und Binden: AZ Druck und Datentechnik GmbH, Kempten

ISBN 978-3-374-07961-2 // eISBN (PDF) 978-3-374-07962-9

www.eva-leipzig.de

Inhaltsverzeichnis

Vorwort

Der vorliegende Band des Marburger Jahrbuchs geht auf die Frühjahrstagung 2024 zurück, die sich dem anspruchsvollen Thema »Das Neue« gestellt hat. Das »Neue« gibt zu denken, das gilt schon für die Einordnung und Bestimmung des Begriffs des Neuen selbst. So setzt diese eine Beantwortung vielfältiger Fragen voraus: Wendet sich das Neue gegen eine Tradition oder gegen das immerwährende Gleiche? Wird das Neue als theologische Kategorie betrachtet, so werden vor allem in und neben seinen heilsgeschichtlichen Aspekten, auch seine ontologischen Implikationen und damit die Ambivalenzen und Ambiguitäten, die diesen Begriff begleiten, augenscheinlich. Welche Verheißungen oder Verwerfungen gehen mit dem Begriff des Neuen einher? Welche Konfiguration nimmt der Begriff an, wenn er in der Spannung von Immanenz und Transzendenz gehalten wird? Gibt es wahrhaft Neues? Was unterscheidet das Neue vom Anfang, oder ist das Neue und der Anfang dasselbe? Nicht nur der Gedanke der creatio ex nihilo, auch Augustins Überlegungen zum Anfang als conditio sine qua non der Charakterisierung des Menschen können in dieser Linie der Gleichsetzung von Anfang und Neuem verstanden werden. Für ihn wurde der Anfang, das Anfangsein zum Adelszeichen des Menschen »ut initium esset, homo creatus est«. Diese emphatische Betonung des Anfangs bei Augustin war es denn auch, die Hannah Arendt inspiriert hat, in der Geburtlichkeit den Gedanken der Humanität des Menschseins verortet zu sehen. Freiheit als Anfangenkönnen, das ist es, was das Menschsein auszeichnet und das in der Geburtlichkeit gewissermaßen sein biologisches Pendant der Geistwerdung des Menschen findet. Dabei zeigen sich im Anfang als Freiheit verstanden die Ambivalenzen des Lebens in seinen Brüchen und Übergängen. Solch Neues ereignet sich als Anfang an der Grenzlinie zwischen Transzendenz und Immanenz. Sie, diese Grenzlinien, Brüche und Übergänge sind es, die »Neues unter der Sonne« nicht lediglich als Illusion, sondern im Gegenteil auch als Lebenserfahrung immer wieder möglich machen.

Das »Neue« ist eine zentrale Botschaft der Bibel, sowohl des Alten als auch das Neuen Testaments. Die Rede von einem »neuen Bund« und einer »neuen Schöpfung« qualifiziert das Gottesverhältnis des Menschen, seiner Mit- und Umwelt. Sie verheißt den neuen Menschen nicht nur, sondern auch einen neuen Himmel und eine neue Erde. So ist das Neue als eine »Grundfigur des christlichen Glaubens« (Hartmut von Sass) zu begreifen und nach Paul Tillich ist es als besonders dem Geist des Protestantismus entsprechend, »wenn er eine Philosophie des Neuen schaffen würde«.

Die Beiträge des vorliegenden Bandes beleuchten die unterschiedlichen Dimensionen der Rede vom Neuen aus theologischer Perspektive. Zwei theologisch-exegetische Beiträge untersuchen die Thematik des Neuen, wie sie im Alten Testament und frühen Christentum sich darstellen. So zieht Friedhelm Hartenstein die Linien einer Kategorie des »Neuen« im Alten Testament aus und kennzeichnet dieses als einen zentralen Begriff nachexilischer Theologie mit ausgreifender Wirkungsgeschichte, während Jens Schröter Texte des frühen Christentums daraufhin befragt, was eigentlich das Neue am christlichen Glauben ist. Dem schließen sich zwei systematisch-theologische Beiträge an, die die Kategorialität des Neuen zum Untersuchungsgegenstand machen, einmal derjenige von Heiko Schulz, der Diskursfelder und Kernprobleme der Kategorie des Neuen benennt und analysiert, sowie derjenige von Notger Slenczka, der auf sprachphänomenologischer Ebene das Neuwerden auf seine theologischen Implikationen durchleuchtet. Ein Superadditum, ebenfalls von Notger Slenczka, beschließt die Beiträge. Mit seiner Abschiedsvorlesung zeigt er, dass die Theologie nicht zum Ende kommen kann, so lange das Neue ihr Gegenstand bleibt, wie es in der Christologie, die den neuen Menschen anspricht, adressiert ist.

Unser besonderer Dank geht sowohl an die Autoren als auch an Frau Ulrike Meinhold und Frau Susanne Schleeger, die mit Geduld und Sorgfalt das Manuskript erstellt haben.

Tübingen/Rostock im Frühsommer 2025

Elisabeth Gräb-Schmidt/Martina Kumlehn

Cornelia Richter

Einleitung

1. Das Neue – Meditative Einstimmung

Das Neue. Was neu ist, hat noch keine Kratzer, keine abgeschlagenen Kanten; die Farbe ist noch nicht abgeblättert, es sieht frisch und unverbraucht aus. Meistens trägt es noch den Geruch seiner Herstellung an sich, den Geruch von Feld oder Garten, Werkstatt oder Industriehalle. Das Neue ist noch unberührt von dem, was kommt, es wurde noch nicht in Gebrauch genommen, es wurde noch nicht geprägt, selten signiert.

Es lassen sich viele »noch-Nicht[se]« nennen, wenn es um das Neue geht. Aber es gibt auch die andere Seite, denn vor allem Neuen hat es anderes gegeben. Selten freilich (oder nie?) hat es vorher »gar nichts« gegeben, denn sogar das »Nichts« wäre dann gegeben gewesen – mindestens als Definiens dessen, was dann als »das Neue« bezeichnet würde. Immer hat es also das gegeben, was war und entweder »alt« oder »früher« war.

Was jetzt alt ist, ist gezeichnet von den Spuren des Gebrauchs: Zerkratzt, abgeschlagen, verblasst, und vor allem getränkt mit dem Geruch, vielleicht auch mit dem Duft des Vergangenen. Von manchem »Altem« löst man sich leicht, wirft es erleichtert und in hohem Bogen hinaus, denn eigentlich wollte man es ja schon vor Jahren entsorgen! Anderes durfte bleiben, wurde über viele Jahre hinweg immer wieder in die Hand genommen, geprüft – und dann, »ach, lass mal, ist doch noch gut«, darf es bleiben. Manches bleibt nur für eine Weile, anderes dann doch auf immer, meist in Verbindung mit einem ewigen Provisorium.

Es ist nicht immer leicht, loszulassen, was war. Selbst dann nicht, wenn man froh ist, den Krempel endlich aus dem Haus zu haben. Weil sich das, was rausfliegt, eingeprägt hat – nicht nur als Gegenstand, sondern auch im Fokus der Blickrichtung, im Weg durch den Alltag. Sogar das, was immer nur im Weg gestanden hat, hatte seinen Platz. Der nun leer ist und den Weg vielleicht frei gibt, aber der Umweg ist trotzdem zur Gewohnheit geworden, so dass man im Dunkeln unwillkürlich innehält – bis man merkt: »Ach so, ja, ist ja weg.«

Wieviel schwerer wird das Loslassen, wenn man sich von Liebgewordenem trennen musste, keine andere Wahl hatte. Weil es nicht mehr ging, aus welchen Gründen auch immer. Dann ist nicht nur sein Platz leer, dann wird die Leere auch zum Warteraum, vielleicht sogar zum Mahnmal. Doch sogar hier stellt sich ein Paradox ein, weil diese Art der Leere zuweilen die gefüllteste überhaupt ist; weil sie für das steht, was verabschiedet werden musste und es so erst recht in die volle Präsenz setzt. Im äußersten Fall gilt das vor allem für die Menschen, die man gehen lassen musste. Selten ist jemand so präsent wie sie, die nun nicht mehr da sind.

Wie füllt man diese Art der Leere? Kann man in ihrer Gegenwart von »Neuem« und »Altem« sprechen? Wohl eher von »Neuem« und »Früherem«, und selbst dann ist offen, ob damit die Geschichte gemeint ist oder die Phänomenologie der eigenen Existenz.

Das, was war, kann allerdings auch auf andere Weise das »Frühere« gewesen sein, nämlich das, was im ewigen Wechsel von Werden und Vergehen die Bedingung dafür ist, dass immer wieder Neues entsteht. Man könnte an Tag und Nacht denken, an Neu- und Vollmond, an den Wechsel der Jahreszeiten, die Generationenfolge unter Tier und Mensch, oder schlicht an das Gleichmaß der anbrandenden Wellen am Meer. Für diese Art des Neuen ist das relative Gleichmaß der Abfolge entscheidend, der Rhythmus. Selig, wer gelassen in ihn einzustimmen vermag, denn er gibt den Takt vor und bestimmt uns, ob wir ihn als angenehm empfinden oder nicht. Ob man dann von »Neuem« oder vom »Kommenden« spricht, mag (auch) eine Frage der Vorliebe und Gewohnheit sein, aber entscheidend ist: Es geht um eine Umkehr der Blickrichtung, weg von dem, was vergangen ist, hin zu dem, was kommt oder kommen könnte, was man erhofft oder auch ambivalent befürchtet.

2. Zu den einzelnen Beiträgen des Bandes

Das Neue. Man könnte ihm also auf vielerlei Weise auf die Spur kommen und genau das wird mit den Beiträgen des vorliegenden Bandes versucht. Sie sind aus den disziplinären Perspektiven des Alten Testaments (Friedhelm Hartenstein), des Neuen Testaments (Jens Schröter) und der Systematischen Theologie (Heiko Schulz und Notger Slenczka) geschrieben. Das Bestechende an jedem einzelnen Beitrag ist, dass sich das, was in der meditativen Einstimmung in knappen Zügen alltagsphänomenologisch skizziert ist, ebenso gut quer durch die Geschichte und ihre Traditionen erzählen lässt. Denn die Genese des

Christentums in der allmählichen Ausdifferenzierung von jüdischen, heidnischen und schließlich auch explizit christlichen Traditionen ist über zahlreiche Prozesse der Abgrenzung, Modifikation und neuen Orientierung verlaufen. Solche Prozesse brauchen Zeit, verlaufen je nach Orten und Beteiligten unterschiedlich und haben daher eine hohe Ungleichzeitigkeit. Was aus heutiger Sicht als ein scheinbar geradlinig verlaufener Entwicklungs- oder gar Fortschrittsprozess erscheinen mag, ist historisch gesehen ein wesentlich komplexerer, weil vielfältig verzweigter Prozess. Umso problematischer ist es, dass sich manche der interpretativen Fortschrittserzählungen - zum Teil machtvoll und gewaltbewehrt - durchgesetzt haben, während andere Interpretationslinien in den Hintergrund getreten sind. Die damit verbundenen Spannungen und Diskussionen wirken bis heute nach.

2.1 Friedhelm Hartenstein untersucht *Die Kategorie des »Neuen« (ḥdš) im Alten Testament* und legt den Akzent auf die nachexilische Theologie und ihre Wirkung. Im ersten Abschnitt geht es um schöpfungstheologische Traditionen, die sowohl »Ausdruck der Beständigkeit des Weltprozesses und der Einzigkeit Gottes« (Abschnitt 1.1) sein können als auch unterschiedliche Lesarten des berühmten Wortes »nichts Neues unter der Sonne« aus Koh 1,9 zum Ausdruck bringen können: Manche lesen es als »Verneinung der Möglichkeit von ›Neuem‹ wegen der Erfahrung von Sinnlosigkeit angesichts der ›ewigen Wiederkehr des Gleichen‹« (3), andere lesen es im Sinne der »kosmischen Rhythmen« (3), in die man nur einstimmen kann, weil sie jedes einzelne Leben übersteigen. »Neues« (oder auch »Kommendes«) wird gleichwohl erwartet und wird damit zum Interpretationsfaktor von Geschichte, über deren heilvolle und/oder unheilvolle Entwicklungen hinaus sich allmählich die Erwartung »einer Neuschaffung des Kosmos und Jerusalems« (3) aufbaut. In den folgenden Abschnitten 2–4 zeichnet Hartenstein eindrücklich die damit verbundenen Diskurswege nach, die sich in und mit den Texten entfalten und ihren Dreh- und Angelpunkt im »schöpfungstheologisch begründete[n] explizite[n] Monotheismus ab der Perserzeit« (4) haben. Seine Ausführungen starten noch im ersten Abschnitt mit einem Überblick zur »Semantik von ›neu‹ und ›Neues‹« (4) im Alten Testament, folgen in den Abschnitten 2–4 den o. g. Diskurslinien und enden in Abschnitt 5 mit einer Coda, die knapp, aber grundlegend auf die rezeptionsgeschichtliche und kanontheologische Kontinuität und Diskontinuität von jüdischer und christlicher Tradition eingeht.

Er unterscheidet dabei u. a. zwischen gründungsmythischen und schuldgeschichtlichen Geschichtskonzeptionen (Abschnitt 2.2) sowie zwischen kosmologischen und anthropologischen Akzenten (Abschnitt 3.1), die sich allesamt nur über ihre historischen Hintergründe und ihr »intertextuelles Bezugssystem« (21) verstehen lassen. Was schöpfungstheologisch für den Kosmos gelte, was im »alten« Bund an die äußerlichen Anhaltspunkte von Tafeln oder Tempel gebunden gewesen sei, werde über die historischen Ereignisse ihres Verlusts im »neuen« Bund anthropologisch verstanden als Umwandlung des menschlichen Herzens oder Geistes. Das Faszinierende an diesen Prozessen ist, dass sie in Worte eingegangen sind, die Menschen bis heute existentiell berühren wie z. B. in Ez 36,26: »Und ich werde euch ein neues Herz geben und einen neuen Geist in euer Inneres legen« (Ü Hartenstein, 25) und dessen Bezugsstelle Ps 51,12: »Schaffe in mir, Gott, ein reines Herz und gib mir einen neuen, beständigen Geist« (Ü Luther 2017). In ihrer Genese seien die bis heute eindrücklichen Sprachbilder freilich eng an ihre historischen Kontexte gebunden, die im Kontext des Hellenismus dann mit mit umfassenden, aber noch nicht im engeren Sinne apokalyptischen Bildern angereichert worden seien (Abschnitt 4). In ihnen dominierten erneut kosmologische Bilder, wie z.B. in Jes 65,17 »Siehe, ich schaffe einen neuen Himmel und eine neue Erde« (Ü Hartenstein, 27) und sie seien ausgerichtet an der freudigen, Gott lobenden Hoffnung auf neues Leben. Möglich sei dies dank des bleibenden schöpfungstheologischen, monotheistischen und damit (in Gen 1–11) letztlich universalen Rahmens der Diskurslinie. Hartenstein schließt damit, dass der Universalismus, obwohl er sich in christlicher Deutung mit der Figur Jesu verbunden habe, nicht automatisch zu einer Überbietungs- und Überwindungslogik hätte führen müssen. Dieser habe erst mit der konstantinischen Wende eingesetzt (Abschnitt 5).

2.2. *Jens Schröter* schlägt unter dem Titel »Was ist neu am christlichen Glauben? Beobachtungen an Texten des frühen Christentums« eine ähnliche und doch anders akzentuierte Lesart vor. Ebenso wie Hartenstein, legt Schröter großen Wert auf die historischen, d. h. immer auch sozialen und politischen Kontexte der Texte, in denen es über die zunächst innerjüdisch geführten Diskurse nur sehr allmählich zu einer Loslösung von den jüdischen Traditionen und zu einer Ausdifferenzierung in genuin jüdische und christliche Gemeinschaften gekommen ist. Das entscheidende Differenzpotential lag in der Einbeziehung der sog. Heiden im griechisch-römischen Kontext, weil sich an ihrer Integration die Debatte um die Bewahrung oder Relativierung jüdischer Riten und Gebote entzündete. Dennoch sei der Christusglaube anfänglich »nicht als Alternative zum jüdischen Glauben, sondern als dessen Modifikation und Weiterführung aufgefasst« worden; das habe sich erst »seit dem 2. Jahrhundert zunehmend geändert« (44).

Was ist dann das »Neue« am christlichen Glauben? Schröters Antwort ist eindeutig der generelle Bezug auf Jesus Christus. In diesem Bezug unterscheidet er allerdings drei Interpretationslinien, die im innerjüdischen Diskurs und im Diskurs in die griechisch-römische Welt durchaus in Spannung standen (Abschnitt 1). Das »Neue« beziehe sich erstens mit 2 Kor 5,17 auf die An-/Erkenntnis Jesu Christi, zweitens auf eine neue, auf dieser Erkenntnis gründende Lebensweise, die schließlich drittens – in der Argumentation sehr ähnlich wie bei Hartenstein – auf den apokalyptischen Horizont bei Jesaja bezogen werde. Die dort in Aussicht gestellte Neuschöpfung von Himmel und Erde werde von Paulus mit dem »Mensch[en] in Christus« (33) verknüpft. In den Abschnitten 2–4 werden im Ausgang von diesen drei Interpretationssträngen weitere Vertiefungen vorgestellt: Ethos, Geschichte und Zukunft (vgl. so knapp und klar im Fazit in Abschnitt 5).

Im Zentrum steht für Schröter die Rede von der christlichen Existenz als »neue Existenz« (Abschnitt 2), wobei sich das Evangelium für Paulus noch als »eine Heilsbotschaft für *alle* Menschen« (36) dargestellt habe, die »die Unterscheidung von Juden und Heiden hinter sich« gelassen habe (36). Aus heutiger Sicht hält es Schröter ebenso wie Hartenstein für entscheidend zu verstehen, dass die frühen Konflikte innerjüdische Auseinandersetzungen waren und sich der Gegensatz zwischen Juden und Christen erst ab dem 2. Jahrhundert mit einer zunehmend schärferen Abgrenzungspolemik durchzusetzen begonnen habe. Den Weg dorthin zeichnet Schröter in allen folgenden Abschnitten anhand zahlreicher Texte der Briefliteratur, Evangelien und lukanischem Doppelwerk bis in die Literatur der Kirchenväter hinein nach. Auf diesem Weg sei es im 2. Jahrhundert nicht nur zur Reklamierung des »Alten Testaments« als Schrift des Christentums gekommen, sondern auch zur theologischen »Differenz zwischen dem obersten, guten Gott und dem bösen, strafenden Schöpfergott« (41). Umgekehrt habe das für das Christentum die Folge gehabt, als eine geschichts- und traditionslose Religion zu gelten, weshalb bereits Paulus versucht habe, die christliche Existenz im Sinne einer Herkunftsgarantie aus dem hoch geschätzten Judentum als eine »Existenz im Alten« vorzustellen (43, Abschnitt 3). Die Folgegeschichte sei allerdings bis ins 20. Jahrhundert hinein von einer zunehmenden Entfremdung gekennzeichnet gewesen. Über diese gegensätzliche Spannung hinaus verlagert die dritte von Schröter vorgestellte Vertiefung die Debatte in die apokalyptisch imaginierte Eschatologie, und zwar als Reaktion auf die politisch und sozial schwierigen Kontexte der Zeit, die Verfolgung und Märtyrertum mit sich brachten (Abschnitt 4). Für Paulus sei es eindeutig der Glaube an Christus (und nicht die Bindung an oder Herkunft aus dem jüdischen Glauben), der zukünftig die Erlösung garantiere. Je nach Adressatenlage argumentierten Paulus und die Synoptiker auf unterschiedliche Weise mit dem Gedanken/Bild einer Auferstehung von den Toten bzw. Gericht (des Menschensohns), weil die Vorstellung der Auferstehung zwar im Judentum bekannt gewesen sei, nicht aber in der griechisch-römischen Welt. Insgesamt entscheidend sei aber die Vorstellung gewesen, dass die gegenwärtige bedrängte Welt an ihr Ende kommen und man hoffen dürfe, dass sie durch Gottes Eingreifen zu Erlösung und Vollendung geführt werde (vgl. 51–54).

2.3 Von den beiden exegetischen Beiträgen geht es jetzt über in die beiden systematisch-theologischen: *Heiko Schulz* wählt unter dem Titel »Die Paradoxie des Neuen. Diskursfelder und Probleme einer vielschichtigen Kategorie« einen diskursreflexiven und analytischen Zugang, der – so die Vorbemerkung (in Abschnitt 1) – den Zwischenstand eines längeren und noch unabgeschlossenen Arbeitsprozesses markiert. Zunächst stellt Schulz (in Abschnitt 2) verschiedene jüngere disziplinspezifische Zugänge zu Begriff und Thema des Neuen dar, die von der Ökonomie und Psychologie über Naturwissenschaft und Technik hin zu Biologie und Transhumanismus reichen. Auf geisteswissenschaftlicher Seite werden Ansätze aus Geschichtswissenschaft, Kunst- und Literaturwissenschaft, Philosophie und Theologie vorgestellt. Schon hier zeigt sich, dass der Begriff des Neuen mit Begriffen wie Kreativität, Innovation und Unerwartetem zu tun hat, aber auch mit so etwas wie Mutation, Zufall, Emergenz und Indeterminismus. Darüber hinaus lassen sich zahlreiche ästhetische, erkenntnistheoretische, anthropologische und ethische Aspekte nennen. Unter den philosophischen Positionen werden vor allem Blochs ontologische »Theorie des Noch-Nicht-Bewussten« (63), Arendts anthropologisches Existential der Natalität und Lévinas' ethisches Konzept des Anderen portraitiert. Ergänzt wird der Passus zur Philosophie mit einer knappen Reflexion zum Verhältnis der französischen Varianten »futur« (Kontinuität/Fortsetzung des Gegenwärtigen) und »avenir« (das Ankommende, Ankünftige, Erwartete), denn das bildet sowohl eine Brücke zu den exegetischen Beiträgen von Hartenstein und Schröter (vgl. 67) sowie zu den folgenden theologischen Positionen: Anhand von Moltmann, Barth und Gogarten zeigt Schulz nämlich verschiedene Dimensionen der paradoxen Dialektik, dass die eschatologische Erwartung des Neuen auf das Vergangene zurückweist, also auf Jesus Christus (bzw. Kreuz und Auferstehung). Offen bleibt für Schulz, inwiefern sich der »radikal eschatologische[] Horizont« (70) nicht nur (wie bei Barth und Gogarten) anthropologisch und kosmologisch, sondern auch theologisch »ausbuchstabieren« (70) lassen müsse.

Das Ergebnis der Diskursdarstellung ist eine ausgesprochen gut nachvollziehbare Problemanzeige: Der Begriff des Neuen werde »in der Regel usurpiert bzw. allzu leichthändig, nämlich primär als Analyse*medium* statt als (de facto explikationsbedürftiger) Gegenstand in Anspruch genommen« (71). Deshalb müsse es nun zuerst um »Möglichkeit und Eigenart des Neuen« gehen (in Abschnitt 3), gefolgt von einer Reflexion des Neuen »als ethisch-religiöse Orientierungskategorie« (72, in Abschnitt 4). Ausgeführt wird dies (in Abschnitt 3) anhand von Kierkegaard bzw. Constantin Constantius, und zwar in einer ausgesprochen komplexen Argumentation. Es geht Schulz um eine dialektische oder aporetische Problemkonstellation, weil »das, was die Möglichkeit der Wiederholung notwendig bedingt, zugleich für deren Unmöglichkeit einsteht bzw. hinreicht« (72); das wiederum habe zentral mit der Abhängigkeit von Bewusstsein und Sprache zu tun. Die Lösung liege in »der Bereitschaft, mit der realen Möglichkeit paradoxer Sachverhalte zu rechnen« (74) und das impliziere die ontologische Prämisse, dass das Neue mit Bloch ein immer schon Wirkliches sei, »das sich möglich mach[e]« (74). Dieser Gedanke wird nun in mehreren Varianten analysiert und mündet ein in die These: Das absolut Neue ist dadurch gekennzeichnet, dass sich in ihm eine Wirklichkeit »zur Darstellung bringt, die paradoxerweise ihre eigene Möglichkeit bedingt und in diesem Sinne ein ›Unmögliches‹ wirklich werden lässt.« (78)

Mit diesem Gedanken geht Schulz über in die Diskussion der ethisch-religiösen Dimension (in Abschnitt 4), in der es um Schuld, Reue, Sünde, um die Möglichkeit des neuen Anfangens, um das Böse und um das Gute geht. Die Pointe dieses Abschnitts ist die Verhältnisbestimmung von Neuem und Anfang, weil nur im Feld des Ethischen Neues und Anfang zusammenfallen würden (vgl. 79). Mit Wittgenstein und Kierkegaard bzw. Johannes Climacus argumentiert Schulz daher für ein Anfangen, das sich – kurz gesagt – selbst so radikal frei und neu in die Zukunft entwirft, als ob es seine eigene Vergangenheit nie gegeben hätte (vgl. 81). Die Frage ist nur, ob und wie dies unter den

Bedingungen der Sünde jemals möglich wäre, weil streng genommen nur das Gute einen absoluten Anfang machen und weil auch nur das Gute das Böse überwinden könnte. Die von Schulz vorgetragene Argumentation ist überaus detailliert und bestechend in der Analyse, aber sie bleibt im Ergebnis trotz ihres strikt analytischen und bewusstseinstheoretischen Gestus verblüffend eng an der biblischen bzw. christlich tradierten Heilsgeschichte von Schöpfung, Soteriologie und Eschatologie orientiert - auf den Punkt gebracht im thesenartigen Fazit (in Abschnitt 5).

2.4 Der vierte Beitrag stammt von *Notger Slenczka* und trägt den Titel »Novis linguis loqui - Vom Neuwerden als Sprachphänomen«. Angesichts der Länge sind die chronologische Vorausschau in Abschnitt 1.4 und die an mehreren Stellen eingefügten Zusammenfassungen hilfreich, die mit der hier vorzunehmenden systematisierenden Übersicht zu verbinden ist. In der Hinführung (Abschnitt 1) macht Slenczka deutlich, dass das Neue als Gegenstand theologischer Reflexion, als Ausdruck eines Wertungsprozesses und einer Parteinahme und damit von vornherein als eine »hermeneutische Kategorie« (92; vgl. auch 113–114, 122) zu behandeln ist. Schon damit tritt der Beitrag in eine methodische Spannung zu jenem von Schulz. Freilich eine solche, die sich aus tradierten Texten speist und in ihrer Wirkungsgeschichte das Potential hat, auf individuelle und kollektive biographische Aneignungen (etwa Bekehrungserzählungen) zurück zu wirken. In diesen Prozess sind wiederum existentielle und sprachlogische Dynamiken impliziert, so dass Slenczka das Neue »wesentlich« als »nova lingua« bzw. »neue Sprache« bestimmen kann (92).

In der Durchführung bearbeitet Slenczka so viele Autoren und Materialbestände, dass ihre Darstellung den Rahmen jeder Einführung sprengen würde. Für ihre Rekonstruktion leitend ist die (in 2.6) pointierte These, dass sich das Neue ebenso wenig wie das Alte an sich ausweisen würde, sondern »am Maßstab eines vorgegebenen Ideals« (100), das wiederum nur diskursiv erschlossen werden könne. Trotzdem bedarf das Neue *als* Neues für Slenczka offenbar mehr als einem sprachlichen Deutungsakt: Es muss (wie bei Schulz) vielmehr den Charakter des Wunders an sich tragen, auch wenn dieses sprachlich und literarisch bewusst komponiert wird (wie z. B. in der Geburtsgeschichte nach Lukas). Inwiefern das Wunder selbst komponiert ist, bleibt (in Abschnitt 3) m. E. offen. Es bietet sich daher in der Tat an, (in Abschnitt 4) eine methodische Zwischenreflexion einzuschalten, »ob die Zukunft und damit das Neue zu allen Zeiten in gleicher Weise wahrgenommen wurde« (105). Mit Koselleck und Hölscher wird die theoretische Einsicht eröffnet, dass auch Geschichte und Zukunft als treibende Entwicklungsdynamiken erst entdeckt werden mussten. Lessing stehe in diesem Prozess Pate für eine auf Vernunft hin orientierte Voraussehbarkeit der Geschichte, Troeltsch für eine sich durch die Geschichte hindurcharbeitende komplexe Realisierungsdynamik, die auch für eine so außerordentliche Figur wie Jesus Christus gelte (vgl. 113).

Mit der Figur Jesu Christi ist Slenczka bei dem Thema der Selbstverortung des Christentums gegenüber dem Judentum angekommen (vgl. 92). Der für Slenczka entscheidende Gedanke liegt gar nicht so sehr in den Modi der Abgrenzung als in der Überlegung, inwiefern es mit und durch Jesu Verkündigung zu einem »Neuwerden des Verstehens« (116) bzw. zu einem neuen/anderen »*Verständnis* der alttestamentlichen Tradition« (119) gekommen sei. Anhand der Diskussion, u. a. der sog. »3rd Quest« zeigt sich für Slenczka, dass die Kategorisierung von »alt« oder »neu« sich nicht zuletzt »forschungsgeschichtlichen Zuordnung[en]« (121) verdanke.

Damit wäre allerdings noch nicht geklärt, weshalb die hermeneutische Unterscheidung von »alt« und »neu« in biographischer Hinsicht zu einer so existentiell relevanten und sogar »existentialen Kategorie« (125) werden kann. Dies lässt sich nach Slenczka an Luthers Unterscheidung von Gesetz und Evangelium lernen, die zu zahlreichen Missverständnissen im Blick auf »alt« und »neu« Anlass gegeben habe, die allerdings schon bei Luther selbst nur im Sinne einer Sprachhandlung zu verstehen seien (vgl. 126, besonders zur *communicatio idiomatum* 127; vgl. 129). Also alles »nur« Sprache, sogar bei Luther? Ja, weil alles eine Frage der Bezeichnung sei (vgl. 130) und sogar der Heilige Geist eine »[eigene] Grammatik« (130) habe, nämlich die »novis linguis loqui«, die de facto das »Evangelium« sei (130), weil sich in ihr eine neue Lebenswirklichkeit erschließe (vgl. 132–133).

Nach so viel Konstitutionslogik durch die Sprache erstaunt es nicht, dass (in Abschnitt 7) doch noch eine Wendung zur Vorgegebenheit von Sprache erfolgt, und zwar in dem Argument, dass Sprache »nicht einfach *unseren*, sondern kollektiven Erfahrungen entspringt, und das nicht einfach unseren Erfahrungen *entspringt*, sondern sie leitet« (136). In der Folge sei daher jede »Neubestimmung der Sprache als Neubestimmung der Wirklichkeit« (136) zu verstehen – und das wiederum erlaubt zu verstehen, weshalb es mit der christologischen Neubestimmung der Sprache sowohl zu einer »Neubestimmung der menschlichen Subjektivität« (136) als auch zu einer neuen Bestimmung Gottes habe kommen können (vgl. 137). In methodischer Hinsicht ist das entscheidende Stichwort hierfür: Performanz. Worte bzw. »Wortfelder haben insgesamt eine performative Kraft« (138) und haben daher die machtvolle Potenz, »eine neue Sicht von Gott, Selbst und Welt« (138) zu erschließen – und das bedeutet für Slenczka: »ein Neuwerden der Existenz, denn: wir sind nichts anderes als unser Selbstverständnis.« (138)

3. Christologie (donum superadditum), Verwandlung der Welt (Rezension) und ein Ausblick auf praktisch-theologische Diskussionspunkte

3.1 Die Beiträge von Hartenstein, Schröter, Schulz und Slenczka schließen in vielerlei Hinsicht an frühere Bände des Marburger Jahrbuch Theologie an, in besonderer Hinsicht vielleicht an »Das Böse« (MJTh XXXV, 2024), »Praxis« (MJTh XXXIV, 2023), »Geschichte« (MJTh XXXII, 2020), »Wunder« (MJTh XXVIII, 2016), »Das Alte Testament in der Theologie« (MJTh XXV, 2013), »Auferstehung« (MJTh XXIV, 2012) oder »Christologie« (MJTh XXIII, 2011) – eine ausführliche Übersicht findet sich ganz am Ende des vorliegenden Bandes. Daran zeigt sich, dass der Theologische Arbeitskreis Pfullingen ein theologischer Diskussionskreis ist, der seinen Schwerpunkt zwar in der Systematischen Theologie hat, aber fortwährend das Gespräch mit den übrigen Disziplinen der Theologie sucht.

Für das Thema des Neuen ist es daher sehr zu begrüßen, dass das *donum superadditum* dem Thema der Christologie gewidmet ist, mit der aller Glaube anhebt und sich ein Leben lang entfalten darf, ausgeführt im strengen Modus der Theologie, die den Glauben reflektiert und ihn ein Leben lang zu verstehen sucht (vgl. 155). Vorgelegt ist dies in Form einer biographisch leicht eingefärbten Selbst-/Reflexion, denn es handelt sich um die Abschiedsvorlesung, die *Notger Slenczka* am 12. Februar 2025 in Berlin gehalten hat: Ohne Zweifel ein Anlass, ihm auch von Seiten des Theologischen Arbeitskreis Pfullingen für seine langjährige Lehrtätigkeit zu danken und für die weitere Forschung und Diskussionsfreudigkeit die besten Wünsche auszusprechen!

Ebenso bereichernd ist die *Rezension* aus der Feder *Peter Gemeinhardts* zum großen Werk von Andreas Merkt »Die religiöse Verwandlung der Welt« (2024), angereichert durch die Kontrastierung mit Dorothea Welteckes Werk »Die drei Ringe« (2024). Denn hier geht es quer durch die Kultur- und Kirchengeschichte um die Frage, wo eigentlich die Anfänge des Christentums liegen, wie sich Schriften, Institutionalisierungstendenzen und Praktiken zueinander verhalten und in welcher Weise sich mit dem christlichen Glauben tatsächlich eine grundlegende Verwandlung der Welt vollzogen hat – und zwar eine Verwandlung, deren ermutigende Kraft des Anfangens bis in die Gegenwart ansteckend wirken kann oder zumindest könnte.

3.2 Letzteres ist entscheidend für alle *praktisch-theologischen Vollzüge*, die sich zwischen Poimenik und Liturgik aufspannen, sei es auf der Ebene kirchenleitenden Handelns oder in stiller individueller Partizipation. Denn Transformationsprozesse aller Arten bergen ja nicht nur den positiv konnotierten Charakter des Wunders eines Neuanfangs in sich. Ebenso häufig gehen sie mit tiefer Ambivalenz bis hin zu schweren Abschieden und Verlusterfahrungen einher, wofür erneut die Christologie in der gesamten Bandbreite von Weihnachten, Karfreitag und Ostern aufgerufen werden kann. Über sie hinaus gilt im Blick auf die Praxis freilich allgemein: Was neu ist, kann oft noch nicht überblickt und eingeschätzt werden, es zeigt sich nur indirekt oder in ambiguer Weise. Häufig ahnt man eher als dass man schon wüsste, dass das bisherige vertraute Leben nun vorbei ist. Das gilt für anthropologische Phänomene wie den Eintritt in eine feste Beziehung mit langfristiger Übernahme von Verantwortung ebenso wie für die Entscheidung zu einer Trennung; es gilt für Schwangerschaft und Geburt oder auch für schwere Erkrankungen oder Unfälle mit Folgeschäden. In ähnlicher Weise könnte man an Schul- oder Berufswechsel, politisch-ökonomisch bedingte Migrationsbewegungen bis hin zu Flucht und Vertreibung denken. Häufig handelt es sich um Veränderungsprozesse, deren physische und psychische Bewältigung Zeit und ein hohes Maß an aktiven, mediopassiven und passiven Modi des Aushaltens und Gestaltens brauchen.

Es erstaunt daher nicht, dass kirchlich fest etablierte Passageriten wie Taufe, Konfirmation, Trauung, letztes Abendmahl, Beerdigung inzwischen in immer höherem Maße ergänzt werden durch neue Formen von Schul- und Abschlussgottesdiensten, Segnungsgottesdiensten für Coming Out oder Transition, ebenso bei Scheidungen oder öffentlichen Trauergottesdiensten nach Naturkatastrophen oder Gewaltakten. Denn die liturgischen Formen und Gestaltungsmöglichkeiten entlasten von der Notwendigkeit eigener kreativer Gestaltung und sie bieten Raum und Zeit für das bewusste Aussprechen der Ambivalenzen, sie erlauben das explizite Innehalten und Abschiednehmen und können durch die gemeinschaftliche Begleitung Mut machen, sich auf den Weg zu machen und sich auf die neuen Lebensumstände einzulassen. In der Vorbereitung und ggf. in der längerfristigen Begleitung verbinden sich Poimenik und Liturgik daher aufs Engste und sie gewinnen an Nachhaltigkeit, wenn es gelingt, sie in die bereits bestehenden Rhythmen von Kirchenjahr, Wochen- und Tagesrhythmus einzubinden. In ihnen setzen sie bewusste Momente des achtsamen Innehaltens und ambivalenzsensibler Nachdenklichkeit.

Es wäre ohne Zweifel lohnenswert, auf der Basis der im vorliegenden Band versammelten exegetischen und systematisch-theologischen Reflexionen zum Neuen noch einmal ausführlicher verschiedene Praxisfelder in den Blick zu nehmen, dann aber sicherlich auch im Abwägen von Neuem als Chance oder Überforderung. Über die liturgischen und poimenischen Konstellationen hinaus würde man dann (religions-)pädagogische und (religions-)psychologische Themenfelder ebenso mit in den Blick nehmen wie die Perspektive kirchenleitender Handlungsaufgaben. Die Themen werden uns jedenfalls nicht ausgehen.

Friedhelm Hartenstein

Die Kategorie des »Neuen« (*ḥdš*) im Alten Testament

Ein Beitrag zum Verständnis eines zentralen Begriffs nachexilischer Theologie und seiner Wirkung

1. Das »Neue« im Rahmen schöpfungstheologischen Denkens: Vorüberlegungen

1.1 Die Kategorie des »Neuen« in jüdischer Religionsphilosophie als Ausdruck der Beständigkeit des Weltprozesses und der Einzigkeit Gottes

> »[J]edes Neue ist eine neue Verneinung des Nichts, etwas nie Gewesenes, ein Anfang für sich, ein Unerhörtes, ein ›Neues unter der Sonne‹. Unendlich ist hier die Kraft der Verneinung des Nichts, aber endlich jede einzelne Wirkung dieser Kraft, unendlich die Fülle, endlich das Gesicht. Grundlos und richtungslos steigen die einzelnen Erscheinungen aus der Nacht; es ist ihnen nicht an die Stirn geschrieben, woher sie kommen, wohin sie gehen; sie sind. Indem sie sind, sind sie einzeln [...].«[1]

Diese Sätze aus dem ersten Teil des *»Stern der Erlösung«* (1921), der ontologische und erkenntnistheoretische Grundlagen entfaltet, beschreiben die Fülle an Erscheinungen in einer Welt im Werden als je einzelnes »Neues«, auf dessen Vergehen das immer nächste Neue folgt: »Stein und Pflanze, Staat und Kunst – unaufhörlich erneut sich alles Gebild.«[2] Damit greift Rosenzweig vermutlich auch auf Hermann Cohen zurück, der in seiner kurz zuvor postum publizierten *»Religion der Vernunft aus den Quellen des Judentums«* (1919/²1929) die mittelalterliche philosophische Kategorie der »Erneuerung der Welt« (*ḥīddūš ha-'ōlām*) als Komplement und Korrektur gegenüber einer Orientierung am Uranfang der Schöpfung anführte. Die Schöpfung wird auf diese Weise zum *Prozess*, zu »einer Sache der *Kontinuität*, innerhalb welcher jeder Tag einen neuen Anfang bildet.«[3] In der so bestimmten »Beständigkeit«[4] des Seins liegt ein Ver-

[1] Franz Rosenzweig, Der Stern der Erlösung. Mit einer Einführung von Reinhold Mayer und einer Gedenkrede von Gershom Scholem, Bibliothek Suhrkamp, Frankfurt a. M. 1988 (1921), 48–49.

[2] Rosenzweig, Stern, 48.

[3] Hermann Cohen, Die Religion der Vernunft aus den Quellen des Judentums, Frankfurt a. M. ²1929, 78 (Hervorhebung i. O.).

[4] Cohen, Religion, 79.

sprechen der kontinuierlichen Überwindung des Nichts: »[…] jede irdische Erscheinung ist ein neuer Sieg über das Nichts, ein Herrliches wie am ersten Tag.«[5] Es geht Cohen wie Rosenzweig dabei nicht primär um Metaphysik, sondern um ein erkenntnistheoretisches Konzept, das den – unverzichtbaren – Anfangsbezug jedes Schöpfungsdenkens anders wendet und so Gott und Natur logisch aufeinander bezieht: Gott erscheint als die *Voraussetzung* der Welt und ihrer Kausalität, *nicht* als deren Ursache. Insofern ist er der Garant für »das anhaltende *Bestehen* der Welt.«[6] Für Rosenzweig ist damit auch die abstrakte Ideenlehre des Idealismus zugunsten eines an der konkret erfahrbaren Spontaneität der Erscheinungen überprüfbaren Denkens überwunden.[7]

In protestantischer Lieddichtung (*»All Morgen ist ganz frisch und neu«*) wie auch in Eleanor Farjons, durch Cat Stevens berühmt gewordenem Liedtext (*»Morning has broken like the first morning«*) wird deutlich, dass diese Seinserfahrung des Werdens nach wie vor in uns »wohnt«. Sie steht im Kontrast zu den Verlusten an Welterfahrung, die etwa Jürgen Moltmann in seiner *»ökologischen Schöpfungslehre«* (1985) und vor kurzem Charles Taylor am Ende von *»Das sprachbegabte Tier«* (2017) beschreiben. Mit der Neuzeit ging in der westlichen Kultur »die Orientierung der menschlichen Welt an den Gesetzen des Kosmos und den Rhythmen der Natur verloren.«[8] Taylor sucht in seinem Versuch einer Anknüpfung an die Möglichkeiten der poetischen Sprache der Frühromantik nach Wegen einer erneuten »Verbindung zwischen dem Menschen und der eigentlichen Natur des Kosmos«, nach »Wiederverzauberung« anstelle von »Entzauberung«[9], weil »wir Menschen dahinwelken, wenn diese Beziehungen nicht bestehen.«[10]

[5] Rosenzweig, Stern, 49; vgl. Karl Erich Grözinger, Jüdisches Denken: Theologie – Philosophie – Mystik 5. Meinungen und Richtungen im 20. und 21. Jahrhundert, Frankfurt a. M./New York 2019, 81.

[6] Karl Erich Grözinger, Jüdisches Denken: Theologie – Philosophie – Mystik 3. Von der Religionskritik der Renaissance zu Orthodoxie und Reform im 19. Jahrhundert, Frankfurt a. M./New York 2009, 640.

[7] Vgl. Grözinger, Jüdisches Denken 5, 81.

[8] Jürgen Moltmann, Gott in der Schöpfung. Ökologische Schöpfungslehre, München 1985, 137.

[9] Charles Taylor, Das sprachbegabte Tier. Grundzüge des menschlichen Sprachvermögens, Berlin 2017 (engl. 2016), 647; vgl. jetzt ausführlich Charles Taylor, Cosmic Connections. Poetry in the Age of Disentchantment, Cambridge, MA/London 2024; vgl. meinen Versuch einer Problemanzeige: Friedhelm Hartenstein, Kosmologische Defizite und bibelhermeneutische Anregungen, ThR 86, 2021, 271–285.

[10] Taylor, Tier, 649.

1.2 Koh 1,9 (»nichts Neues unter der Sonne«) und die nachexilische Rede vom »Neuen« in der Prophetie: Ein Vorblick

In diesem Licht eines Interesses an schöpfungstheologischen Perspektiven möchte ich im Folgenden eine Erkundung der Rede vom »Neuen« in der hebräischen Bibel, dem christlichen Alten Testament, unternehmen. Sie wird dem sprichwörtlich gewordenen Satz aus Koh 1,9 recht geben, wonach es »nichts Neues unter der Sonne gibt«. Dieser Satz, dem Rosenzweig im eingangs genannten Zitat zu widersprechen scheint, steht mindestens zwei Lesarten offen: a) Der gängigen Deutung auf eine Verneinung der Möglichkeit von »Neuem« wegen der Erfahrung von Sinnlosigkeit angesichts der ›ewigen Wiederkehr des Gleichen‹. b) Einer gegenteiligen, schöpfungstheologischen Deutung: Aktuelle Auslegungen haben mit guten Gründen gezeigt, dass die hellenistisch gebildeten Autoren des Koheletbuches die Aussage von V. 9 in einem größeren kosmologischen Rahmen verankert haben. Das zeigt der Prolog von Koh 1,3–11, wonach die »Erde besteht für fernste Zeit« (V. 4), während sich in ihr die kosmischen Rhythmen der Himmelskörper, der Kreislauf des Wassers und das Werden und Vergehen der Generationen des Lebendigen ablösen. Dann ginge es in Koh 1,9 – gemäß verbreiteter antiker Welterfahrung – gerade um die *Einstimmung* in diese größere Ordnung und um ein Sich-Bescheiden mit Blick auf die Endlichkeit jedes Einzellebens.[11] Koh 1,9 reagiert damit vermutlich auch kritisch auf vor allem im Jesaja- und Jeremiabuch prägnant betonte *Erwartungen des »Neuen«*.[12]

Die einschlägigen, wegen ihrer Wirkungsgeschichte auch und gerade im Christentum besonders stark erforschten Texte, stehen – in der wahrscheinlichen Reihenfolge ihres Entstehens – im *Deuterojesaja* (mit Bezug auf die Geschichtsdeutung) und im *Jeremiabuch* (sowie in *Ezechiel*, dort ohne die Terminologie des »Neuen«). In Jer und Ez geht es um anthropologische Folgerungen aus der im Geist des Rechts interpretierten Unheilsgeschichte Israels (Untergang Jerusalems 586 v. Chr., Aporien der Schuld des Volkes). In den spätesten Texten des Jesajabuchs (Jes 65–66) aus hellenistischer Zeit wurde das »Neue« schließlich zum Prädikat von Erwartungen einer Neuschaffung des Kosmos

[11] Vgl. Ludger Schwienhorst-Schönberger, Kohelet, HThK, Freiburg u. a. 2004, 169–179.

[12] Vgl. zur kritisch-produktiven Rezeption der einschlägigen Prophetenstellen aus Jes und Jer (zu ihnen s. genauer 2.–4.) in Koh 1,3–11 Thomas Krüger, Dekonstruktion und Rekonstruktion prophetischer Eschatologie im Qohelet-Buch, in: Anja A. Diesel u. a. (Hg.), »Jedes Ding hat seine Zeit …«. Studien zur israelitischen und altorientalischen Weisheit, FS Diethelm Michel, Berlin/New York 1996, 107–129.

und Jerusalems. Den diskursiven Denkweg zwischen diesen Texten möchte ich im Folgen skizzieren (2.–4.). Nach meiner Auffassung bildet das entscheidende Bindeglied aller theologisch prägnanten Stellen vom »Neuen« der *schöpfungstheologisch begründete explizite Monotheismus* ab der Perserzeit. Er spannt den Rahmen einer anfänglich eingerichteten gerechten Weltordnung auf, in der JHWH, der Gott Israels, auch die Geschicke der Völkerwelt lenkt und mit seinem nun auch mit *Schöpfungsverben* ausgedrückten Handeln den Weg seines Volkes und der Menschheit begleitet und bestimmt. Eine kurze biblisch-hermeneutische Coda zur Wirkung der Kategorie des »Neuen« in der christlichen Bibel und darüber hinaus beschließt meine Überlegungen (5.)

1.3 Zur Semantik von »neu«, »Neues« (ḥdš) im Alten Testament: Überblick und erste Folgerungen

Blickt man auf die quantitative Streuung der von der Wurzel *ḥdš* gebildeten Lexeme, so fällt sofort folgende Tatsache ins Auge: Mit Abstand die meisten Belege (283-mal) weist das Nomen *ḥōdæš* auf, das den *Neumond* und auch den *Monat(sbeginn)* als Zeiteinheit und Festtermin bezeichnet (der Gegensatz hierzu ist der »Vollmond«: *šabbāt* und *kesīl*). Diese mondbezogene Grundeinheit der Zeitrechnung und Zeiterfahrung prägt die Lebenswelt des alten Israel auch mit Blick auf ihr Verständnis des »Neuen«. Denn im Gegensatz zur Sonne (Tageslauf) und den Sternen (Jahreslauf) folgt der Mond in seinem monatlichen Wechsel zwischen Neulicht und Vollmond und dem kurzen Interlunium einer regelmäßigen Dynamik. Es handelt sich für die antike (wie die modern-alltagsweltliche) Erfahrung um einen lebendigen Rhythmus, dessen hohe Erwartbarkeit aber auch durch Mondfinsternisse unterbrochen und gefährdet erscheinen konnte. Neben dem Primärnomen für den Mond (*jāreaḥ*) liegt der Akzent bei *ḥōdæš* gerade auf der *sichtbar werdenden Erneuerung* des Lichts nach dem Dunkel im Anschluss an den abnehmenden Mond. Robert North hat aus der starken Überzahl der Belege für *ḥōdæš* geschlossen, dass der theologische Gebrauch der anderen Lexeme für »Neues«, dem Verb *ḥdš* Pi. *»erneuern/neu herstellen«* (9-mal) und Hitp. *»sich erneuern/verjüngen«* (nur Ps 103,5) und dem Adjektiv *ḥādāš* »neu« (53-mal), möglicherweise vom Phänomen der *kosmischen Erneuerung* wie beim Mond mitgeprägt sei.[13] Treffend benennt Christoph Levin eine ähnliche Beobachtung:

> »Das Verständnis des Neuen im Sinne des nie Dagewesenen als Überbietung des Be-

[13] Robert North, חדשׁ *ḥādāš*, ThWAT 2, Stuttgart 1976, 759–780: 763.

stehenden, wie es im Gefolge der *neu*zeitlichen Fortschrittsideologie das moderne Denken beherrscht, ist dem Alten Testament ursprünglich fremd. Der hebräische Mensch machte, wie die alttestamentlichen Belege ausweisen, die Erfahrung des Neuen vornehmlich in den Bereichen der handwerklichen Produktion und der Kreisläufe der Natur. Dort beherrscht der zeitliche den qualitativen Aspekt: Nicht das Neue bringt den Fortschritt hervor und treibt die Entwicklung, sondern das Fortschreiten der Zeit bringt Neues hervor - und verbraucht es. [...] ›Neu machen‹ (חדשׁ Pi.) heißt ›herstellen‹, ›das Verbrauchte, Zerstörte erneuen‹, nicht aber ›Neues erfinden‹.«[14]

Der Hinweis auf den Aspekt des *(Wieder-)Herstellens* als Tätigkeit des *homo faber* legt eine Nähe zu den Phänomenen des *Schöpferischen* (im antiken Sinn) nahe. Altorientalische Schöpfungstexte gebrauchen häufig *techno*morphe Modelle/Metaphern wie das »Töpfern« und »Bauen/Konstruieren« neben *phyto*morphen wie »Wachsen/Sprossen« bzw. *bio*morphen wie »Zeugen« und »Gebären«.[15] Tatsächlich werden das Adjektiv *ḥādāš* wie das Verb *ḥdš* Pi. oft für Alltagsgegenstände (Haus, Weinschlauch, Strick, Wagen, Mantel, Schwert, Schüssel, Dreschschlitten, Tor), aber auch Produkte wie ein »neues Lied« (Jes 42,10; Ps 96,1; 98,1 u. ö.) oder Opfergaben aus frischer/neuer Ernte verwendet. Auch von einer »neuen (frisch vermählten) Frau« (Dtn 24,5) und einem »neuen König« (Ex 1,8) wird gesprochen.[16] Interessant ist schließlich, dass es zu den Lexemen der Wurzel *ḥdš* keine direkten und kaum indirekte Synonyme gibt; der Bereich des »Neuen« wird also (fast) ausschließlich mit dieser Begrifflichkeit erfasst.

Einen deutlich anderen Akzent als die Alltagsbelege setzen die oben genannten dezidiert *theologischen* nachexilisch literarischen Verwendungen von »Neuem« in Bezug auf die Geschichte, den Bund und den Kosmos. Sie werden im Gegensatz zum Alltagsgebrauch (so vor allem in Deuterojesaja) nicht selten als feminine Plural-Formen mit *abstrakter Bedeutung* gebildet. Teils wird es sich eventuell um eigens für ihre Kontexte geschaffene Begriffe handeln. Damit können nun die einschlägigen Texte direkt betrachtet werden.

[14] Christoph Levin, Die Verheißung des neuen Bundes in ihrem theologiegeschichtlichen Zusammenhang ausgelegt, FRLANT 137, Göttingen 1985, 139–140; zum »Neuen« im/am Alten Testament vgl. im Weiteren auch Reinhard Müller, Das Neue am Alten Testament, ZThK 120, 2023, 257–280.

[15] Vgl. dazu genauer Ernst Topitsch, Vom Ursprung und Ende der Metaphysik. Eine Studie zur Weltanschauungskritik, München 1972, 13–46.

[16] Vgl. dazu Levin, Verheißung, 140.

2. *»Siehe, ich schaffe Neues, schon sprosst es!« (Jes 43,19): Die Umkehr der Blickrichtung in Jes 40–48*

2.1 Die Geschichtswende mit Kyros als Dreh- und Angelpunkt für die Rede vom »Neuen« in Deuterojesaja

Um die Mitte des 6. Jh.s v. Chr. begann der unaufhaltsame Aufstieg des Persers Kyros II., der ihn nach der wahrscheinlich kampflosen Einnahme Babylons (539 v. Chr.) auf den Thron der Weltherrschaft führte. Nach dem Machtwechsel in der Hauptstadt des Reiches kommunizierte Kyros in seiner von babylonischen Schreibern verfassten berühmten Zylinderinschrift bemerkenswert *geschichtstheologisch*: Er unterschied eine vorangegangene *Unheilszeit*, in der sich die Götter Babylons vom Reich abgewandt hatten (gemeint ist die Herrschaft Nabonids, die im Land umstritten war) von der *mit ihm selbst anbrechenden Heilszeit*: Marduk habe auf die von Nabonid vorgenommene Einführung fremder Götter in Babylon (den Kult des Mondgottes Sîn von Ḫarran) mit der *Erwählung des Kyros*, des Königs von Anšan, geantwortet, einem »gerechten Fürsten nach seinem Herzen«[17]. Manfred Weippert bemerkt zur engen Verwandtschaft dieser Aussagen mit der Kernbotschaft Deuterojesajas:

> »Im Alten Testament wird Kyros (hebr. *Kōreš*) mit der Exilswende in der 2. Hälfte des 6. Jahrhunderts verbunden. In den Kyros-Passagen des deuterojesajanischen Prophetenbuches ist er derjenige, von dem man das Ende des babylonischen Reiches und damit auch die Möglichkeit der Rückkehr der deportierten Judäer (bzw. ihrer Nachkommen) in die Heimat, ja sogar den Wiederaufbau von Jerusalem erwartet. Kyros erscheint in den einschlägigen Texten als von Jahwe zur Weltherrschaft eingesetzt, so dass Deuterojesaja ihm einmal sogar den Titel ›Jahwes Gesalbter‹ beilegen kann (Jes 45,1), der im Alten Testament sonst dem König von Juda zukommt. Die Aussagen des Propheten über die Berufung Kyros' durch Jahwe erinnern stark an die des Kyros-Zylinders über die Erwählung des Königs durch Marduk.«[18]

Trotz vereinzelter gegenteiliger Stimmen ist es nach wie vor Konsens der Forschung, dass die namentliche Nennung des Achämeniden in Jes 45,1 und die sich auf ihn beziehenden Heilsansagen, die den ersten Teil der anonymen Prophetenschrift (Jes 40–48*) prägen, auf eine Datierung der Grundschicht um 539 v. Chr. verweisen. Die Unterscheidung von »echten« *Vorhersagen* und als sol-

[17] Kyros-Zylinder, Z. 12, vgl. Manfred Weippert, Historisches Textbuch zum Alten Testament, GAT 10, Göttingen 2010, 454.

[18] Weippert, Textbuch, 439. Zum Vergleich von Kyros-Zylinder und Deuterojesaja siehe genauer Martin Leuenberger, »Ich bin JHWH und keiner sonst« (Jes 45,5f). Der exklusive Monotheismus des Kyros-Orakels Jes 45,1–7 in seinem religions- und theologiegeschichtlichen Kontext, SBS 224, Stuttgart 2010.

che gestalteten *vaticinia ex eventu* im geringen Abstand zu den Ereignissen ist dabei schwer möglich. Die Texte bezeugen detaillierte Kenntnisse sowie eine produktive Auseinandersetzung mit der babylonischen Kultur und Religion. Daher ist es immer noch wahrscheinlich, dass sie in Babylonien entstanden.[19] Genau in diese Anfänge des anonymen Schriftwerks gehört bereits die intensive Auseinandersetzung mit der Frage nach der *wahren Interpretation der Geschichtswende* und vor allem ihrer Bedeutung für die im ersten und zweiten Jahrzehnt des 6. Jh.s v. Chr. in die Umgegend Babylons deportierten Judäer. Die entscheidende Botschaft für sie war die *Ermöglichung ihrer Rückkehr* nach Zion/Jerusalem.[20] Sie prägt als Perspektive des *»Auszugs«* aus Babylon den ersten Teil der Schrift, Jes 40–48. Und nur hier findet sich die *Kategorie des »Neuen«* als Ausdruck einer Naherwartung *und* einer Reaktion auf Kyros' erste Maßnahmen in Babylon. Die späteren Kapitel Jes 49–55 haben dagegen die Perspektive der *»Ankunft«* in Juda im Blick bzw. setzen diese eventuell bereits als geschehen voraus. Sie widmen sich stark den Fragen der Zukunft in Zion/Jerusalem[21] (teils in Auseinandersetzung mit Verzögerungen des zuvor angekündigten umfassenden Heils; dies überlappt sich mit Anliegen späterer Schichten des Großjesajabuchs in Jes 56–66, dem sog. »Tritojesaja«, die heute als sukzessiver redaktioneller Abschluss der Buchkomposition gelten).[22]

2.2 *Zwei verschiedene Geschichtskonzeptionen im Vorfeld von Deuterojesaja: Gründungsmythisch und schuldgeschichtlich*

Bevor ich an zwei Kerntexten das Thema des »Neuen« in Jes 40–48 genauer in den Blick nehme, ist noch eine Vorbemerkung zu *Traditionen der Geschichtsauf-*

[19] Eine (kaum plausible) Entstehung der Dtjes-Texte in Palästina vertritt dagegen Lena-Sofia Tiemeyer, For the Comfort of Zion. The Geographical and Theological Location of Isaiah 40–55, VT.S 139, Leiden u. a. 2010.

[20] Zur vorausgehenden »Rückkehr JHWHs« aus der Verborgenheit vgl. Christina Ehring, Die Rückkehr JHWHs. Traditions- und religionsgeschichtliche Untersuchungen zu Jesaja 40,1–11, Jesaja 52,7–10 und verwandten Texten, WMANT 116, Neukirchen-Vluyn 2007; Friedhelm Hartenstein, »... dass erfüllt ist ihr Frondienst« (Jesaja 40,2). Die Geschichtshermeneutik Deuterojesajas im Licht der Rezeption von Jes 6 in Jes 40,1–11*, in: Ders., Das Archiv des verborgenen Gottes. Studien zur Unheilsprophetie Jesajas und zur Zionstheologie der Psalmen in assyrischer Zeit, BThSt 74, Neukirchen-Vluyn 2011, 97–125.

[21] Vgl. dazu genauer Uta Schmidt, Zukunftsvorstellungen in Jesaja 49–55. Eine textpragmatische Untersuchung von Kommunikation und Bildwelt, WMANT 138, Neukirchen-Vluyn 2013.

[22] Vgl. dazu Odil Hannes Steck, Studien zu Tritojesaja, BZAW 203, Berlin/New York 1991; als Überblick über die Texte in Jes 56–66, ihre Struktur und Komposition: Ulrich Berges/Willem A. Beuken, Das Buch Jesaja. Eine Einführung, UTB, Göttingen 2016, 193–231.

fassung innerhalb Judas (und Israels) nötig, die in Deuterojesaja angesichts des Kyroszylinders und weiterer babylonischer Quellen miteinander verbunden und dabei auch umgewandelt wurden:

a) *Gründungsmythisch*: Wie in anderen altorientalischen Kulturen kannte auch die Traditionsbildung in den eisenzeitlichen Staaten Israel und Juda bis zu ihren Untergängen 720 (Israel) und 586 v. Chr. (Juda) die Vorstellung einer *gründenden Urzeit*. Diese umfasste jedoch - aufgrund des besonderen Inhalts der Anfangstraditionen - keine Kosmo- bzw. Theogonie, wie z. B. in Assur, Babylon oder Ägypten (dort wurde mit der Weltentstehung die jeweilige Reichsentstehung verknüpft; die menschlichen Herrscher erschienen als Manifestationen göttlicher Akteure der Anfangszeit). Der Gründungsmythos Israels war vielmehr eine *Ethnogonie*. Deren Charakter einer »reinen« Urzeit haftete v. a. an der Geschehensfolge vom *Auszug aus Ägypten bis zur Landgabe* (Ex-Dtn). Daneben gab es einen zweiten, mit den *Erzeltern* (Gen) verknüpften Gründungsmythos und noch einen dritten, der die *Herrschaft der Davididen* betrifft (2 Sam 7; Ps 89). Betrachtet man das Gesamtprofil der erzählten Geschichte von Gen 1 bis 2 Kön 25, fällt auf, welch *großen Raum* die gestufte mythische Gründungszeit im Vergleich zu der ab 1 Kön 12 einsetzenden stärker »historischen« (auch auf Quellen beruhenden) Darstellung einnimmt. Wie Klaus Koch in einer erhellenden Studie herausgestellt hat, wurden die mythischen Gründungstraditionen wahrscheinlich im Rahmen des (Jerusalemer) Tempelkults regelmäßig vergegenwärtigt.[23] Ein markanter Begriff für die Exodus-Landgabe-Zion-Erzählung war *qædæm* »*Ur- oder Frühzeit*«. Mit dem Verlust des Tempels verschwand dann der räumlich-symbolische Haftpunkt einer solchen positiven Traditionsvergegenwärtigung. Unter anderem dienten nach dem Untergang Jerusalems rituelle Gebete (vgl. die mesopotamischen Stadtklagen) zur Bearbeitung der traumatischen Erlebnisse (vgl. als älteste Belege Ps 74; Thr 2; 5). Man bat angesichts der Schrecken der Zerstörung, die auf Abwesenheit und/oder seinen Zorn zurückgeführt wurden, um die *Wiederzuwendung JHWHs*. Mit seinem »wie in der Urzeit« (*k*ᵉ*-qædæm*) rettenden »Arm« (vgl. z. B. Ps 74,11 mit Jes 40,11) sollte er für sein Volk die *Kontinuität zur Gründungszeit* wieder herstellen, so z. B. in Thr 5:

> »17 Darüber wurde unser Herz krank, darüber wurden unsere Augen trübe: 18 Über den Berg Zion, der verödet ist, auf dem Schakale herumstreifen. 19 Aber du, JHWH,

[23] Klaus Koch, Qädäm. Heilsgeschichte als mythische Urzeit im Alten (und Neuen) Testament, in: Ders., Spuren des Hebräischen Denkens. Beiträge zur alttestamentlichen Theologie, Gesammelte Aufsätze 1, Neukirchen-Vluyn 1991, 248–280.

wirst thronen für fernste Zeit (*l^e-'ōlām*), dein Thron besteht von Geschlecht zu Geschlecht. 20 Warum vergisst du uns für immer (*la-næṣaḥ*), verlässt uns für die Dauer der Tage? 21 Bring uns, JHWH, zu dir zurück, so wollen wir umkehren! *Erneuere* (*ḥdš* Pi.) unsere Tage *wie ureinst* (*k^e-qædæm*)!«

Man beachte in diesem Text, der wahrscheinlich aus der ersten Hälfte des 6. Jh.s v. Chr. stammt, die Bitte von V. 21 mit dem Verb *ḥdš* Pi., die hier auf eine *restititio ad integrum* zielt: Wie die Gründungszeit soll es wieder werden angesichts einer Gegenwart, die ganz von Unheil geprägt ist, wofür die einschlägigen Gebetstexte oft den Begriff *nēṣaḥ* gebrauchen. Gemeint ist damit ein Zustand *unbestimmter Dauer*, der hier und in anderen Texten wie Ps 74 als Gegenbegriff zu *qædæm* fungiert. Es stehen sich also *zwei qualitative Zeitbegriffe*, die *Urzeit* und die *Unheilszeit* der Gegenwart wie Licht und Finsternis gegenüber.[24] Das Zeitkonzept bleibt insofern eingeschrieben in die großen kosmischen Rhythmen. »Erneuerung« meint hier die Wiederkehr eines »goldenen Zeitalters«.

b) *Schuldgeschichtlich*: Daneben gab es in Israel auch eine andere Geschichtskonzeption, die sich von einer *theozentrischen Deutung von einzelnen Ereignissen* langzeitig zu einer *großbogigen Geschichtsauffassung* veränderte. Sie wurde ab dem 8. Jh. v. Chr. im Rahmen der schriftprophetischen Überlieferung mit ihren interpretierenden Fortschreibungen und Quervernetzungen entwickelt. Der Hintergrund ist einerseits die »*Vorzeichenwissenschaft*« (Mantik), also die technische und interpretierende Praxis der Feststellung der Absichten der Gottheiten mit der Prophetie als entscheidendem Medium (dass es verschiedene mantische Praktiken in Juda und seinen Nachbarstaaten gab, belegt eindeutig Jer 27,9). Andererseits bildet das *altorientalische Vertragsdenken*, also eine rechtliche Deutung der Beziehung von Göttern und Menschen, das wesentliche Muster dieser Geschichtsinterpretation. Jan Assmann hat hierzu treffend von der »Geburt der Geschichte aus dem Geist des Rechts« gesprochen.[25] Die Erklärung der kollektiven Katastrophen Israels und Judas erscheint in diesem Licht als die *Konsequenz von Schuld*, die so übermächtig wurde, dass JHWH die Großmächte Assur und Babylon als Gerichtswerkzeuge zur Vollstreckung seines Urteils einsetzte. Hatten die frühen Gerichtspropheten (Am, Hos, Mi, Jes) vor allem *punktuelle Verstöße* gegen JHWHs Setzungen des Zusammenlebens in der Ge-

[24] Vgl. Friedhelm Hartenstein, Die Unzugänglichkeit Gottes im Heiligtum. Jesaja 6 und der Wohnort JHWHs in der Jerusalemer Kulttradition, WMANT 75, Neukirchen-Vluyn 1997, 229–244 (zu Ps 74 und Thr 5).

[25] Jan Assmann, Das kulturelle Gedächtnis. Schrift, Erinnerung und politische Identität in frühen Hochkulturen, München 1992, 229–258.

sellschaft und in der religiösen Praxis angeprangert, so bildeten sich in den wachsenden Prophetenbüchern noch in staatlicher Zeit zunehmend *übergreifende Wahrnehmungen des rechtsförmig gedachten Beziehungsgeflechts zwischen JHWH und Israel* (vor allem der Eliten) heraus. Im Sinne einer »politischen Theologie« forderte JHWH Loyalität und Vertrauen, die jedoch auch aufgrund des politischen Changierens der Herrschenden gebrochen und verspielt wurden, was zuletzt in den Untergang führte (vgl. die Assur-Memoranden Jes 6–8; 28–31 und die Anfänge des Deuteronomiums im 7. Jh. v. Chr. mit der Anwendung der Vasallitätsvorstellung und ihrer Loyalitätsforderung auf die Beziehung von Gott und Volk). Es waren solche unheilstheologischen Deutungsmuster, die in der literarischen Aufarbeitung der »Stunde Null« von 587/86 v. Chr. zum prägnanten Bild einer sich lange steigernden Schuldgeschichte führten (besonders im sog. deuteronomistischen Geschichtswerk, aber auch im Jeremiabuch, wo jeweils Propheten als Mahner auftreten, auf die man hätte hören sollen, aber es nicht tat). Wir werden sehen, wie Deuterojesaja und weitere nachexilische Heilstexte in Jeremia und Ezechiel genauso an diese zweite Traditionslinie der Geschichtsdeutung anschlossen.

Beide Linien von Geschichtskonzeptionen existierten über die Zeit der alttestamentlichen Literaturwerdung nicht einfach nach- oder nebeneinander, sondern zunehmend in *wechselseitiger Durchdringung und Beeinflussung.*

2.3 Das »Neue« bei Deuterojesaja: Kommunikation des Handelns Gottes gegenüber »heilsblinden« Adressatinnen und Adressaten

2.3.1 Die Fundamente der Welt und des Verstehens: Jes 40,12–31[26]

Deuterojesaja ist eine literarische Komposition, in der größere Texteinheiten in einer durchdachten Struktur aufeinander folgen. In jeder längeren Sequenz werden mehrere typische »Gattungen« bzw. Textmuster variiert. Kap. 40 beginnt nach dem »Prolog« (V. 1–11) in Jes 40,21–31 mit einem großen *Disputationswort*. Damit ist ein Text gemeint, der seine Adressaten argumentativ aufrütteln und überzeugen will. Es handelt sich um die *Grundlagenreflexion* für die gesamte folgende Botschaft. Mit überraschender Einmütigkeit rechnet die For-

[26] Zum folgenden Abschnitt vgl. Friedhelm Hartenstein, The End of Judah and the Persistence of Cosmic Order. Understanding History in the Light of Creation in Psalms and Prophetic Books, in: Angelika Berlejung/Aren M. Maeir/Takayoshi M. Oshima (Hg.), Writing and Re-Writing History by Destruction, ORA 45, Tübingen 2022, 105–121: 116–118.

schung den Abschnitt dem literarischen Kernbestand zu. Er stellt einen wesentlichen Schlüssel auch für die nachfolgenden, die Geschichtswende mit Kyros betreffenden Ankündigungen dar. Angeredet ist ein kraft- und hoffnungslos gewordenes Gegenüber, das man mit den nach Babylon Exilierten und ihren Nachkommen identifiziert. Diesem resignativen – als »Jakob« angeredeten – Israel wird die jede Erfahrung übersteigende Erhabenheit JHWHs als des Schöpfers, des Königs und des Geschichtslenkers entgegengehalten (V. 27–28):

> »27 Warum sagst du, Jakob, und sprichst du, Israel: ›Verborgen ist mein Weg vor JHWH, und meinem Gott entgeht mein Recht!‹ 28 Hast du es nicht erkannt, oder hast du es nicht gehört? *Ein Gott fernster Zeit ist JHWH, Schöpfer der Enden der Erde*! Nicht wird er matt, und nicht ermüdet er, unerforschlich ist seine Einsicht!«

Gott hat nach V. 12ff. die ganze Welt, den Himmel, die Wasser und die Sterne erschaffen; er thront riesenhaft über dem Erdkreis, so dass die Völker vor ihm »wie nichts« sind (V. 17). Doch zugleich ist JHWH ständig darauf bedacht, seinem Volk Vertrauen in seine Weltregierung zu vermitteln. Der Text ringt mit den Adressaten um die *Anerkennung von JHWHs Handlungsmacht*. Sie ist offenbar auch unter dem Eindruck des Glanzes der Weltmetropole Babylon und des Anspruchs ihres Staatskults unter den Exilierten strittig. Der Gott Israels teilt sich aber – so Jes 40,12ff. – durch prophetische Worte und Schöpfungswerke mit, zu denen auch die Ereignisse um Kyros zentral gehören; sie sind mit Wirklichkeit schaffenden Sprechakten verbunden (z. B. Jes 44,28 »Der sagt zu Kyros: ›Mein Hirte!‹«; 45,1–2: »So hat JHWH gesprochen zu seinem Gesalbten, zu Kyros: ›[...] Ich selbst will vor dir hergehen!‹«). Immer wieder wird in Jes 40–48 Israel zu gesteigerter *Aufmerksamkeit* gemahnt und ermutigt, um dadurch zur *Erkenntnis* der gründenden und weitergehenden Heilstaten JHWHs zu kommen (V. 21):

> »21 Erkennt ihr es nicht (*jd'*), hört ihr es nicht (*šm'*), ist es euch nicht verkündet (*ngd* Hof.) vom Anfang her (*me-rōš*), habt ihr nicht verstanden (*bīn* Hif.) *die Fundamente der Erde*?«

Eine Gruppe von Verben der Wahrnehmung (oft *šm'* »hören«) und des Einsehens/Erkennens (vor allem *jd'*) wird im Buch ständig angeführt (in V. 21 geht es vor allem um das Hören des Verkündigten und das Achten auf tradiertes Wissen). Wichtig ist die hier erstmals in Deuterojesaja benannte Zeitdimension »von Anfang her« (*me-rōš*, vgl. noch Jes 41,4.26; 48,16). Mit ihr ist die Schöpfung der Welt, dann aber auch das Wissen um die damit etablierte Weltordnung im Blick: die Rede von den »Fundamenten der Erde« verweist auf den tragenden Grund von Kosmos und Erkenntnis. Auch das Kommen von Kyros ist darin einbegriffen, denn *die Geschichte ist Teil des Schöpfungshandeln JHWHs*. Was wir heute als Natur und Geschichte voneinander trennen, ist zwar zu unterscheiden, weil es andere Reichweiten hat. Beides ist aber für Deuterojesaja identisch, denn die Identität Gottes besteht gerade in seinem spezifischen Handeln, das alles umfasst. Als einziger Schöpfer hat er keine anderen Größen neben sich (V. 18–20: »Wem wollt ihr Gott vergleichen?«). Dieser kosmologische Rahmen ist die Grundlage für die Rede auch vom »Neuen«, das sich konkret in der mit Kyros kommenden Geschichtswende für Babylon und damit für die exilierten Judäer vollzieht.

2.3.2 Die Unterscheidung von »Früherem« – »Kommenden« und »Früherem« –»Neuem«

Die Deuterojesaja-Texte weisen *zwei verschiedene Begriffspaare für das Vergangene und Zukünftige* auf. Auf diese wichtige Differenz hat einst vor allem Odil Hannes Steck hingewiesen.[27]

a) Zum einen handelt es sich um die Kombination von *rīšōnōt* »Früheres« / *bā'ōt bzw. 'ōtījōt* »Kommendes«. Sie ist im Zusammenhang des *Weissagungsbeweises* in der Auseinandersetzung mit den Ansprüchen der »Götter« der Völker (= Babylons) belegt. Ihr Sinn ist abstrakt: »Das heißt, die Kategorien sind nicht auf bestimmte Ereignisse oder Ereignisfolgen festgelegt, sondern bezeichnen eine ›Zeitvorstellung ..., in der sich vom Standort des Redenden aus der Raum des Geschichtlichen ganz allgemein in das Frühere ... und in das Künftige ... zergliedert‹.«[28] Ein wichtiger Beleg ist Jes 41,22–23, wo die Götter(bilder) im Streitgespräch befragt werden, ob sie Ereignisse vorherwissen oder nicht, was endgültig über ihren Status entscheidet:

> »22 Die *früheren Dinge* (*ha-rīšōnōt*) – was waren sie? Macht sie bekannt (*ngd* Hif.), dass wir sie uns zu Herzen nehmen und erkennen ihren Ausgang (*'aḥ^{a}rīt*)! Oder *die kommenden Dinge* (*ha-bā'ōt*) lasst uns hören! 23 Macht bekannt die danach kommenden Dinge (*ha-'ōtījōt l^{e}-'āḥōr*), dass wir erkennen können, dass ihr Götter seid!«

b) Zum anderen geht es um die hier besonders interessierende Kombination von *rīšōnōt* »Früheres« / *ḥ^{a}dāšōt* bzw. *ḥ^{a}dāšā* »Neues«. Dieses Begriffspaar steht für »zwei festumrissene und qualitativ unterschiedene Epochen [...]: die ver-

[27] Odil Hannes Steck, Deuterojesaja als theologischer Denker (1968), in: Ders., Wahrnehmungen Gottes im Alten Testament. Gesammelte Studien, TB 70, München 1982, 204–220.

[28] Hans-Jürgen Hermisson, Deuterojesaja. Kapitel 45,8–49,13, BK XI/2, Neukirchen-Vluyn 2003, 130, mit Bezug auf Steck, Deuterojesaja (s. o. FN 27), 216.

gangene Heilsgeschichte Israels vom ersten Exodus bis zum Untergang Jerusalems 587 und die jetzt in Dtjes's Verkündigung anhebende Ereignisfolge, mit der Gott sein Volk (und die Welt) zu einem endgültigen Heil führen wird.«[29] *Dieses* Begriffspaar und damit die Rede vom *qualitativ Neuen*, das dem Vergangenen überbietend gegenübersteht, findet sich nicht in den Streitreden gegen die angeblichen Götter, die kein Vorherwissen haben, und auch nicht über Kommunikationsmittel wie die Prophetenstimme in Jes 40ff. verfügen. Stattdessen wird vom *inhaltlich konkreten »Neuen«* (dem Kyrosgeschehen, das Heil bedeutet), genau dort gesprochen, wo *Israel persönlich angeredet* ist, um sich an der heilvollen Zukunft und darin an JHWH neu auszurichten. Die bisherige Heils- und Unheilsgeschichte bis zum Untergang Jerusalems, in der das Volk »Doppeltes empfangen hat aus der Hand JHWHs für alle seine Sünden« (so der Prolog Jes 40,2) hat ein Ende. Bei JHWH ist das neue Heilshandeln bereits »da« - schon *bevor und noch während es sich sukzessive für sein Volk (und alle Welt) wahrnehmbar realisiert.* An prägnanten Stellen spielen die »Heilsorakel« und die »Heilsankündigungen« das »Neue« ein und verweisen darauf: Die *Blickrichtung der Verzagten (»Blinden«) soll sich umkehren*, weg vom Vergangenen in seiner ganzen Ambivalenz einer Heils- und Unheilsgeschichte, hin zu dem »Neuen«, das nur noch Heil sein wird.

2.3.3 Das »Neue« in Jes 43,16–21

Jes 43,16–21 faszinierte die Forschung zu den deuterojesajanischen Heilsworten immer besonders, ist aber - aufgrund seiner nur andeutenden Sprache - nur schwer auszulegen.[30] Der Text kann in drei Abschnitte gegliedert werden. Ich beginne mit dem ersten, V. 16–17:

> »16 So hat JHWH gesprochen, *der anlegt im Meer einen Weg* [d. h.: der dies einst tat und wieder tun kann], *in den starken Wassern einen Pfad*, 17 der herausführt Wagen und Pferde, Streitmacht und Starke zusammen - sie müssen sich legen, können nicht (mehr) aufstehen, sind (schon) verloschen, wie ein Flachsdocht verglommen.«

[29] Hermisson, Deuterojesaja, BK XI/2, 130–131, mit Bezug auf Steck, Deuterojesaja (s. o. FN 27), 218, Anm. 20.

[30] Vgl. zum Folgenden Friedhelm Hartenstein, YHWH's Ways and New Creation in Deutero-Isaiah, in: Ehud Ben Zvi/Christoph Levin (Hg.), Remembering and Forgetting in Early Second Temple Judah, FAT 85, Tübingen 2012, 74–89: 76–83. Zu Jes 43,16–21 siehe weiter Konrad Schmid, Gibt es etwas Neues unter der Sonne? Entdeckungen und Bestreitungen der Kategorie des Neuen im Alten Testament, in: Hartmut von Sass (Hg.), Wahrhaft Neues. Zu einer Grundfigur christlichen Glaubens, ThLZ.F 28, Leipzig 2013, 51–74: 54–60.

Für unseren Zusammenhang ist wichtig, dass hier wie oft in Jes 40ff. JHWHs Handeln mit zeitenthobenen *hymnischen Partizipien* beschrieben wird. Damit rücken die genannten Aktivitäten in eine Dimension, die *für immer neue Realisierungen offen* ist. Mindestens zwei Bereiche des göttlichen Tuns werden dabei aufgerufen: a) Das *Anlegen eines Weges durch das Meer* (V. 16) stellt einen Bezug zur Rettungstat am Schilfmeer (Ex 14–15) her, dem entscheidenden Akt des Gründungsmythos Israels. Aber anders als beim Schilfmeerwunder wird in Jes 43,17 nicht die Vernichtung der verfolgenden Streitwagen (Ägyptens) vorausgesetzt. Vielmehr lenkt JHWH selbst die Streitmacht (er *»führt sie heraus«* wie sonst nur das »Heer« der Sterne am Himmel in Jes 40,26). Und er lässt sie sofort »niedersinken«. Sie stellt von vornherein keine Bedrohung dar. b) Der Text erinnert dabei auch an den Sieg Marduks über die Armee der Tiamat im Enuma elisch, über die es heißt: »In das Netz waren sie geworfen, im Fanggarn saßen sie, sie lehnten in den Ecken« (Tf. IV,112–113). Auch die Metapher vom unaufhaltsamen »Weg« JHWHs durch die Wasser (vgl. Ps 77,20) hat in der Leitmetapher vom siegreichen und uneinsehbaren »Weg« Marduks im babylonischen Weltschöpfungsmythos eine Parallele.[31] Insofern erscheint es m. E. gut möglich, dass Jes 43,17 neben der Anspielung auf die Exodustradition auch Hinweise auf die *aktuelle Auseinandersetzung* um die Ansprüche auf Geschichtslenkung zwischen JHWH und den Göttern Babylons enthält. Im zweiten Abschnitt, V. 18–19, wird vom »Neuen« gesprochen:

»18 *Denkt* (*zkr*) nicht mehr *an Früheres* (*rīšōnōt*), *auf Voriges* (*qadmōnījōt)* gebt nicht mehr acht (*bīn* Hitpol.)! 19 Siehe, ich schaffe/mache (*'śh*) *Neues* (*ḥ*ᵃ*dāšā*): jetzt (*'attā*) sprosst es (*ṣmḥ*)! Erkennt (*jd'*) ihr es nicht? Ja, ich mache *in der Wüste einen Weg, im Ödland Pfade*! [mit 1QJesᵃ: *n*ᵉ*tībōt*, vgl. V. 16]«

Auffallend an diesem Text ist zuallererst die Aufforderung, des »Früheren« und »Vorigen« *nicht mehr zu gedenken*. Mit dem Verb *zkr* ist nicht allein ein kognitiver Akt gemeint, sondern *eine gerichtete Handlung* (deshalb ist das *göttliche* Gedenken bei der Sintflut [Gen 8,1], beim Exodus [Ex 2,24] oder in den Bitten der Klagepsalmen immer auch schon der Beginn der Wende zum Guten[32]). Es soll, so die Aufforderung in Jes 43,18, eine bewusste *Abwendung* von der Beschäftigung mit dem Vergangenen und eine konzentrierte *Hinwendung* auf das Neue erfolgen. Das hat auch mit der *qualitativen Geschichtsanschauung* der genannten Zeiten/Perioden zu tun: Die »Fixierung« der Angeredeten auf die

[31] Vgl. zu dieser religionsgeschichtlichen Nähe Hartenstein, YHWH's Ways, 83–89.

[32] Vgl. dazu B. Janowski, Schöpferische Erinnerung. Zum »Gedenken Gottes« in der biblischen Fluterzählung, in: Ders., Die Welt als Schöpfung. Beiträge zur Theologie des Alten Testaments 4, Neukirchen-Vluyn 2008, 172–198.

mythische Gründungsgeschichte (V. 18 gebraucht dafür die mit *qædæm* verwandte Pl.-Form *qadmōnījōt* »Urzeitereignisse«) muss enden, damit sich in der Gegenwart etwas ändert. Das hebr. Wort *qædæm* kann übrigens im Alten Testament auch als Präposition gebraucht werden und meint dann das, was *»vor einem«*, also sichtbar vor Augen liegt. Man kennt das Vergangene, nicht aber die Zukunft, die sich »hinter« einem, also im Rücken, befindet.[33] Um das »Neue« zu erkennen, muss man sich *umdrehen* und auf das ausrichten, was JHWH bereits begonnen hat, was aber angesichts der dauernden Befassung mit der *Unheils- und Schuldgeschichte des »Vorigen«* (*rīšōnōt*) nicht verstanden werden kann. Darin besteht präzise die resignative »Blindheit« Israels, von der in Deuterojesaja viel die Rede ist. Diese Blindheit soll einer neuen Sehrichtung weichen. Es geht dabei keineswegs um die Forderung einer *prinzipiellen* Abkehr vom Früheren zugunsten einer Zukunfts- und Fortschrittsorientierung, wie dies gelegentlich vertreten wurde. Das zeigt klar die etwas spätere Kontrastparallele Jes 46,9:

> »Gedenkt (*zkr*) des Früheren (*rīšōnōt*) von fernster Zeit her (*me-'ōlām*), dass ich Gott bin und keiner sonst.«

Die Funktion der Urzeiterinnerung als Vergegenwärtigung der richtigen Beziehung zwischen JHWH und seinem Volk wird also in der textinternen Diskussion um die Botschaft Deuterojesajas durchaus empfohlen, sobald sie produktiv der Vergewisserung von Gottes Handlungsmacht dient. Sie ist aber genau dann hinderlich, wenn sie nur am Negativen des Vergangenen (als Verlustgeschichte) hängt und eine – im Wortsinn – unverstellte Wahr-Nehmung der beginnenden Zukunft verhindert.

Wichtig zum Verständnis der Kategorie des »Neuen« ist auch die pflanzliche Metapher von dessen *»Aufsprossen«* (Verb *ṣmḥ*) mit Blick auf das, was *»jetzt«* (*'attā*) schon beginnt: Wie in Gen 1, dem etwa zeitgenössischen priesterlichen Schöpfungsbericht, ist das »Neue« in Jes 43,18 etwas, das JHWH einerseits aktiv »macht/schafft« (*'śh*), das aber andererseits durch die *Eigenproduktivität der Schöpfungswelt* auch »hervorgebracht« wird (Geschichtsereignisse wie das Auftreten des Kyrus oder die frühere Erwählung Israels werden, wie gesagt, als Schöpfungsakte gedeutet [s. o.]): »Jetzt sprosst es!« Das heißt auch,

[33] Vgl. das berühmte geschichtsphilosophische und -theologische Fragment von Walter Benjamin (1940), Über den Begriff der Geschichte, in: Ders., Werke und Nachlaß 19, hg. von Gérard Raulet, Berlin 2010. Darin widmet sich Abschnitt IX dem Bild „Angelus Novus" von Paul Klee, den Benjamin als den »Engel der Geschichte« identifiziert, der sein »Antlitz der Vergangenheit zugewendet« hat und so die einzelnen Ereignisse als »eine einzige Katastrophe« aufgehäuft vor sich sieht.

dass hier eine *Phase der Gegenwart*, eine Art »Augenblick zwischen den Zeiten« konstruiert wird, in der wie an einem Spross, der den Boden durchbricht, die Frucht der Veränderung bereits antizipiert werden kann. Dass es um eine reflektierte Konzeption mit konsistenter Begrifflichkeit geht, zeigt auch die vermutlich erneut spätere Parallelstelle zum »Sprossen« des Heils Jes 42,9, in der das erste Gottesknechtslied Jes 42,1–4 gedeutet wird:

> »9 Die *früheren Dinge* (*ha-rīšōnōt*) – siehe, sie *sind gekommen/eingetroffen* (*bō'*). Aber *die neuen Dinge* (*ḥ*^{a}*dāšōt*) – ich mache sie (jetzt) bekannt (*ngd* Hif.)! Bevor sie noch aufsprossen/hervorkommen (*ṣmḥ*), lasse ich (sie) euch hören (*šm'* Hif.).«

Hier geht es wieder um die Kommunikation des »Neuen«, nun aber mit etwas anderer Betonung: Für die Imagination ist das »Neue« schon »da«, sobald man auf seine Verkündigung hört (und zwar als Anteilgabe an der hintergründigen Realität JHWHs, die die menschliche Zeitwahrnehmung transzendiert).

Was aber meint für Jes 43,16–21 das »Neue« *inhaltlich*? Darauf gibt es eine doppelte Antwort: a) Nach V. 16 vermochte und vermag JHWH stets einen *»Weg«/»Pfad«* im Chaotischen zu bahnen, so wie er es ureinst beim Schilfmeerwunder getan hat. Am Ende von V. 19 wird das bewusst aufgenommen: »Ja, ich mache in der Wüste einen Weg, im Ödland Pfade!« Die Begriffe *dæræk* »Weg« und *n*^{e}*tībā* »Pfad« aus V. 16 werden in V. 19 erneut aufgenommen (*n*^{e}*tībōt* mit 1QJes^{a}): Es geht wahrscheinlich um die *Rückkehr JHWHs und seines Volkes aus Babylon*, einen Weg durch die Wüste, bei dem JHWH Wasser in Fülle schenken wird (Anspielung auf die Wasser- und Nahrungswunder in Ex und Num). b) Das Ziel des Ganzen ist, so der dritte Abschnitt V. 20–21, der *Lobpreis* sogar der gegenweltlichen Schakale, die in den Ruinen hausen (s. o. Thr 5,18 vom verödeten Zion), vor allem anderen aber der *Jubel Israels* über die Rettungstat. Es geht um ein »neues Lied« (vgl. Jes 42,10):

> »20 Es soll mir die Ehre geben/mich verherrlichen das Feldgetier, Schakale und Strauße, denn ich habe in die Wüste Wasser gebracht, Ströme in das Ödland, um zu tränken mein Volk, mein erwähltes. 21 Ein Volk, das ich mir geschaffen/geformt (*jṣr*) habe, meinen Ruhm(esglanz) sollen sie erzählen!«

Auffallend ist, dass dieses »Neue« zwar eine Qualität des Heilvollen hat, aber inhaltlich eher unbestimmt und vieldeutig bleibt. In jedem Fall aber steht es *in Analogie zu JHWHs Heilstaten der Gründungszeit*. Ob es diese wirklich überbietet, wie oft zu lesen ist (der neue Exodus, der den alten in den Schatten stellt), muss hier offenbleiben. Etwas mehr Licht fällt auf diese Frage, wenn man noch die letzte einschlägige Stelle aus Deuterojesaja hinzunimmt.

2.3.4 Das »Neue« in Jes 48

Jes 48,1–22 ist in der vorliegenden literarischen Komposition von Jes 40–55 ein Abschluss. Hier bündeln sich die zuvor genannten Perspektiven und werden zugleich im Sinne schriftprophetischer »Summen« auf einer umfassenderen, intertextuell bewussten Ebene reflektiert (man könnte von einer »protokanonischen« Perspektive mit Blick auf die späteren Nebiim sprechen). Mit diesem Kapitel kommt die Thematik des »Neuen« in Deuterojesaja an ihr Ende (Jes 49–55 schweigen davon), bevor sie zum Schluss des Großjesajabuches (Jesaja 65–66) nochmals aufgenommen wird (s. u. 4.). Nach Hans-Jürgen Hermisson ist der historische Standpunkt des Kapitels nicht mehr derjenige der Grundschicht, der die zuvor behandelten Texte Jes 40,12–31 und 43,16–21 entstammen. Vielmehr gehört Jes 48 zu einer ersten Redaktionsebene, die »mit Anklängen an Ezechiel (bes. Ez 20) und Jeremia und z.T. deuteronomistischer Begrifflichkeit«[34] arbeitet und so die Anfangsbotschaft in einen weiteren Horizont stellt (vgl. auch die oben erwähnten Stellen Jes 42,9; 46,9).

Was bedeutet diese Ansetzung für die Frage nach dem »Neuen«? Wie wird es aus einem etwas größeren zeitlichen Abstand gefasst? Jes 48,1–22 ist auffallend als kritisches Scheltwort an Israel (V. 1: »Haus Jakob«) gestaltet, das den Adressierten eine *»habitualisierte« Hartnäckigkeit* ihrer Einstellung zu JHWH attestiert (V. 4 in dtr./jer./ez. Sprache). Diese Semantik der Schuldgeschichte wird nun zur Präzisierung des »Früheren« (*ha-rīšōnōt*) herangezogen:

> »3 Die *früheren Dinge* (*ha-rīšōnōt*) – von einst her (*me-' āz*) habe ich sie verkündet (*ngd* Hif.) und aus meinem Mund sind sie ergangen und ich habe sie hören lassen (*šm'* Hif.). *Plötzlich/überraschend* (*pit'ōm*) *habe ich sie getan und sie trafen ein* (*bō'*), 4 weil ich wusste/weiß, dass du halsstarrig bist und eine Sehne/Spange von Eisen dein Nacken ist und deine Stirn aus Bronze.«

Es war also im Sinn der oben (2.2) skizzierten schriftprophetischen Konzeption einer *Schuldgeschichte* die Antwort auf die »Habitualisierung« von Israels Schuld (vgl. dazu Jer 13,23), *dass das Gericht eintraf*. Interessant ist das Wort *pit'ōm* »plötzlich« (eine Wiederaufnahme aus Jes 47,11 und Jes 29,5), das der kollektiven Psychologie der Erfahrung eines umstürzenden Ereignisses entspricht: Auch ein lange angekündigtes Gericht wie der Untergang Jerusalems wird, wenn es tatsächlich eintrifft, als überraschend und unerwartet erfahren – eine Ruptur der Kontinuität.

[34] Hans-Jürgen Hermisson, Deuterojesaja. Kapitel 49,14-55,13, BK XI/3, Neukirchen-Vluyn 2017, 720.

Ähnlich wie im Jeremiabuch und in der dtr. Geschichtsdarstellung geht Jes 48,3 davon aus, dass vor dem Untergang lange gewarnt wurde (V. 5: »*bevor* es eintraf«), man also hätte darauf hören und seine Haltung ändern können. Das vollzogene Gericht bedeutete dann – im Einklang mit dem Prolog Jes 40,1–2 – einen Abschluss, der eine Wiederzuwendung Gottes ermöglichte. Daher können nun »neue Dinge« (wieder *ḥªdāšōt*) angesagt werden; Jes 48,6–8 bewertet dabei gegenüber Jes 43,16–21 Israels dauerhafte Hartnäckigkeit als ein Wesensmerkmal des Volkes, das bis jetzt überdauert hat:

> »6b Ich lasse dich hören (*šm'* Hif.) *neue Dinge* (*ḥªdāšōt*) ab *jetzt* (*me-'attā*) und *verborgene Dinge* (*nᵉṣūrōt*) und nicht kennst du sie (*jd'* Perf.)! 7 *Jetzt* (*'attā*) *werden sie geschaffen* (*br'* Nif.) und nicht von einst her und *vor dem heutigen Tag hörtest du sie nicht*, damit du nicht sagst: ›Siehe, ich kenne sie (*jd'* Perf.)!‹ 8 Weder hast du sie gehört (*šm'*) noch kennst du sie (*jd'* Perf.), noch war von einst her dein Ohr geöffnet, denn ich weiß ja (*jd'* Perf.), völlig treulos bist du und ›rebellisch/abtrünnig seit dem Mutterleib‹ wirst du genannt!« (vgl. die Geburtsgeschichte Jakobs Gen 25,26)

Der abgeschlossenen Unheilsgeschichte stehen die »jetzt« bekannt gemachten neuen Dinge gegenüber. Sie setzen nicht einfach Voriges fort. Auch bleiben sie noch zum Teil »verborgen« (V. 6 *nᵉṣūrōt*), damit es erschwert wird, sie zu ignorieren wie bei etwas Bekanntem (etwa dem Bund) (V. 7). Sie sind im Wortsinn »unerhört« bis auf den »heutigen Tag«, denn sie werden *»jetzt« erst »geschaffen«* (*br'* Nif.). Dieses »Jetzt« der Ankündigung, die Zeitphase zwischen Unheil und Heil, wurde aus Jes 43,19 übernommen. In ihr scheint sich aber zur Zeit der Abfassung das Problem der Nichtbeachtung des Heils (in der Grundschicht: »Resignation«, vgl. nochmals Jes 40,27) verstärkt zu haben: Die Adressierten haben sich offenbar nicht geändert: Sie sind sogar erneut »aufsässig/illoyal« (V. 8 polit. Begriff *pš'*). Man hat es hier wohl mit Reaktionen auf eine »Parusieverzögerung« zu tun, auf die Jes 48 mit Schuldsemantik reagiert.

Wie dabei auch in diesem Text das »Neue« historisch konkretisiert werden kann, bleibt angesichts von wiederum mehrdeutigen Aussagen schwierig: Es bieten sich immer noch die Folgen des (schon länger eingetroffenen) Kyrosgeschehens an (V. 14–15 scheinen darauf anzuspielen): JHWH hat einen, »den er liebt«, »kommen« lassen (*bō'* Hif. V. 14–15), wie zuvor Jerusalems Untergang »gekommen« ist (*bō'* V. 3).[35] Dennoch bleiben die ersten Maßnahmen persischer Regentschaft nach Jes 48 in ihren heilvollen Auswirkungen für die Judäer undeutlich. Der unmittelbare »Augenblick des Jetzt«, in dem alles möglich scheint, dehnt sich und geht für manche in den Alltag des »Vorigen« über. Für

[35] Dazu und zur möglichen Deutung auf Darius I. (Herrschaftsantritt 522 v.Chr.) vgl. Ulrich Berges, Jesaja 40–48, HThK, Freiburg/Basel/Wien 2008, 534.

die Perspektive von Jes 48 allerdings ist das »Jetzt« der entscheidende Punkt an der Heilsverkündigung Deuterojesajas als fortan wesentlicher Bezugsgröße prophetischer Traditionsbildung:

> »Und die חדשות sind nichts anderes als die Heilsbotschaft dieses Propheten im ganzen. Man muß nur daran festhalten, daß dieses ›Jetzt‹ nicht ein fixes historisches Datum ist, das schon mit dem Ablauf der Jahre überholt wäre. Das Jahr 587 war ja auch nicht nach einigen Jahrzehnten vergangen, sondern qualifizierte die Unheilszeit noch in den Fastenfeiern zur Zeit des Propheten Sacharjas [sc. vor 520 v. Chr.]. So ist auch die Zeit Dtjes's nicht mit dem Tod des Propheten vergangen, sondern sie bleibt gegenwärtig als die Übergangszeit, genauer: als die Zeit der Verkündigung des ›Neuen‹.«[36]

Hermisson verweist hier auf die oben genannte Eigenart der beiden Linien von Geschichtskonstruktion (2.2) als *Vergegenwärtigung mythischer Gründungsnarrative* einerseits und als *großbogige Schuldgeschichte* andererseits. Die Texte des Deuterojesaja und ihre Profilierung des »Neuen« waren - so verstehe ich Hermisson - nicht einfach nur eine Fortsetzung der Schuldgeschichte mit den Mitteln des Versprechens einer dauerhaften Neuzuwendung Gottes. Sie hatten aufgrund ihrer Verortung an einem zeitlichen »Nullpunkt« (wie analog auch 586 v. Chr.), *von dem aus das Heil in der Geschichte schon begonnen hat,* für die Traditionsbildung (zunächst innerhalb der Prophetie) das Potential eines *immer wieder zu vergegenwärtigenden Neuanfangs* bekommen - eine Art sekundärer Gründungsmythos, der sich historisch am Auftreten des Kyros festmachte. Nicht umsonst wird das neue Heil mit den Farben des *urzeitlichen Exodus* gemalt (vgl. dazu auch Ps 77 und 126, die auf Deuterojesajas Heilsankündigung skeptisch zurückgreifen, sich aber gedanklich an der genau damit einsetzenden Wahrnehmung der Heilswende reorientieren).

Eine Nachbemerkung: Setzt man statt »Kyros« »Jesus Christus« ein, hat man m.E. nicht einfach nur eine Analogie. Es liegen strukturelle Ähnlichkeiten der Semantisierung von Ereignissen, der Verzögerung von Erwartungen und einer anhebenden Deutungsarbeit vor, die in eine langzeitige Überlieferung münden und diese prägen. Das muss theologiehistorisch nicht verwundern.

[36] Hermisson, Deuterojesaja, BK XI/2, 236.

3. Ein Überblick: Die Umformung der Anthropologie im Licht des »Neuen« in Jer 31, dem Ezechielbuch und den Psalmen[37]

3.1 Neue kosmologische und anthropologische Einsichten

Dass in der Fortschreibung Jes 48 mit Hilfe der Kategorien der Schuld und Verfehlung Israels auch die ausbleibende Achtsamkeit für das neue Heil gedeutet wird, steht in einem größeren Kontext der Herausbildung nachexilischer Theologien in vielen Bereichen der später kanonischen Schriften. So wird z. B. in der Tora mit der Sintfluterzählung die Erkenntnis der *prinzipiellen Fehlbarkeit des Menschen* vor die Erwählungsgeschichten der Erzeltern gestellt: Der Neuanfang mit den aus Mesopotamien berufenen Abraham und Sarah geschieht im Anschluss an eine abgeschlossene Unheilsgeschichte in mythischer Urzeit. Der entscheidende Einschnitt ist das Ende der Flut mit dem Änderungsbeschluss JHWHs, der am Ende von Gen 8 (nicht-priesterliche Erzählschicht, 7. Jh. v.Chr.) verspricht, eine solche Totalkatastrophe nie wieder über die Erde kommen zu lassen, obgleich die Menschen nach wie vor zum Bösen neigen. Das Erfahrungsargument der andauernden Rhythmen des Tages- und Jahreszyklus wird nun als Ausweis des göttlichen *Erhaltungswillens für alle Zeit* interpretiert (Gen 8,22):

> »Andauernd (für) alle Tage der Erde (gilt): Saat und Ernte, Frost und Hitze, Sommer und Winter, Tag und Nacht – nicht sollen/werden sie aufhören!«

In der *kanonischen Reihenfolge* der Großerzählung, die mit Gen 1 beginnt, steht also ein allgemeines Bild des Menschen in seiner natürlichen und geschichtlichen Welt am Anfang. Die spätere Konzentration auf die Erwählung Israels ab Gen 12 erscheint eingebettet in diese größere Sicht einer Gesamtwelt (vgl. die sog. Völkertafel in Gen 10). Die Frage der Zurücknahme des Strafwillens des Schöpfers ist mit Gen 6–9 *bereits urzeitlich denkbar umfassend beantwortet* (vgl. auch die priesterschriftliche Zusage des Bundes an Noah, seine Nachkommen und alle Lebewesen in Gen 9 sowie die an die Menschheit ergehenden »noachidischen Gebote« Gen 9,3–6).

Theologiegeschichtlich verhält es sich aber genau umgekehrt: Aus der in der Gründungserzählung Ex 32–24 sowie in schriftprophetischen Reflexionen ab dem Exil wachsenden Einsicht in JHWHs Festhalten an *Israel* trotz dessen Schuld erwuchs erst die Erkenntnis einer *allgemeinen Dimension* dieses Gesche-

[37] Abschnitt 3 folgt teilweise Friedhelm Hartenstein, § 33. Theologie des Alten Testaments und gesamtbiblische Perspektiven, in: Walter Dietrich (Hg.), Die Welt der Hebräischen Bibel. Umfeld – Inhalte – Grundthemen, Stuttgart ²2021, 479–502.

hens. Die in der sog. Gnadenformel Ex 34,6–7 ausgedrückten *Barmherzigkeit JHWHs*, die jetzt vollends als *diejenige des Schöpfers* erkannt wurde, hat man mit der Einsicht in die *prinzipielle Fehlbarkeit des Menschen* verknüpft. Die *Deutung von Geschichte als ein verflochtener Gründungs- und Schuldzusammenhang mit dem Einschnitt des Exilsendes* hat dazu geführt, JHWH in einer *asymmetrischen Spannung zwischen Liebe und Gerechtigkeit* wahrzunehmen. Diese ist seit Deuterojesaja und der Priesterschrift ausdrücklich *kosmologisch* begründet und durchdacht: Israels Existenz hängt wie auch diejenige der Menschheit an der Gewährung des Lebens aus der Zuwendung des Schöpfers trotz aller Widerspenstigkeit und »habitualisierten« Verfehlung. Wie freilich das »Böse« und die Tragik der Schuld *anthropologisch* aufgehoben werden können, bleibt eine bohrende Frage der einem universalen Schöpfungsdenken verpflichteten frühjüdischen Schriften. Es ist dieser Kontext, in dem die mit der Kernbotschaft des Deuterojesajabuchs erstmals in die Geschichtsdeutung profiliert eingeführte Kategorie des »Neuen« eine nochmals andere Signifikanz gewinnt: Dies geschieht schon zeitgleich mit den Fortschreibungsprozessen in Deuterojesaja und teils auch nach ihnen und unter Bezug auf sie. Die entsprechenden Texte verbindet ein intertextuelles Bezugssystem, eine diskursive Form der Theologie, die – je stärker sich die Schriften ihren (relativen) Endformen nähern – wechselseitig Zustimmung und Widerspruch signalisiert. Einst getrennte Literatur- und Traditionsbereiche werden ineinander gespiegelt. Ihre spezifische Begrifflichkeit, z. B. die deuteronomistische und priesterliche, wird nun zusammen verwendet und teils systematisch abgeglichen (vgl. einen Text wie Lev 26 am Ende des Heiligkeitsgesetzes).

3.2 Die Neuschaffung Israels in anthropologischen Kategorien im Jeremia- und im Ezechielbuch sowie in Psalm 51

Die Kategorie des »Neuen« wird dabei – neben und über Deuterojesaja hinaus – zunächst vor allem in den beiden großen Prophetenbüchern Jeremia und Ezechiel prägnant in *anthropologischer Fokussierung* aufgenommen. Es sind wenige, aber wirkungsmächtige Texte, in denen dies geschieht: Zunächst soll an das »Töpfergleichnis« und seine dtr. Interpretationen in Jer 18 erinnert werden: Wie der Töpfer bei der Verfertigung seiner Gefäße die Macht hat, Missratenes wieder zu zerstören, um es dann neu zu formen, so ist auch Israel im Weltgeschehen in der Hand des Schöpfergottes, der als einzige bestimmende Macht die Geschichte zu Gunsten oder Ungunsten der Völker und Israels lenkt (Jer

18,7-10). Diese Erkenntnis, die ausdrücklich das Moment der »Reue« Gottes als Selbstzurücknahme (vgl. Ex 32,14) einschließt, wird in den universalen Horizont der Völkerwelt gestellt: Die Einzigartigkeit Israels besteht nach Jer 18,11-12 – wie im oben behandelten Text Jes 48 – in der *vorgängigen Mitteilung des Gerichts* an sein Volk und der ihm dadurch eröffneten *Möglichkeit zur Umkehr*, die jedoch – so die folgende Fortschreibung Jer 18,13–16 – verspielt wurde, so dass die Abwendung JHWHs im Zorn die Zukunft bestimmt (V. 17). Auch hier muss – wie bei Jes 48 – beachtet werden, dass ein solcher Text die bereits eingetretene Zerstörung Jerusalems nachträglich deutet, seine Erzählperspektive aber anders als bei Jer 48 zeitlich *vor* der Katastrophe angesiedelt ist.

Mit solchen Erwägungen, die auch Jes 48 prägen (vgl. oben zur Hartnäckigkeit der Abwendung Israels auch angesichts des neuen Heils), gehen im Jeremiabuch nüchterne Einsichten in die *Ambivalenz des Menschen* und seinen *ständigen Hang zum Bösen* einher, die in der Urgeschichte wie auch im Psalter Entsprechungen haben. Der leitenden nachexilischen Einsicht in die monotheistische Schöpfungstheologie entspricht hier eine tief realistische *theologische Anthropologie*, im Blick nicht allein auf Israel, sondern damit auch auf *den Menschen »vor Gott«*. Ein wichtiger Lösungsweg aus dem Dilemma, dass der Mensch sich aus eigener Kraft nicht dauerhaft zum Guten zu verändern vermag, liegt für das Jeremia- wie das Ezechielbuch zunächst in der Aufhebung des »Dogmas« einer Generationen überspannenden Kollektivschuld zugunsten der Verantwortung jedes Einzelnen für seine Taten. Die kritische Revision des Sprichwortes »die Väter haben saure Trauben gegessen und den Kindern werden die Zähne stumpf« (Ez 18,2 und Jer 31,29) bot aber lediglich eine eingrenzende Erleichterung.[38]

Beide Prophetenbücher ziehen deshalb die weitere Konsequenz, dass es neben der Vergebung und dem Hinwegsehen Gottes über Verfehlungen eines *tieferen Eingriffs des Schöpfers* bedarf: Die berühmten, als Heilsankündigung formulierten Verse vom *»neuen Bund«* in Jer 31,31–34 kündigen nichts weniger als eine dauerhafte Umwandlung des Personzentrums an:

> 31 Siehe, Tage kommen – Ausspruch JHWHs – da will ich schließen mit dem Haus Israel und mit dem Haus Juda *einen neuen Bund/Vertrag* (*b^{e}rīt ḥ^{a}dāšā*). 32 Nicht wie den Bund/Vertrag, den ich geschlossen hatte mit ihren Vätern am Tag als ich sie an ihrer Hand fasste, um sie herauszuführen aus dem Land Ägypten, (sie), die sie selbst (später) meinen Bund/Vertrag gebrochen haben, ich aber war (doch) Herr über sie. – Ausspruch JHWHs –.

[38] Siehe dazu z. B. Michael Pietsch, Schuld und Geschichte. Schriftprophetische Identitätsdiskurse im Ezechielbuch, ThZ 71, 2015, 308–325.

33 Sondern, dies ist der Bund/Vertrag, den ich schließen werde mit dem Haus Israel nach jenen Tagen – Ausspruch JHWHs –: Ich gebe (hiermit) meine Weisung/Tora in ihr Inneres, und auf ihr Herz werde ich sie schreiben. Und ich werde für sie zum Gott sein, sie selbst aber werden für mich zum Volk sein. 34 Und nicht werden sie mehr lehren, jeder seinen Nächsten und jeder seinen Bruder: »Erkennt JHWH!« Denn sie alle werden mich erkennen, von ihren Kleinen bis zu ihren Großen. – Ausspruch JHWHs –. Ja, ich will vergeben ihre Schuld und ihrer Verfehlung nicht mehr gedenken.«

Hier ist nicht der Ort, den vielfach ausgelegten und exegetisch eingehend durchleuchteten Text in seinem Zusammenhang der sog. Trostschrift Jeremias in Jer 30–31(33*), die wie Deuterojesaja Juda Heil verheißt, genauer zu analysieren.[39] Ich beschränke mich lediglich auf die Frage nach der Bedeutung der Kategorie des »Neuen«, die in Jer 31,31–34 auf die Metapher eines vertraglichen Verhältnisses zwischen Israel und JHWH (vgl. bes. Ex 24,3–8) angewandt wurde. Dazu hat Hermann-Josef Stipp mit Blick auf die Lasten der Rezeptionsgeschichte eine Mahnung zur hermeneutischen Vorsicht formuliert:

»Wie es scheint, werden im Dienste moderner theologischer Interessen nicht selten erhebliche Anstrengungen unternommen, um den Wortlaut der Perikope zu relativieren und namentlich den Sachgehalt des Adjektivs חדש *neu* 31b als Spezifikum des verheißenen Bundes möglichst restriktiv zu bestimmen. [...] Deshalb sei [...] daran erinnert, dass die Exegese zunächst die Textaussagen zu erheben hat; was die religiösen Gemeinschaften, die sich auf die Bibel als ihre Offenbarungsurkunde beziehen, mit diesen Aussagen anfangen, ist ein unausweichliche, aber separate Frage, die nicht allein auf der Basis der jeweils betroffenen Einzeltexte beantwortet werden kann.«[40]

Eindeutig besteht die Abgrenzung des »neuen« Bundes gegenüber dem »früheren« Bund der Gründungszeit (Exodus und Sinai) in einer *neuen Qualität*: Dabei ist diese zunächst, wie es sich vor dem Hintergrund von Deuterojesaja nahelegt, eine *zeitliche*: In »kommenden Tagen«, also in unbestimmter Zukunft, wird JHWH den neuen Bund realisieren. Damit ist nicht (mehr) die grundsätzliche geschichtskonzeptionelle Qualität des »Neuen« aus Jes 40–48 im Blick, sondern die Ersetzung *eines Elements* einer bestimmten Geschichtskonzeption, der mittels Rechtssemantik interpretierten Schuldgeschichte (s. o.). Dort waren die Ereignisse wie in altorientalischen Verträgen von der wechselseitigen Verpflichtung, Übertretung und Ahndung geprägt. Der »neue« Bund

[39] Zur Literaturgeschichte der Trostschrift vgl. Konrad Schmid, Buchgestalten des Jeremiabuches. Untersuchungen zur Redaktions- und Rezeptionsgeschichte von Jer 30–33 im Kontext des Buches, WMANT 72, Neukirchen-Vluyn 1996; Hermann-Josef Stipp, Jeremia 25–52, HAT I/12,2, Tübingen 2019, 205–376.

[40] Stipp, Jeremia 25–52, 275.

wird nach V. 33–34 dagegen nicht mehr auf einer Verpflichtung auf eine Niederschrift, einem Bundes*dokument*, beruhen; es soll »die Verwundbarkeit des Exodusbundes« vermieden werden.[41] Daher wird der »neue« Bund in einer Umschaffung der menschlichen Disposition zum Tun des Guten bestehen:

»Ich werde meine Weisung (*tōrā*) *in ihr Inneres* legen und sie *auf ihr Herz* schreiben« (Jer 31,33, vgl. Jer 32,40).

Die Schriftmetaphorik des *äußerlichen* Bundesdokuments (vgl. die ›Tafeln‹ und das ›Buch‹) wird anthropologisch gewendet: Die Gebote (vom Sinai), die – nach aktuellem exegetischen Erkenntnistand – *inhaltlich ganz unverändert* bleiben, werden künftig direkt *im Inneren* des Menschen verankert. Sie sind dann »inkorporiert« und entsprechen so dem leiblichen Personsein. So kann sich ihre *Lebensdienlichkeit* (die z. B. Ez 20,25 aus anthropologischen Gründen bezweifelt hatte) endlich ungestört entfalten. Unmittelbar auf den Abschnitt vom »neuen Bund« folgt dann in der explikativen Fortschreibung Jer 31,35–37 noch eine umfassende *kosmologische* Begründung für Gottes unverbrüchliches Verhältnis zu Israel:[42]

»35 So hat JHWH gesprochen, der die Sonne gesetzt hat als Licht am Tag, die Ordnungen von Mond und Sternen als Licht bei Nacht; der das Meer erregte, so dass seine Wogen tosten [...]. 36 Wenn diese Ordnungen vor mir entgleiten könnten [...] würden auch die Nachkommen Israels aufhören, vor mir ein Volk zu sein für alle Tage [...]. 37 Wenn die Himmel oben vermessen und die Fundamente der Erde unten ergründet werden könnten, dann würde auch ich die ganzen Nachkommen Israels verwerfen, um all ihrer Taten willen – Ausspruch JHWHs –.«

So wie die Ordnungen der Schöpfung seit der Sintflut unverbrüchlich sind (s. o. zu Gen 8,22 [Nicht-P]; 9,12–17 [P]), so steht der Erschaffer des Kosmos trotz der Verfehlungen zu seinem Volk.

Auch das Ezechielbuch spricht analog zum Wort vom »neuen« Bund in Jer 31 von einem *Austausch des dauerhaft verhärteten Herzens Israels* durch ein *lebendiges Herz*, das empfänglich ist für die Gottesbeziehung und diejenige zum Nächsten (Ez 11,19–20 // 36,26–27). In Ez 36,26 wird diese Neujustierung der Anthropologie als die Gabe eines »*neuen* Herzens« und eines »*neuen* Geistes« bezeichnet:

[41] Stipp, Jeremia 25–52, 279.

[42] Zu diesem schöpfungstheologischen Argument in Jer 31,35–37 und seiner literarhistorischen Einordnung vgl. Schmid, Buchgestalten, 174–175; Stipp, Jeremia 25–52, 286; siehe zur theologischen Bedeutung im weiteren Kontext vergleichbarer Texte aus der Zeit des Zweiten Tempels Friedhelm Hartenstein, Die Zählbarkeit der Sterne. Eine Denkfigur des Unendlichen in der Hebräischen Bibel und ihre Bedeutung für die Zurechnung der Gerechtigkeit an Abraham (Gen 15,5–6), ThLZ 148, 2023, 417–432: 426–428 (zu Jer 31,35–37).

»26 Und ich werde euch *ein neues Herz* (*lēb ḥādāš*) geben und *einen neuen Geist* (*rūaḥ ḥadāšā*) in euer Inneres legen; ich werde *das steinerne Herz* aus eurem Leibe herausnehmen und euch *ein fleischernes Herz* geben. 27 Meinen Geist werde ich in euer Inneres geben und machen, dass ihr in meinen Satzungen wandelt und meine Rechtsbestimmungen bewahrt und sie tut.«

Hier wird die oben anhand von Jes 48 benannte »Habitualisierung« der Schuld (vgl. auch Jer 13,23) in das prägnante Bild eines »versteinerten« Herzens gefasst, das durch ein Herz aus Fleisch (*bāsār*) ersetzt werden soll, mit dem ein Neuanfang möglich erscheint, der allein durch JHWH geschieht. Ob dieses Herz bei der Bindung an JHWH beständig bleiben wird, ist dabei nicht ausdrücklich bedacht, etwas eindeutiger aber in der Parallele Ez 11,19–20.[43]

Die Aussage von Ez 36,26–27 wird sehr wahrscheinlich von dem sich seiner konkreten Sünden wie seiner *prinzipiellen Fehlbarkeit* bewussten Beter in *Ps 51* zitiert und variiert: Er bittet über jede aktuelle Vergebung von Sünden und Reinigung von Schuld hinaus (V. 9) den Schöpfer um die *Neuschaffung seines Herzens und seines Geistes* (V. 12):

»Schaffe (*br'*) mir Gott, *ein reines Herz,* und einen *festgefügten* (*nākōn*) *Geist erneuere* (*ḥdš* Pi.) in meinem Inneren!«

Am Ende des Psalms mündet das dann nicht zufällig in die Bitte um die *Erneuerung* (begrifflich ist hier vom »Bauen« die Rede) auch des zerstörten Jerusalems, die den Blick auf die Eröffnung einer neuen Zukunft für Israel richtet (Fortschreibung in Ps 51,20–21).

3.3 Ein kurzes Zwischenfazit

Neben der geschichtsdeutenden Verwendung der Kategorie des »Neuen« in den Deuterojesaja-Texten bearbeiten wichtige Passagen (zumeist Fortschreibungsschichten) in den Büchern Jeremia und Ezechiel, die in Ps 51 aufgenommen werden, die Frage, wie das menschliche Herz von seiner Krankheit der Neigung zur Verfehlung und deren Habitualisierung »geheilt« werden kann. Der Rahmen für entsprechende Lösungsversuche ist der schöpfungstheologische Monotheismus. JHWH der Schöpfer Israels und der Menschheit verspricht oder wird darum gebeten, künftig (in einer unbestimmten Zukunft) die anthropologische Disposition so zu »erneuern« (vgl. die Verben *br'* und *ḥdš* Pi.

[43] Vgl. dazu auch die Bemerkung von Walter Zimmerli, Ezechiel 25–48, BK XIII/2, Neukirchen-Vluyn [2]1979, 879: »Nach bSuk 52a [Babylonischer Talmud, Traktat Sukka, FH] ist ›Stein‹ einer der sieben Namen des ›bösen Triebes‹«, so dass vielleicht schon in den Ez-Stellen bei der »Herz-Transplantation« an die Beseitigung speziell des Hangs zum Bösen gedacht ist.

in Ps 51,12), dass die Einhaltung der Gebote zum Wesen Israels (und der Menschen?) wird. Es geht dabei m. E. immer noch um eine Konzeption von »Neuem«, die zuletzt im Rahmen der Erfahrung von »immer wieder Erneuertem« formuliert wird.[44] Das ist im großen Schlusstext des Großjesajabuches, Jes 65–66, anders. Hier steht man – in hellenistischer Zeit – mit der Rede vom »Neuem« am Übergang zur sog. Apokalyptik.

4. Die Erneuerung des Kosmos in Jes 65,17–25

Mit den Schlusskapiteln des Großjesajabuchs Jes 65–66 kommt eine theologische *»Summe der Prophetie«*[45] in den Blick, deren Entstehungshorizont ganz anders ist als derjenige der frühen Perserzeit. Nach fast zwei Jahrhunderten relativer Ruhe unter der Weltherrschaft der Achämeniden, änderten sich durch Alexander den Großen, vor allem aber durch seine Nachfolger, die Verhältnisse in der Ostmittelmeerwelt. Der Abschnitt Jes 65,17–25 scheint das indirekt vorauszusetzen, indem er auf Erfahrungen von *Not und Entbehrung* antwortet, die im voranstehenden großen Gebet der Gottesknechte Jes 63,7–64,11 benannt werden.[46] Diese kollektive Klage reagierte vermutlich auf den Feldzug Ptolemaios I. (302/1 v. Chr.).[47] Die Gehalte der deuterojesajanischen Ankündigungen stehen nun *grundsätzlich* in Frage, vor allem wird JHWH angesichts der in der Levante spürbaren Auswirkungen der Weltpolitik als *fern und opak* wahr-

[44] In den Schriften vom Toten Meer findet sich allein in der Damaskusschrift (die evtl. älter ist als die Qumrangemeinde) eine Rezeption des Konzepts vom »neuen Bund« aus Jer 31 (CD 6,19; 8,21; 19,33; 20,12); vgl. Brent A. Strawn, ברית in »Sectarian« Texts from Qumran, in: Christian A. Eberhart/Wolfgang Kraus (Hg.), Covenant – Concepts of Berit, Diatheke, and Testamentum, WUNT 506, Tübingen 2023, 249–272: 264–266. Danach zeichnet sich ein Forschungskonsens ab, dass die Qumrangemeinschaft einerseits in Kontinuität zu Jer 31 steht (der erneuerte Bund bleibt inhaltlich identisch mit dem alten), andererseits aber auch andere Akzente setzt (neue Auslegungen der Mosetora werden offenbart und die Zahl der Auserwählten, die am neuen Bund Anteil erhalten, wird reduziert, vgl. Strawn, 265–266).

[45] Vgl. dazu ausführlich Judith Gärtner, Jesaja 66 und Sacharja 14 als Summe der Prophetie. Eine traditions- und redaktionsgeschichtliche Untersuchung zum Abschluss des Jesaja- und des Zwölfprophetenbuches, WMANT 114, Neukirchen-Vluyn 2006.

[46] Zu dieser kollektiven Klage vgl. Johannes Goldenstein, Das Gebet der Gottesknechte. Jesaja 63,7–64,11 im Jesajabuch, WMANT 92, Neukirchen-Vluyn 2001.

[47] Vgl. Odil Hannes Steck, Der Abschluss der Prophetie im Alten Testament. Ein Versuch zur Frage der Vorgeschichte des Kanons, BThSt 17, Neukirchen-Vluyn 1991, 91. Zu den Auswirkungen des Feldzugs Ptolemaios I. für Jerusalem siehe z. B. Markus Sasse, Geschichte Israels in der Zeit des Zweiten Tempels. Historische Ereignisse – Archäologie – Sozialgeschichte – Religions- und Geistesgeschichte, Neukirchen-Vluyn 2004, 98–100 (ebd. der Hinweis, dass auch Sach 14,2 vor diesem Hintergrund verstanden werden kann).

genommen. Nach Odil Hannes Steck antworten Jes 65–66 auf solche Aporien.[48] Das zeigt sich auch daran, dass der Abschnitt Jes 65,17–25, *erstmals nach Jes 48 wieder das »Neue«* in die Schlussperspektive des Buches einspielt:

> 16b Ja, vergessen sind die *früheren Nöte* (*ha-ṣārōt ha-rīšōnōt*), ja, verborgen (sind sie) vor meinen Augen. 17 Denn, siehe, ich schaffe einen *neuen Himmel* (*šāmājīm ḥ^{a}dāšīm*) und eine *neue Erde* (*'æræṣ ḥ^{a}dāšā*). Und *nicht wird (mehr) gedacht* werden (*zkr*) der *früheren Dinge* (*ha-rīšōnōt*), und nicht (mehr) steigen sie auf im Herzen. 18 Sondern freut euch und jubelt für immer über das, was ich dabei bin, zu schaffen!

In V. 16b wird das »Frühere« anders als bei Deuterojesaja (s. 2) konkret zur Kennzeichnung von *ṣārōt* »*Nöten*«, die die Lebenswirklichkeit bestimmen. Im Gebet der Knechte Jes 63,7–64,11 werden diese Nöte in der Tradition der Schuldgeschichte wieder als *Gericht* JHWHs gedeutet, das freilich auch mit *seiner Entzogenheit* zu tun hatte, auf die hin gesündigt wurde (vgl. 63,17–19). Nach Jes 65,17–19 wird diese Lage enden: Die »Nöte« gelten bereits als *vergangen* (»Früheres«), JHWH sieht sie schon gar nicht mehr (V. 16b). An ihre Stelle tritt die Ankündigung der baldigen Erschaffung eines »neuen« Himmels und einer »neuen« Erde (V. 17–18.). Der Horizont der Bewältigung kollektiver Krisenerfahrungen wird *denkbar umfassend*: »Himmel und Erde« sind auch in Genesis 1,1 (und 2,4a), worauf Jes 65,17 sicherlich anspielt, ein Merismus für »alles«. Es bedarf einer Änderung der gesamten Weltordnung. Dennoch ist – mit Konrad Schmid – in Jes 65 noch keine »Zwei-Äonen-Lehre« im Blick, die oft als Kennzeichen der sog. Apokalyptik gilt.[49] Jes 65–66 spiegeln auch noch nicht die radikale Zuspitzung der Krisenwahrnehmung, die dann später das Danielbuch bezeugt (nach 167 v. Chr.: Eroberung Jerusalems und religiöse Zwangsmaßnahmen Antiochus' IV.).

Für die Kategorie des »Neuen« ist mit Jes 65,17 in der werdenden hebräischen Bibel ein Kulminationspunkt erreicht. Ich notiere dazu vier Gesichtspunkte:

a) Im Jesajabuch bildet das oben (2.3.4) behandelte Heilswort Jes 43,16-21 den wichtigsten Bezugstext: Das zeigt vor allem die Wiederaufnahme der Aufforderung, *des »Früheren« nicht mehr zu gedenken* (43,18). Ihre Verwirklichung ist in Jes 65,17 ein Anzeichen der Verwandlung des Kosmos: »Und *nicht wird (mehr) gedacht werden* (*zkr*) *der früheren Dinge* (*ha-rīšōnōt*), und nicht (mehr) steigen sie auf im Herzen.« (V. 17).

[48] Vgl. Steck, Abschluss, 91–99.

[49] Schmid, Neues (s. o. FN 27), 67. Zur Apokalyptik vgl. jetzt den Überblick von Stefan Beyerle, Apokalyptik im antiken Judentum, in: Ders. (Hg.), Apokalyptik, Themen der Theologie 15, UTB, Tübingen 2024, 29–73.

b) Anstelle der Abkehr vom Vergangenen tritt die *Aufforderung zur Freude und zum Lob* über das neugeschaffene Jerusalem (Imp. Pl. V. 18). Tatsächlich ist das eigentliche Ziel der Schöpfungsakte JHWHs die *Restitution Zions und seiner Bewohner*. Die alte Symbolik des Zentrums aus der Jerusalemer Kulttradition (vgl. nur Ps 46; 48; 93; Jes 31,4–5 u. a.) wird in Jes 65–66 revitalisiert: JHWH »schafft« Jerusalem zusammen mit Himmel und Erde »neu« (zweimaliges Fut. instans *hin*^{e}*nī bōrē'* »siehe ich schaffe« mit den Objekten Himmel/Erde [V. 17] und Jerusalem [V. 18]). Anstelle des bisherigen JHWH-Schweigens entsteht eine lebhafte *Kommunikation der Freude*, in der Gott selbst in den Jubel mit einstimmt (V. 19): »Auch ich werde jubeln über Jerusalem und mich freuen über mein Volk!«

c) Das »Neue« findet seine inhaltliche Konkretion nicht mehr wie in Jes 43,16–21 *in Analogie zu den gründenden Heilsereignissen des Exodus*. Vielmehr wird es umfassend als Aufhebung bisheriger Einschränkungen des Lebens bis hin zu einem *Idealzustand* beschrieben: Es wird keine Klagen mehr geben (können), denn alle Einwohner Jerusalems (jedenfalls die Gerechten, die das Gericht überstanden haben) werden überaus alt werden und dabei gesund bleiben (V. 20). Sie werden dauerhaft in ihren Häusern wohnen und die Früchte ihrer Weinberge selbst genießen (V. 21–22) und viele gesegnete Nachkommen haben (V. 23). Hier sind die sogenannten *Nichtigkeitsflüche* (Strafen bei Eidbruch, wie z. B. in Dtn 28) *aufgehoben*. Jes 65 greift zugleich über das Jesajabuch hinaus auf die *Urgeschichte Gen 1–11* zurück: Eine hundertjährige Lebenszeit der Menschen (V. 20) erscheint jetzt als Ideal dessen, was nach der Sintflut erreicht werden kann (für Ps 90,10 sind 70–80 Jahre ein Maximum). Die Tierwelt wird sogar in den *ursprünglichen Zustand vor der Sintflut* zurückversetzt (V.25): Es herrscht Tierfrieden (mit Jes 11,6–8 als Bezugstext) zwischen Wolf und Lamm, der Löwe wird wieder zum Vegetarier (vgl. Gen 1,30 mit Gen 9,3 [jeweils P]) und der Fluch für die Schlange scheint teilweise aufgehoben (vgl. Gen 3,14–15). Auch die *Kommunikation* zwischen Gott und seinen Geschöpfen ähnelt der im Paradiesesgarten vor der Übertretung: »Noch bevor sie rufen, werde ich antworten.« (V. 24). Schließlich wird auf JHWHs »heiligem Berg« *keine Tora mehr nötig sein*, denn »niemand wird Böses tun und verderblich handeln.« (V. 25, Zitat aus Jes 11,9). So schließt das »Neue« von Jes 65 auch die anthropologisch orientierte *Neuschaffung des Personzentrums* aus Jer, Ez, Ps 51 ein, auf die freilich nicht direkt angespielt wird.

d) Wie in Gen 1,1 kann die Ankündigung der Neugestaltung des kosmologischen Rahmens (eben nicht eines neuen Äon/Kosmos) in Jes 65,17 als *Über-*

schrift der folgenden Heilsaussagen gelesen werden: In ihnen wird deutlich, was *konkret* mit der »Neuheit« von »Himmel und Erde« gemeint ist: Jerusalem, der Weltmittelpunkt, Menschen und Tiere (implizit die ganze Welt), werden wieder *»wie am Anfang« gemäß der universalen Perspektive von Gen 1–11.* Es handelt sich trotz dieses weiten Denkrahmens um eine vom Schöpfergott initiierte *»Erneuerung«* im Rahmen dessen, was ein für alle Mal am Weltanfang eingerichtet wurde, nicht um eine völlige Neuschöpfung. Innovativ ist das Zurückgehen bis vor die Sintflut, eine echte *restitutio ad integrum.* Die wirkmächtigen Bilder des Jesaja-Schlusses haben allen voran die Johannesapokalypse geprägt.

5. Coda zur rezeptionshistorischen und kanontheologischen Verhältnisbestimmung von »Altem« und »Neuem«

Sowohl in Debatten um eine »gesamtbiblische Theologie« wie auch im Streit um die leitenden Absichten wissenschaftlicher Exegese des Neuen wie des Alten Testaments spielt die Betonung von *Kontinuität oder Diskontinuität zwischen jüdischer Tradition und christlichen Deutungsperspektiven* eine große Rolle. Nur ganz kurz kann hierzu angedeutet werden, wie die Kategorie des »Neuen« ausgehend von der hebräischen Bibel weitergewirkt hat. Die Realisierung von »Neuem« (*ḥādāš*) war seit der nachexilischen prophetischen Tradition ein wichtiges Element der *Zukunftserwartung.* Das Motiv stand im Zusammenhang der endgültig von Gott erwarteten Auflösung bleibender Probleme. Das »Neue« wurde dabei primär als *Wiederherstellung* von bereits Vorgegebenem, aber auch als dessen *Aufhebung und teils auch Überbietung* ersehnt: ein neuer *Exodus* (Jes 43,16–21 u. a.), ein *Bund* mit dem bleibenden Inhalt des Sinaibundes, der jedoch nicht mehr durch die Sünde gebrochen werden kann, weil der Mensch neu gestaltet wurde (Jer 31,31–34; Ez 36,26–27; Ps 51,12), ein restituierter *Kosmos ohne Gewalt* (Jes 11,6–9; 65–66.) und zuletzt auch die Überwindung der Macht des *Todes* (vgl. Jes 25,6–8). Diese Figuren einer *Erfüllung letzter (grundsätzlicher) Erwartungen an den Schöpfer und einzigen Gott* bekamen in christlicher Deutung ein spezifisches Gewand: Sie verbanden sich mit der *»Jesus-Christus-Geschichte«*[50], erneut einer *Gründungserzählung* in Analogie zu den früheren Heils- und Rettungstaten des Gottes Israels. So bestimmten Kontinuität und Diskontinuität zu tragenden Grundeinsichten der jüdischen Bibel die Herausbildung frühchristlicher Theologie. Eine *»Novitas Christiana«* im Sinne

[50] Diese Bezeichnung für das christliche Grundnarrativ ist ein zentrales Stichwort im hermeneutischen Entwurf von Ulrich Luz, Theologische Hermeneutik des Neuen Testaments, Neukirchen 2014.

einer »Idee des Fortschritts«[51] mit einer entsprechenden Geschichtskonzeption gehörte offenbar noch nicht zu den Theologumena der ersten christlichen Schriften. Sie bildete sich in aller Deutlichkeit erst später - vor allem mit der »konstantinischen Wende« (bei Euseb) - unter anderem als eine Rezeptionswirkung der Kategorie des »Neuen« in den christlich gelesenen Texten des Alten Testaments heraus.[52]

[51] Vgl. Wolfram Kinzig, Novitas Christiana. Die Idee des Fortschritts in der Alten Kirche bis Eusebius, FKDG 58, Göttingen 1994.

[52] In seiner Zusammenfassung (569–574) skizziert Kinzig, Novitas, wie - ausgehend von der Rezeption von Aussagen des AT in frühen christlichen Schriften (je unterschiedlich u. a. bei Paulus, Origenes, Irenäus, Tertullian) - mit der Kategorie des »Neuen« zunächst gegenüber Juden und paganen Kulten Abgrenzungen vorgenommen wurden (qualitativ wertende Differenzsemantik). In Auseinandersetzung mit Geschichtskonzeptionen antiker Philosophie (Origenes gegen Celsus) wurde zunehmend ein expliziter geschichtstheologischer Fortschrittsgedanke formuliert, der jedoch »noch überwiegend retrospektiv ausgerichtet« war (570). Anfang des 4. Jh.s wurden die entsprechenden Traditionslinien bei Laktanz und vor allem bei Eusebius von Cäsarea »systematisch gebündelt und zueinander in Beziehung gesetzt« (571). Mit Eusebs Geschichtsauffassung lag »mit der ›Konstantinischen Wende‹ erstmals ein vollausgebildeter, umfassender [sc. nach vorne gerichteter, FH] Fortschrittsgedanke vor«, der nun auch »grundsätzlichen Reflexionen über die Rolle des Staates im Plane Gottes mit seinem Volk« offenstand (571).

Jens Schröter

Was ist neu am christlichen Glauben? Beobachtungen an Texten des frühen Christentums

1. Neue Schöpfung in Christus: 2. Korinther 5,17

Dass der Glaube an Jesus Christus etwas Neues ist, wird bereits in den frühesten Texten, die diesen Glauben explizieren, betont.[1] Eine der ältesten und zugleich prägnantesten Formulierungen findet sich bei Paulus:

> Ist jemand in Christus, so ist er eine neue Schöpfung. Das Alte ist vergangen, siehe, Neues ist geworden.[2]

Der pointierte Satz gehört in eine Auseinandersetzung des Paulus mit seinen Konkurrenten in Korinth. Das Neue, das er ihnen - und zugleich der korinthischen Gemeinde - gegenüber geltend macht, ist die Erkenntnis Jesu Christi: Dieser wird nicht mehr »auf fleischliche Weise« (*κατὰ σάρκα*) erkannt (V. 16), sondern als derjenige, der für alle gestorben ist, damit »die Lebenden« nicht mehr für sich selbst leben, sondern für den, der für sie gestorben ist und auferweckt wurde (V. 15).[3]

[1] Das Thema wird auch behandelt bei: Hans Weder, Die Attraktivität des Neuen und die Würde des Alten. Hermeneutische Überlegungen zur Kategorie des Neuen im Neuen Testament, in: Hartmut von Sass (Hg.), Wahrhaft Neues. Zu einer Grundfigur christlichen Glaubens (ThLZ.F 28), Leipzig 2013, 75–98. Weder stellt die Erfahrung des Neuen anhand der Lebenswende des Paulus, des Liebesgebotes in Joh 13,34–35 sowie der Nachfolgegeschichten im Markusevangelium dar. Im hier vorgelegten Beitrag werden andere Texte herangezogen. Die Beobachtungen treffen sich jedoch mit Weders Beitrag darin, dass das Neue eine Erfahrung bzw. Erkenntnis beinhaltet, die zu einer veränderten Lebenshaltung führt. Einige Reflexionen zum Thema finden sich auch in: Peter-Ben Smit, Das Neue als Problem und Prinzip neutestamentlicher Theologie, EvTh 78/5 (2018), 375–384.

[2] *εἴ τις ἐν Χριστῷ, καινὴ κτίσις· τὰ ἀρχαῖα παρῆλθεν, ἰδοὺ γέγονεν καινά.*

[3] Dass die Wendung *κατὰ σάρκα* adverbial, als Näherbestimmung von *οἴδαμεν* bzw. *ἐγνώκαμεν*, aufzufassen und nicht mit *οὐδένα* bzw. *Χριστόν* zu verbinden ist, liegt sowohl syntaktisch als auch inhaltlich näher und ist heute weithin akzeptiert. Paulus beschreibt eine Veränderung derjenigen, die Christus in rechter Weise erkannt haben und dadurch »in Christus« bzw. »neue Schöpfung« geworden sind. Vgl. Thomas Schmeller, Der Zweite Brief an die Korinther. Teilband I: 2 Kor 1,1–7,4 (EKKVIII/1), 2010, 324–326. Ergänzend wäre darauf hinzuweisen, dass die Bezeichnung »Christus« das Bekenntnis zu Jesus als dem Christus bereits voraussetzt und auch deshalb nicht mit *κατὰ σάρκα* verbunden werden kann, denn *κατὰ σάρκα* betrachtet wäre Jesus eben gerade nicht der Christus.

Das Neue des Christusglaubens ist demzufolge zum einen die auf Christus bezogene Erkenntnis: Er wird als derjenige erkannt, durch den Gott zum Heil der Menschen gehandelt hat, indem er ihnen ein neues Leben ermöglicht hat, das nicht mehr unter der Macht der Sünde steht. Dieser Zusammenhang begegnet in 2Kor 5,14–21 in verdichteter Weise und wird im Römerbrief ausführlich dargelegt.[4]

Das Neue ist aber nicht nur eine Erkenntnis, sondern beinhaltet zugleich eine darauf gründende Lebensweise. Das wird an dem Ausdruck »die Lebenden« (οἱ ζῶντες) in V. 15 deutlich, der sich auf die *in neuer Weise Lebenden* bezieht, also auf diejenigen, die an Sterben und Auferweckung Jesu Christi partizipieren.[5] Es wird auch an der Wendung »In-Christus-Sein« (εἴ τις ἐν Χριστῷ) deutlich. Diese impliziert die Zugehörigkeit zu Christus, die sich in einer darauf gründenden Lebensweise zeigt.

Ins Auge fällt weiter, dass Paulus die Zugehörigkeit zu Christus in 2Kor 5,17 mit dem Begriff »neue Schöpfung« charakterisiert und dies mit dem Gegensatz von »Altem« (τὰ ἀρχαῖα) und »Neuem« (καινά) unterstreicht. Die in jüdischer Literatur wurzelnde Rede vom Neuschaffen Gottes[6] rückt das Leben in Christus in eine apokalyptische Dimension. Zu verweisen wäre etwa auf Jes 43,18–19, wo die Herausführung Israels aus Babylon als ein Neuschaffen Gottes in Analogie zum ersten Exodus beschrieben wird:

> *Erinnert euch nicht an die Anfänge, und das Alte bedenkt nicht*! *Siehe, ich mache Neues*, das jetzt aufsprießen wird, und ihr werdet es erkennen; und ich werde in der Wüste einen Weg machen und im wasserlosen (Gelände) Flüsse.[7]

Wird hier ein Geschichtshandeln Gottes als »Neues schaffen« (ποιεῖν καινά) beschrieben, so kommt die kosmische Dimension von Gottes Neuschaffen in apokalyptischen Texten zur Sprache. Das ist in den jüngeren Kapiteln des Jesajabuches der Fall, wo vom neuen Himmel und der neuen Erde die Rede ist:

[4] Die dichten Formulierungen in 2Kor 5,14–21 bringen in knapper Form auf den Punkt, was in Röm 5–8 breiter entfaltet wird.

[5] Dieser in V. 15 angedeutete Zusammenhang wird in Röm 6,1–14 näher dargelegt, wo Paulus die Taufe als Verbindung mit Tod und Auferweckung Jesu interpretiert, die zu einem neuen Leben führt (vgl. besonders 6,4: καὶ ἡμεῖς ἐν καινότητι ζωῆς περιπατήσωμεν, nämlich als Folge der Teilhabe an der Auferweckung Christi Jesu).

[6] Vgl. dazu Konrad Schmid, Gibt es etwas Neues unter der Sonne? Entdeckungen und Bestreitungen der Kategorie des Neuen im Alten Testament, in: von Sass, Wahrhaft Neues (s. Anm. 1), 51–74.

[7] Μὴ μνημονεύετε τὰ πρῶτα καὶ τὰ ἀρχαῖα μὴ συλλογίζεσθε. ἰδοὺ ποιῶ καινὰ ἃ νῦν ἀνατελεῖ, καὶ γνώσεσθε αὐτά· καὶ ποιήσω ἐν τῇ ἐρήμῳ ὁδὸν καὶ ἐν τῇ ἀνύδρῳ ποταμούς. Übersetzung: Septuaginta Deutsch. Das griechische Alte Testament in deutscher Übersetzung, hg. von Wolfgang Kraus und Martin Karrer, Stuttgart 2009.

> *Denn der Himmel wird neu sein, und die Erde wird neu sein,* und *man wird gewiss nicht an das Frühere zurückdenken,* und es wird gewiss nicht zu ihrem Herzen gelangen, sondern (nur) Frohsinn und Jubel werden sie in ihm vorfinden; denn siehe, ich, ja ich mache Jerusalem zum Jubel und mein Volk zur Freude. (Jes 65,17–18)[8]

Etwas später heißt es:

> Denn ebenso wie *der neue Himmel und die neue Erde,* die ich, ja ich schaffe, vor mir Dauer haben, spricht der Herr, so werden eure Nachkommenschaft und euer Name Bestand haben. (Jes 66,22)[9]

Diese Aussagen am Ende des Jesajabuches beschreiben das Heilshandeln Gottes an Israel als Schöpfungshandeln, das etwas Neues an die Stelle des früher Gewesenen stellt. In apokalyptischen Texten, die etwa seit dem 3. Jahrhundert v. Chr. entstehen, wird diese Sicht weiter ausgebaut.[10]

Der traditionsgeschichtliche Kontext der Aussage des Paulus ist demzufolge die in prophetischen und apokalyptischen Texten anzutreffende Vorstellung einer umfassenden Neuschöpfung des Himmels und der Erde. In 2Kor 5,17 wird dies anthropologisch gefasst: Es ist *der Mensch in Christus,* der als »neue Schöpfung« charakterisiert wird. Im Mittelpunkt der paulinischen Aussage steht also das Neue *der christlichen Existenz.* Im weiteren Horizont seiner Theologie steht dies im Zusammenhang der Darlegungen über diejenigen in Christus, die bereits gerechtfertigt und versöhnt sind, jedoch noch auf die zukünftige Herrlichkeit warten.[11]

In dem programmatischen Satz des Paulus klingen Aspekte an, die im Folgenden gesondert betrachtet werden sollen. Im Vordergrund steht dabei zum einen das Neue, das die Existenz der Christen bestimmt. In den Texten des Neuen Testaments wird es als neue Lebensweise beschrieben, die aus der Hinwendung zum Christusglauben folgt. Eine weitere Perspektive, die in 2Kor 5,17 als Antithese zum Ausdruck kommt, ist zum zweiten das Verhältnis des Neuen zum Alten. Konkret geht es dabei um die Verbindung des Handelns

[8] ἔσται γὰρ ὁ οὐρανὸς καινὸς καὶ ἡ γῆ καινή, καὶ οὐ μὴ μνησθῶσιν τῶν προτέρων, οὐδ᾽ οὐ μὴ ἐπέλθῃ αὐτῶν ἐπὶ τὴν καρδίαν, ἀλλ᾽ εὐφροσύνην καὶ ἀγαλλίαμα εὑρήσουσιν ἐν αὐτῇ· ὅτι ἰδοὺ ἐγὼ ποιῶ Ιερουσαλημ ἀγαλλίαμα καὶ τὸν λαόν μου εὐφροσύνην. Übersetzung: Septuaginta Deutsch (s. Anm. 7).

[9] ὃν τρόπον γὰρ ὁ οὐρανὸς καινὸς καὶ ἡ γῆ καινή, ἃ ἐγὼ ποιῶ, μένει ἐνώπιόν μου, λέγει κύριος, οὕτως στήσεται τὸ σπέρμα ὑμῶν καὶ τὸ ὄνομα ὑμῶν. Übersetzung: Septuaginta Deutsch (s. Anm. 7).

[10] Vgl. Jörg Frey, Leben und Glauben im Horizont des Endes. Formen und Funktionen apokalyptischer Zeitwahrnehmung im antiken Judentum und im Neuen Testament, in: Jens Schröter/Markus Witte (Hg.), Gott und Zeit. Religiöse und philosophische Zeitvorstellungen von der Antike bis zur Gegenwart, BThZ 37 (2020), 59–82.

[11] Das wird in Röm 5,1–11 und 8,18–30 deutlich, wo Paulus den Begriff ἐλπίς zur Beschreibung der Existenz der Gerechtfertigten und Versöhnten verwendet (5,2–5) und diese als »auf Hoffnung gerettet« (8,24: τῇ γὰρ ἐλπίδι ἐσώθημεν) charakterisiert. Vgl. dazu auch unten, Abschnitt 4.

Gottes in Jesus Christus zu seinem Handeln in der Geschichte Israels. Dies steht bei Paulus und in anderen frühchristlichen Texten zu der erstgenannten Sicht in einem dynamischen, mitunter spannungsvollen Verhältnis. Es kann – wie in 2Kor 5,17 – als Gegensatz formuliert, aber auch als Korrespondenz oder Überbietung zum Ausdruck gebracht werden.[12] Eine dritte Perspektive knüpft an die oben genannte apokalyptische Tradition an und übernimmt von dieser die Erwartung einer zukünftigen Neuschöpfung der Welt. Diese Sicht beschreibt das Neue als etwas *noch Ausstehendes*, legt den Akzent also auf das in der Zukunft zu Erwartende. Bei Paulus lassen sich dafür diejenigen Aussagen anführen, in denen die zukünftige Auferweckung der Glaubenden im Kontext apokalyptischer Szenarien geschildert wird. Diese Perspektive findet sich auch in anderen frühchristlichen Texten. Am deutlichsten ausgearbeitet ist sie in der Offenbarung des Johannes.[13]

2. Christliche Existenz als neue Existenz

Für die erste Perspektive setzen wir noch einmal bei Paulus ein. Die grundsätzliche Aussage über den Menschen in Christus als Neuschöpfung in 2Kor 5,17 gibt für sich genommen nicht zu erkennen, *was* »das Neue« ist, das die christliche Existenz kennzeichnet. Um dies zu präzisieren, muss der für das »Neue« konstitutive Gegensatz zum »Alten« in den Blick genommen werden. Aus dem Kontext ergibt sich dabei zunächst, dass Paulus die neue Existenz in Christus gegenüber seinen Opponenten als *neue Lebensweise* geltend macht, die nicht mehr dem alten Bund und dem Gesetz verpflichtet ist. Das geht vor allem aus Kapitel 3 hervor, wo Paulus den Dienst des neuen und des alten Bundes miteinander kontrastiert.[14] Der Dienst des alten Bundes ist demnach dem Buchstaben (γράμμα) verpflichtet, er ist in Steine eingehauen und vom Dienst des Mose geprägt, der als »Dienst des Todes« (διακονία τοῦ θανάτου) und »Dienst der Verurteilung« (διακονία τοῦ κατακρίσεως) charakterisiert wird. Dem gegenüber steht der Dienst des neuen Bundes, der dem »Geist« verpflichtet ist und

[12] Vgl. dazu unten, Abschnitt 3.

[13] Vgl. dazu unten, Abschnitt 4.

[14] Zur komplexen Argumentation in 2Kor 3 vgl. Frances Back, Verwandlung durch Offenbarung bei Paulus. Eine religionsgeschichtlich-exegetische Untersuchung zu 2 Kor 2,14–4,6 (WUNT 2/153), Tübingen 2002; Jens Schröter, Schriftauslegung und Hermeneutik in 2 Korinther 3. Ein Beitrag zur Frage der Schriftbenutzung des Paulus, NT 40 (1998), 231–275; Peter von der Osten-Sacken, Die Decke des Mose. Zur Exegese und Hermeneutik von Geist und Buchstabe in 2 Korinther 3, in: Ders., Der Gott der Hoffnung. Gesammelte Aufsätze zur Theologie des Paulus (SKI.NF 3), Leipzig 2014, 395–424.

als »Dienst des Geistes« (διακονία τοῦ πνεύματος) und »Dienst der Gerechtigkeit« (διακονία τῆς δικαιοσύνης) beschrieben wird.[15]

Die Kontrastierung von altem und neuem Bund ist der scharfen Auseinandersetzung geschuldet, die Paulus mit seinen Konkurrenten im 2. Korintherbrief führt. Sie darf deshalb nicht als generelle Aussage über das Verhältnis von »Judentum« und »Christentum« oder »Altem Testament« und »Neuem Testament« (was natürlich ohnehin anachronistische Begriffe für Paulus wären) aufgefasst werden. Vielmehr geht es Paulus darum, gegenüber den Konkurrenten und den Korinthern herauszustellen, dass die Zugehörigkeit zu Christus, anders als seine Konkurrenten behaupten, die Verpflichtung auf die Tora nicht einschließt, ebenso wenig wie diejenige auf andere Gebote und Regeln. Vielmehr verbindet sich mit der Zuwendung zum Christusglauben eine grundlegende Änderung der Lebensführung. Die Glaubenden sind nicht mehr ihrer alten Lebensweise verpflichtet, was sowohl für die heidnische Vergangenheit seiner Adressaten in Korinth und anderswo gilt als auch für Juden, die zum Christusglauben kommen. In 2Kor 3 bringt Paulus dies in der Gegenüberstellung von tötendem Buchstaben und lebendig machendem Geist zum Ausdruck (3,6). Darin klingt die im Römerbrief ausgeführte Überzeugung an, dass die Tora nicht zur Gerechtigkeit führen kann, ebenso wenig wie andere Gebote und Regelungen, da sie den Menschen zum Tod verurteilt. Der Geist dagegen führt zu einem Leben, das vor Gott Bestand hat.[16]

Eine wichtige Rolle bei der Entstehung dieser Überzeugung dürfte zum einen die Erfahrung gespielt haben, die zur grundlegenden Wende im Leben des Paulus geführt hat.[17] Zum anderen hat Paulus seine Auffassung vom Glauben an Jesus Christus in der Gemeinde von Antiochia ausgebildet, zu der er in seiner Frühzeit gehört hat.[18] Die Auffassung, dass für die Zugehörigkeit zur

[15] 2Kor 3,7–11.

[16] Vgl. Röm 3,9–20; 8,1–17.

[17] Der Begriff »Bekehrung« ist zur Deutung dieses Ereignisses ungeeignet, denn Paulus ist auch nach diesem Erlebnis seinem Selbstverständnis nach Jude und Pharisäer geblieben. Das wird in der neueren Forschung häufiger betont. Das Erlebnis, das Paulus als eine Offenbarung des Sohnes Gottes beschreibt (vgl. Gal 1,15–16.), hat ihm jedoch eine neue Erkenntnis vermittelt, die ihn zu einem neuen Verständnis seiner jüdischen Existenz führte (vgl. 2Kor 4,6; Phil 3,7–11). Zum Ganzen vgl. Jörg Frey, Das Judentum des Paulus, in: Oda Wischmeyer (Hg.), Paulus. Leben – Umwelt – Werk – Briefe, Tübingen ^{3}2021, 47–104; Ders., Paul's Jewish Identity, in: Jörg Frey/Daniel R. Schwartz/Stephanie Gripentrog (Hg.), Identity in the Greco-Roman World/Jüdische Identität in der griechisch-römischen Welt (AJEC/AGJU 71), Leiden/Boston 2007, 285–321.

[18] Die Zugehörigkeit zur Gemeinde Antiochias ist in Gal 1,18–2,14 vorausgesetzt, auch wenn Antiochia nur in 2,11 explizit erwähnt wird. Vgl. außerdem Apg 11,22–26.

christlichen Gemeinschaft frühere religiöse, soziale und geschlechtsspezifische Bindungen keine Rolle spielen, hat ihre Wurzeln vermutlich in der antiochenischen Theologie, wie sich dem Gründungsbericht in Apg 11,19–26 sowie den Darlegungen in Gal 1,13–2,10 entnehmen lässt.[19] In ersterem wird festgehalten, dass »die Jünger« in Antiochia zum ersten Mal »Christianer« (Χριστιανοί) genannt wurden, was darauf zurückzuführen sein dürfte, dass hier zum ersten Mal eine Gemeinschaft aus Juden und Griechen entstanden war, die gegenüber der jüdischen Gemeinde Antiochias als eigenständig wahrgenommen wurde.[20]

In dem genannten Abschnitt des Galaterbriefes betont Paulus zum einen seine Unabhängigkeit von den Jerusalemer Aposteln, zum anderen die Gleichwertigkeit des »Evangeliums der Unbeschnittenheit« und des »Evangeliums der Beschneidung«.[21] Diese Auffassung vom Evangelium impliziert, dass es auf zweierlei Weise, nämlich an Juden und Heiden, in je spezifischer Form verkündigt wird.[22] Die Einheit des »Evangeliums Christi« (Gal 1,7) wird dabei dadurch gewahrt, dass nicht die eine Form der anderen übergeordnet wird, indem die Heiden gezwungen werden, das »Evangelium der Beschneidung« zu übernehmen. Genau dies haben in der Sicht des Paulus jedoch die »Unruhestifter« (οἱ ταράσσοντες ὑμᾶς, Gal 1,7) in Galatien gefordert und genau dies hat auch Kephas in Antiochia praktiziert, als er sich von der Tischgemeinschaft mit den Heiden zurückgezogen und ihnen auf diese Weise die jüdische Lebensweise aufgezwungen hat.[23]

Die Neuheit des Evangeliums besteht Paulus zufolge jedoch darin, dass es eine Heilsbotschaft für *alle* Menschen ist und die Unterscheidung von Juden und Heiden hinter sich lässt.[24] Das wird auch an der zweiten Stelle deutlich, an der Paulus den Ausdruck »Neuschöpfung« verwendet, nämlich Gal 6,15: »Beschneidung nämlich gilt nichts und nicht Unbeschnittenheit, sondern neue

[19] Vgl. Michael Wolter, Paulus. Ein Grundriss seiner Theologie, Neukirchen-Vluyn [3]2021, 31–51.

[20] Die Bezeichnung Χριστιανοί wurde der Gruppe sehr wahrscheinlich von außen beigelegt. Darauf verweisen die Formulierung in Apg 11,26 (χρηματίσαι τε πρώτως ἐν Ἀντιοχείᾳ τοὺς μαθητὰς Χριστιανούς) sowie der Bericht bei Tacitus, Ann. 15,44,2, wo es heißt, dass »das Volk die wegen ihrer Untaten verhassten Leute Christen zu nennen pflegte« (quos per flagitia invisos vulgus Christianos appellabat). Vgl. dazu auch den Exkurs bei Daniel Marguerat, Die Apostelgeschichte (KEK 3), Göttingen 2022, 449–451.

[21] Gal 2,7: εὐαγγέλιον τῆς ἀκροβυστίας und εὐαγγέλιον τῆς περιτομῆς.

[22] Vgl. Jens Schröter, Die Einheit des Evangeliums. Erwägungen zur christologischen Kontroverse des Galaterbriefes und ihrem theologiegeschichtlichen Hintergrund, in: Ders., Von Jesus zum Neuen Testament. Studien zur urchristlichen Theologiegeschichte und zur Entstehung des neutestamentlichen Kanons (WUNT 204), Tübingen 2007, 147–169.

[23] Gal 2,11–14.

[24] Vgl. Röm 1,16–17; 2,9–10; 3,22; 10,12.

Schöpfung.«[25] Auch der programmatische Satz in Gal 3,28 dürfte auf eine in Antiochia ausgebildete Überzeugung zurückgehen: »Da ist nicht Jude und nicht Grieche, nicht Sklave und nicht Freier, nicht männlich und weiblich. Alle nämlich seid ihr Einer in Christus Jesus.«[26]

Paulus führt diese Überzeugung in seinen Briefen vor allem im Blick auf Nichtjuden aus. Bereits im 1. Thessalonicherbrief spielt deshalb das Wortfeld »berufen« (καλεῖν, ἐκλογή) bzw. »einsetzen« (τίθεσθαι) eine wichtige Rolle.[27] Diese Sicht findet sich auch im 1. Korintherbrief[28] und im Galaterbrief.[29] Die Konsequenz der Berufung durch Gott wird als Abkehr vom bisherigen Lebenswandel beschrieben, der von Unzucht, Begierde, Unreinheit und Götzendienst geprägt war.[30] Mit der neuen Existenz in Christus verbindet sich dagegen ein neuer Lebenswandel. Die Berufung kann deshalb als eine solche zur Heiligkeit bezeichnet werden[31] und Paulus kann die Gemeinden als die »berufenen Heiligen« anreden.[32] Die durch den Glauben an Jesus Christus bestimmten Gemeinschaften sind dementsprechend zur Bewahrung der Heiligkeit aufgerufen.[33]

Das Neuwerden bzw. die neue, durch den Christusglauben bestimmte Existenz ist demnach vor allem durch die Abkehr vom Alten bestimmt. Sie betrifft religiöse Überzeugungen wie die Abwendung vom Glauben an viele Götter zum Bekenntnis des einen Gottes, hat aber vor allem lebenspraktische Konsequenzen. Menschen, die sich zum Christusglauben bekehren, müssen bisherige Lebenspraktiken aufgeben, etwa in Bezug auf Ehe und Sexualität, die Teilnahme an religiösen Mählern und Festen sowie die Ausübung bestimmter Ämter und Berufe. Diese Themen wurden nach Paulus auch von anderen Autoren des frühen Christentums behandelt, ebenfalls primär im Blick auf Nichtjuden,

25 οὔτε γὰρ περιτομή τί ἐστιν οὔτε ἀκροβυστία ἀλλὰ καινὴ κτίσις.

26 οὐκ ἔνι Ἰουδαῖος οὐδὲ Ἕλλην, οὐκ ἔνι δοῦλος οὐδὲ ἐλεύθερος, οὐκ ἔνι ἄρσεν καὶ θῆλυ· πάντες γὰρ ὑμεῖς εἷς ἐστε ἐν Χριστῷ Ἰησοῦ.

27 1Thess 1,4: die Erwählung (ἐκλογή) der Thessalonicher; 2,12; 4,7; 5,9.24; Gott als derjenige, der die Thessalonicher berufen bzw. zum Erwerb des Heils eingesetzt hat.

28 1Kor 1,9: berufen zur Gemeinschaft seines Sohnes Jesus Christus; 7,17–24: berufen in einem bestimmten Stand.

29 Gal 1,6; 5,8.13: die Berufung der Galater; 1,15: die Berufung des Paulus, jeweils mit καλεῖν.

30 Vgl. 1Thess 4,3–8; 1Kor 5–6; 8–10. Eine ähnliche Sicht findet sich im 1. Petrusbrief, wo die frühere Existenz der heidnischen Adressaten als »nichtiger, von den Vätern überlieferter Lebenswandel« charakterisiert wird, von dem sie durch das Blut Christi befreit wurden (1Petr 1,18–19).

31 1Thess 4,7: οὐ γὰρ ἐκάλεσεν ἡμᾶς ὁ θεὸς ἐπὶ ἀκαθαρσίᾳ ἀλλ' ἐν ἁγιασμῷ.

32 1Kor 1,2; Röm 1,7.

33 Dies zeigen etwa die Darlegungen über πορνεία und εἰδωλολατρία in 1Kor 5–6 und 8–10.

die sich zum Christentum bekehrt hatten.[34] Wie Paulus wenden sich auch die Autoren des 2. und 3. Jahrhunderts vornehmlich an zum Christentum bekehrte »Heiden«, weshalb die Abgrenzung zum »heidnischen« Götterglauben und die Abwendung vom »heidnischen« Lebenswandel ins Zentrum traten. Darin spiegelt sich wider, dass der christliche Glaube seit dem 2. Jahrhundert zunehmend in der nichtjüdischen Gesellschaft Fuß fasste und sich gleichzeitig eine Abgrenzung vom Judentum vollzog.

Die Betonung des Neuen gegenüber der jüdischen Tradition erfolgte dagegen zunächst in Disputen unter Juden, die den Christusglauben angenommen hatten und in Konflikte darüber gerieten, inwieweit jüdische Rituale und Lebensweisen auch für christliche Gemeinschaften verbindlich sein sollten. Im 2. Jahrhundert wurde daraus eine Diskussion mit »dem Judentum«. Die Voraussetzung dafür war, dass ein solches Gegenüber theologisch und soziologisch Gestalt gewonnen hatte. Die Auseinandersetzungen des Paulus mit seinen Konkurrenten im 2. Korintherbrief sowie im Philipper- und im Galaterbrief waren dagegen innerjüdische Kontroversen zwischen Aposteln, die den Christusglauben unter Nichtjuden verbreiteten. In 2Kor 3 führt Paulus dabei aus, dass der Alte Bund vergänglich und die Gedanken der Israeliten verhärtet seien und erst durch die Hinwendung zum Herrn die »Decke« über dem Alten Bund entfernt werde.[35] In Phil 3 bezeichnet er die Kennzeichen seiner jüdischen Existenz als »Schaden« und »Unrat«, um der Gemeinschaft mit Christus willen.[36] Diese polemischen Äußerungen entstammen Situationen, in denen konkurrierende Missionare in den von Paulus gegründeten Gemeinden aktiv waren und diese davon überzeugen wollten, dass die Hinwendung zum Christusglauben die Übernahme der jüdischen Lebensweise einschließt.[37] Dem hat Paulus vehement widersprochen und seinerseits die Auffassung vertreten, dass Nichtjuden jüdische Praktiken nicht aufgezwungen werden dürfen.[38] Dass jüdische Christusgläubige von jüdischen Lebensregeln Abstand nehmen sollen, fordert Paulus dagegen nicht. Entscheidend war für ihn vielmehr, dass

[34] Beispiele wären etwa die Warnungen von Clemens Alexandrinus, Origenes und Tertullian, dass Christen nicht zu Schauspiel und Theater gehen, Bäder nicht besuchen, sich von Veranstaltungen für heidnische Götter fernhalten und bestimmte Berufe nicht ergreifen sollen. Vgl. Clemens von Alexandria, Paed. 3,76–77; Origenes, Cels. 8,21–23; Tertullian, Apol. 42,4–7.

[35] 2Kor 3,12–18.

[36] Phil 3,7–11.

[37] Dieses Thema war offensichtlich auf dem Jerusalemer Aposteltreffen noch nicht abschließend geklärt worden. Lukas versucht dann eine Lösung zu finden, indem er das »Aposteldekret« mit diesem Treffen verbindet (Apg 15,1–29).

[38] So programmatisch in Gal 2,11–14.

die jüdischen Regeln nicht zum verpflichtenden Maßstab des Lebens der christlichen Gemeinschaft gemacht werden. Dass dies in der Praxis – etwa bei gemeinsamen Mählern – zu Irritationen führen konnte, liegt auf der Hand.[39]

Eine mit den Darlegungen des Paulus vergleichbare, allerdings weniger polemische Reflexion des Verhältnisses von Alt und Neu findet sich im Hebräerbrief. In einer dichten Auslegung verschiedener Schriftstellen wird hier die Sicht auf Jesus Christus als präexistenten Sohn, der den Menschen gleich geworden ist und dadurch ihre Erlösung bewirken konnte, entwickelt. Anhand einer Auslegung von Psalm 109,4^{LXX} in Verbindung mit Gen 14,17–20[40] wird Jesus als Hoherpriester »nach der Ordnung Melchisedeks« dargestellt, der sich selbst als Opfer dargebracht hat und dadurch zum Mittler eines »besseren Bundes«[41] geworden ist,[42] wogegen das frühere Gesetz und der alte Bund schwach und unzureichend waren und die ewige Erlösung nicht vermitteln konnten.[43] Der Hebräerbrief entwickelt dieses Konzept, indem er die Schriften Israels auf Gottes Handeln durch Jesus Christus bezieht und ihnen aus dieser Perspektive eine neue Bedeutung zuweist. Die Schriften und die Geschichte Israels gelten als prophetisches Zeugnis, das auf die Offenbarung des Sohnes vorausverweist, eine neue Ordnung heraufführt, die alte Ordnung und deren Kult überbietet und sie dadurch bedeutungslos werden lässt.[44]

Auf andere Weise beschreibt wenige Jahrzehnte später der Barnabasbrief das Verhältnis von altem und neuem Bund.[45] Ähnlich wie im Hebräerbrief ist

[39] Das zeigt sich etwa an den Ausführungen über Reinheit und Speisegebote in Röm 14,1–15,13. Vgl. zum Ganzen Karl-Wilhelm Niebuhr, Das jüdische Gesetz bei Paulus im Kontext des Neuen Testaments, in: Ders., Paulus im Judentum seiner Zeit. Gesammelte Studien (WUNT 489), Tübingen 2022, 43–80; Ders., Offene Fragen zur Gesetzespraxis bei Paulus und in seinen Gemeinden. Sabbat, Speisegebote, Beschneidung, a. a. O., 81–114.

[40] Ps 109,4^{LXX} wird in Hebr 5,6 zum ersten Mal zitiert, dann in 6,20 wieder aufgenommen und in 7,1–17 näher ausgelegt. Daraus wird sodann eine Verbindung von Priesteramt, Kultordnung und Bund hergeleitet.

[41] Hebr 7,22; 8,6; 9,15.

[42] In Hebr 8,8–12 wird dazu die Ankündigung eines neuen Bundes in Jer 38,31–34^{LXX} zitiert.

[43] Hebr 7,18–19; 8,7–9; 9,1–10.13–14.

[44] Das wird am Gegenüber des »irdischen Heiligtums« und seinen Kultsatzungen zum »größeren und vollkommeneren Zelt«, das nicht von dieser Schöpfung ist (9,1 bzw. 9,11) deutlich. Das erste, mit Händen gemachte Heiligtum ist dabei ein »Abbild des wahren« (*ἀντίτυπα τῶν ἀληθινῶν*), in das Christus eingegangen ist. Er hat nicht die Abbilder der himmlischen Dinge, sondern diese selbst gereinigt und ist einmal (*ἅπαξ*) geopfert worden, um die Sünden vieler wegzunehmen (9,28).

[45] Die thematischen Verbindungen des Barnabasbriefs zum Hebräerbrief sind schon häufig herausgestellt worden. Eine direkte literarische Beziehung lässt sich daraus nicht herleiten, allerdings lassen sich beide Schreiben einem vergleichbaren theologischen und sozialen Milieu zuweisen.

ausführlich vom alten und neuen Bund, von Kultgesetzen, vom Tempel und von Anordnungen für das Volk Israel die Rede. Vergleichbar ist auch, dass die Schriften Israels durch typologische Deutungen auf Jesus Christus und die an ihn Glaubenden bezogen werden. Diese Schriften stellen demnach auch im Barnabasbrief durchgehend den Bezugspunkt der Argumentation dar. Dabei wird – das ist gegenüber dem Hebräerbrief neu – grundsätzlich bestritten, dass sich das jüdische Volk auf die dort zu findenden Worte und Verheißungen berufen könne. Es habe den Anspruch, das Volk des Bundes zu sein, vielmehr bereits zur Zeit des Mose verwirkt, weil es sich den Götzen zugewandt habe.[46] Dagegen verweise die Schrift seit jeher auf Christus voraus, weshalb die Christen die wahren Erben des Bundes seien.[47]

Im Vergleich mit dem Hebräerbrief ist die Bezugnahme auf die jüdischen Schriften deutlich radikaler und polemischer.[48] Das wird nicht zuletzt an der Verwendung des Begriffs »neu« (καινός) deutlich. Dieser bezieht sich zum einen auf »das neue Gesetz unseres Herrn Jesus Christus, das ohne Zwangsjoch ist und keine von Menschen gemachte Opfergabe enthält«,[49] zum anderen auf das »neue Volk« der Christen.[50] In eschatologischer Perspektive wird formuliert, dass zukünftig »alles neu geworden ist vom Herrn«.[51] Das verweist auf einen Kontext, in dem sich das Christentum zunehmend deutlicher vom Judentum distanziert, dabei jedoch selbst auf die jüdischen Schriften Anspruch erhebt. Die Polemik des Barnabasbriefs zielt vermutlich nicht direkt auf das Judentum, sondern nimmt in einer innerchristlichen Debatte eine Position ein, der zufolge die Offenbarung in Jesus Christus nicht in Kontinuität, sondern im Kontrast zur Geschichte Israels und seinem Verständnis der Schriften steht.[52]

Mit dieser Argumentationsweise steht der Barnabasbrief am Beginn einer Entwicklung, die sich bei Justin fortsetzt und bei Tertullian zur Entfaltung kommt. Justin bestreitet in seinem *Dialog mit dem Juden Tryphon* die jüdische

[46] Barn. 4,6–8; 14,1–3. Dabei wird auf die Sünde der Verehrung des Goldenen Kalbs verwiesen, was dann zu einem stereotypen Vorwurf gegenüber dem Judentum in christlichen Schriften wird.

[47] Barn. 6,10–19; 14,4–9.

[48] Vgl. Knut Backhaus, Das Bundesmotiv in der frühkirchlichen Schwellenzeit, in: Ders., Der sprechende Gott. Gesammelte Studien zum Hebräerbrief (WUNT 240), Tübingen 2009,153–173: 164–167.

[49] Barn. 2,6 ὁ καινὸς νόμος τοῦ κυρίου ἡμῶν Ἰησοῦ Χριστοῦ, ἄνευ ζυγοῦ ἀνάγκης ὤν, μὴ ἀνθρωποποίητον ἔχῃ τὴν προσφοράν.

[50] Barn. 5,7; 7,5. In 16,8 heißt es, dass die Christen »neu geworden, nochmals von Grund auf geschaffen« wurden und sich auf diese Weise die Verheißung eines neuen Tempels erfüllt hat.

[51] Barn. 15,7: καινῶν δὲ γεγονότων πάντων ὑπὸ κυρίου.

[52] Vgl. Ferdinand Prostmeier, Der Barnabasbrief (KAV 8), Göttingen 1999, 86–89; Ders., Epistola Barnabae/Barnabasbrief (FC 72), Freiburg u. a. 2018, 65–67.

Interpretation der biblischen Schriften und bezieht die dort begegnenden Weissagungen konsequent auf Christus. Tertullian, der mit seinem Traktat *Adversus Iudaeos* am Beginn der christlichen *Adversus-Iudaeos*-Literatur steht, bezieht, wie bereits der Barnabasbrief, die Weissagung an Rebekka, aus ihrem Leib würden zwei Völker hervorgehen, von denen das ältere dem jüngeren dienen werde (Gen 25,23), auf Juden und Christen.[53] Die Prophetien des Alten Testaments werden konsequent auf Christus bezogen und die Christen als das an die Stelle Israels getretene auserwählte Volk betrachtet. Der Grund dafür, dass die Juden ihren Status als erwähltes Volk verloren haben, ist Tertullian zufolge, dass sie dem Gesetz Gottes nicht gehorsam gewesen sind und Götzen verehrt haben.[54]

Bei Ignatius wird die Unvereinbarkeit von »Judentum« und »Christentum« im Blick auf die damit jeweils verbundene Lebensweise herausgestellt. In seinen Briefen an die Magnesier und die Philadelphier stellt er Ἰουδαϊσμός und Χριστιανισμός als einander konträre Überzeugungen und Lebensweisen dar.[55] Beide Stellen geben zu erkennen, dass sich Ignatius darum bemüht, das Bekenntnis zu Jesus Christus und eine ihm entsprechende Lebenspraxis von jüdischem Glauben und jüdischer Lebensweise abzugrenzen - offensichtlich, weil dies in den Gemeinden, die er vor Augen hat, nicht in der Weise praktiziert wurde, wie er es für notwendig erachtete.

In gewisser Analogie zu dieser Abgrenzung gegenüber dem Judentum stehen diejenigen Entwürfe, die nicht nur dem Judentum absprechen, sich auf das Alte Testament beziehen zu können, sondern konkurrierende Modelle der Entstehung der Welt und des Menschen entwickeln oder sogar eine Differenz zwischen dem obersten, guten Gott und dem bösen, strafenden Schöpfergott behaupten. Derartige Ansätze begegnen seit dem 2. Jahrhundert bei christlichen Lehrern wie Basilides, Markion und Valentin sowie in den bei Irenäus und in etlichen Schriften aus Nag Hammadi und verwandten Codices bezeugten Lehrsystemen.[56] Diese greifen in verschiedener Weise auf philosophische Begriffe und Vorstellungen zurück, um die Frage nach Gott, der Entstehung der

[53] Tertullian, Adv. Jud. 1,3–4, vgl. Barn. 13,2–6. Anders ist das noch bei Paulus, der in Röm 9,12 mit dieser Stelle begründet, dass es innerhalb Israels einen erwählten und einen verworfenen Teil gibt.

[54] Verwiesen wird dazu wiederum, wie schon im Barnabasbrief, auf die Episode vom Goldenen Kalb in Ex 32.

[55] Ign. Magn. 10,3; Ign. Phld. 6,1.

[56] Vgl. dazu überblicksweise H. Gregory Snyder (Hg.), Christian Teachers in Second-Century Rome. Schools and Students in the Ancient City (Suppl.VigChr 159), Leiden/Boston 2020; David Brakke, The Gnostics. Myth, Ritual, and Diversity in Early Christianity, Cambridge, MA/London, U.K. 2010.

Welt und der Erlösung zu beantworten. Sie stehen in Konkurrenz zu den in den jüdischen Schriften anzutreffenden Sichtweisen und verstehen sich zumeist dezidiert als Alternative zu diesen. Die Frage nach der Bedeutung der jüdischen Schriften für das entstehende Christentum wurde dadurch intensiviert und schließlich in der Weise beantwortet, dass diese Schriften als »Altes Testament« auf Christus vorausverweisen und deshalb einen integralen Bestandteil der christlichen Bibel bilden.[57]

Zu nennen sind schließlich diejenigen Aussagen, die die Christusgläubigen als ein »neues Geschlecht« (γένος) bezeichnen, das sich von Juden und Griechen durch seine Art der Gottesverehrung und seine Lebensweise unterscheidet.[58] Einschlägig dafür sind die Apologie des Aristides,[59] die bei Clemens von Alexandria überlieferte »Predigt des Petrus«[60] sowie der Brief an Diognet, an dessen Beginn die Christen als diejenigen beschrieben werden, die »weder die von den Griechen verehrten als Götter ansehen noch dem Aberglauben der Juden anhängen«. Vielmehr seien sie ein »neues Geschlecht und eine neue Lebenspraxis« (καινὸν γένος ἢ ἐπιτήδευμα).

Die Neuheit des christlichen Glaubens konnte demnach als Abgrenzung von heidnischem Götterglauben und heidnischer Lebenspraxis sowie gegenüber jüdischen Traditionen und jüdischer Lebensweise zur Geltung gebracht werden. Dabei wurde betont, dass sich der christliche Glaube und die ihm entsprechende Lebensweise sowohl vom Judentum als auch von der nichtjüdischen Gesellschaft unterscheiden. Diese doppelte Abgrenzungsstrategie, mit der das Neue des christlichen Glaubens durch die Formulierung eines Bekenntnisses, eines diesem entsprechenden Ethos und einer eigenen religiösen Praxis herausgestellt wurde, war allerdings nur eine Seite. Zur Legitimation des Chri-

[57] Zur Herausbildung des biblischen Kanons vgl. Konrad Schmid/Jens Schröter, Die Entstehung der Bibel. Von den ersten Texten zu den heiligen Schriften, München [3]2020 (Paperback [2]2025). Zur hermeneutischen Dimension des Alten Testaments in der christlichen Theologie vgl. Friedhelm Hartenstein, Warum braucht christliche Theologie eine Theologie des Alten Testaments?, in: Elisabeth Gräb-Schmidt/Reiner Preul (Hg.), Das Alte Testament in der Theologie (MJTh 25), Leipzig 2013, 19–47.

[58] Vgl. dazu Michael Wolter, »Ein neues Geschlecht«? Das frühe Christentum auf der Suche nach seiner Identität, in: Markus Lang (Hg.), Ein neues Geschlecht? Entwicklung des frühchristlichen Selbstbewusstseins (NTOA 105), Göttingen 2014, 282–298.

[59] Die Apologie richtet sich entweder an Hadrian oder an Antoninus Pius. Sie legt dar, dass sich die Christen als neues Geschlecht von Barbaren, Griechen und Juden unterscheiden.

[60] Clemens von Alexandria, Strom. 6,5,39,1–41,6. Clemens zitiert hier aus einem Κήρυγμα Πέτρου genannten Text, in dem dieser die Christen dazu auffordert, Gott nicht nach der Weise der Griechen und der Juden zu verehren. Vielmehr seien die Christen diejenigen, die Gott »neu, auf dritte Weise verehren« (ἡμεῖς δὲ οἱ καινῶς αὐτόν τρίτῳ γένει σεβόμενοι Χριστιανοί, 41,6).

stentums gehörte daneben diejenige Argumentation, die gegenüber dem Vorwurf der Neuheit der christlichen Religion und des damit verbundenen Traditionsbruchs den Altersbeweis betonte, nämlich, dass die christliche Religion älter sei als diejenige der Griechen und Römer.[61] Zu klären war dabei insbesondere, in welcher Weise die Christen, trotz der Abgrenzung gegenüber dem Judentum, die jüdischen Schriften als ihr eigenes Erbe reklamieren konnten. Das Neue war deshalb nicht nur in Abgrenzung vom Alten, sondern auch als seine Aufnahme und Weiterführung zu plausibilisieren.

3. Die Neue Existenz im Alten

Die Betonung der Neuheit des christlichen Glaubens und die damit verbundene Abgrenzung von der jüdischen und der paganen Tradition und Geschichte führten sehr bald dazu, dass das Christentum als eine Religion ohne eigene Geschichte und Tradition angesehen wurde. Römische Autoren wie Plinius, Tacitus und Sueton sahen in der christlichen Religion einen erst kürzlich entstandenen »verwerflichen Aberglauben«, den Sueton ausdrücklich als *novae ac maleficae* charakterisiert.[62] Dass es sich bei der christlichen Lehre um eine neue handle, wurde auch von Kelsos, der ihrer Widerlegung ein ganzes Werk (Ἀληθὴς λόγος) widmete, als Vorwurf formuliert.[63] Bei den Apologeten des 2. und 3. Jahrhunderts wurde die Verteidigung gegen die Behauptung, die christliche Religion sei »neu«, deshalb zu einem wichtigen Thema, weil sie damit zugleich den Vorwurf entkräften wollten, die Christen seien Feinde der Tradition. Sie betonten demgegenüber, dass das Christentum vom Judentum abstamme und sich deshalb auf eine alte und ehrwürdige Tradition berufen könne, die sogar älter sei als diejenige der Griechen.[64]

[61] Vgl. dazu die Studie von Peter Pilhofer, Presbyteron Kreitton. Der Altersbeweis der jüdischen und christlichen Apologeten und seine Vorgeschichte (WUNT 2/39), Tübingen 1990, besonders 221–284, zum Altersbeweis bei den christlichen Apologeten.

[62] Sueton, Nero 16,2.

[63] Origenes, Cels. 1,26; 2,4; 6,10; 8,12. In zwei dieser Stellen (2,4; 8,12) begegnet Origenes diesem Vorwurf mit dem Verweis darauf, dass die Wahrheit bereits vor der Erscheinung Christi existierte (mit Verweis auf entsprechende Stellen des Neuen Testaments, die die Präexistenz Christi betonen) bzw. dass das Evangelium im Gesetz wurzelt, wie das Neue Testament bezeugt, ohne dass daraus die Notwendigkeit der Einhaltung des Gesetzes durch die Glaubenden folgen würde.

[64] Entsprechende Darlegungen finden sich etwa bei Tatian, Clemens Alexandrinus, Tertullian, Arnobius d. Ä., Origenes und Euseb. Die Berufung auf Mose und die jüdische Religion ist dabei durchgehend anzutreffen.

Dazu konnten sie an die Rezeption der Schriften Israels im Neuen Testament anknüpfen.[65] Dort wird das Neue des Christusglaubens in enger Anbindung an die jüdischen Schriften und Traditionen entwickelt.[66] Das erklärt sich daher, dass die Autoren der meisten dieser Schriften selbst Juden waren und den Christusglauben im Kontext der Schriften Israels interpretierten.[67] Daran wird zugleich deutlich, dass der Christusglaube in seinen Anfängen – ungeachtet der Betonung seiner Neuheit – nicht als Alternative zum jüdischen Glauben, sondern als dessen Modifikation und Weiterführung aufgefasst wurde. Das hat sich seit dem 2. Jahrhundert zunehmend geändert.

Einzusetzen ist wiederum bei Paulus. Im Römerbrief behandelt er in grundsätzlicher Weise das Verhältnis des Christusglaubens zu den Schriften Israels. Paulus schreibt diesen Brief, nachdem er sein Wirken im Osten des Römischen Reiches beendet hat. Er plant nunmehr, nach Jerusalem zu reisen, um der dortigen Gemeinde die Kollekte zu überbringen, und will danach über Rom nach Westen aufbrechen.[68] Diese Situation gibt ihm die Gelegenheit, auf seine Erfahrungen bei der Verkündigung des Evangeliums zurückzublicken und sie in grundlegender Weise zu reflektieren. Der Brief ist dagegen nur in geringem Maß auf eine aktuelle Situation der Adressaten bezogen und dementsprechend nahezu ohne Polemik.[69] Stattdessen werden Themen, die bereits in vorangegangenen Briefen begegnen, noch einmal ausführlich reflektiert.[70] Der Römerbrief unterscheidet sich aufgrund dieses Charakters von allen anderen Paulus-

[65] Für Paulus und alle anderen Autoren des Neuen Testaments gab es noch kein »Altes Testament«. Dieser Begriff sollte deshalb für die Zeit bis zum späteren 2. Jahrhundert auch nicht verwendet werden. Paulus und andere Autoren dieser Zeit bezogen sich als Juden auf »die Schrift«, »die heiligen Schriften« oder »Mose und die Propheten«. Die Kontroversen zwischen Juden und Christen über die Interpretation dieser Schriften setzten im 2. Jahrhundert ein.

[66] Zu diesem Themenbereich vgl. Matthias Henze/David Lincicum (Hg.), Israel's Scriptures in Early Christian Writings. The Use of the Old Testament in the New, Grand Rapids 2023.

[67] Das gilt für die meisten Schriften des Neuen Testaments. In einigen, etwa in den Pastoralbriefen, tritt die Bedeutung der Schriften Israels zurück, was auf einen veränderten kulturellen Kontext hinweist.

[68] Röm 15,22–29.

[69] Die Gründe für die Abfassung des Römerbriefes sind demnach nicht bei den römischen Christusgläubigen zu suchen, über deren Situation Paulus ohnehin kaum präzise informiert gewesen sein dürfte, sondern in der Situation des Paulus selbst. Vgl. dazu Michael Wolter, Der Brief an die Römer. Teilband 1: Röm 1–8 (EKK VI/1), Neukirchen-Vluyn/Ostfildern 2014, 41–56.

[70] Dazu gehören etwa die Rechtfertigung aus Glauben, ohne Werke des Gesetzes unter Bezug auf Hab 2,4 (vgl. Gal 2,15–21; 3,10–14); die Interpretation der Rolle Abrahams unter Bezug auf Gen 15,6 sowie die Verheißung an Abraham (vgl. Gal 3,6–9); der Umgang mit den »Schwachen« in Bezug auf Speisegebote (vgl. 1Kor 8) sowie die Verwendung des Bildes von der Gemeinde als ein Leib (vgl. 1Kor 12,12–27).

briefen und bietet sich besonders dafür an, die Sicht des Paulus auf das Evangelium zu erfassen.

Die Ausführungen im Römerbrief sind eng anhand der Schriften Israels entwickelt. Bereits zu Beginn legt Paulus dar, dass das Evangelium »von den Propheten in Heiligen Schriften im Voraus verkündigt wurde« (1,2). Sein zentraler Inhalt ist, dass jeder, der glaubt, gerettet wird (1,16–17), es diesbezüglich also keinen Unterschied zwischen Juden und Griechen gibt (vgl. 3,9–10; 3,22; 10,12). Anhand eines Rekurses auf Adam legt Paulus dar, dass alle Menschen gesündigt haben und deshalb auch alle der Rettung durch den Glauben an Jesus Christus bedürfen (5,12–21). Die Taufe auf den Tod Christi bedeutet, dass der »alte Mensch mitgekreuzigt wurde«, die Glaubenden dadurch von der Sünde befreit sind und in neuer Weise leben (6,3–10). Durch die Zugehörigkeit zu Christus sind sie gerechtfertigt, versöhnt und gerettet und erwarten das künftige Offenbarwerden der Herrlichkeit der Kinder Gottes (8,18–30).

In einer zweiten Argumentationslinie wird nicht die Gleichheit aller Menschen im Blick auf ihr Versklavtsein durch die Sünde und ihre Rettung durch den Glauben an Jesus Christus dargelegt, sondern der Vorrang der Juden betont. Das deutet sich bereits in 1,16 an, wo es heißt, dass das Evangelium eine Kraft Gottes zur Rettung ist »*vor allem* für den Juden und auch für den Griechen«.[71] Das setzt sich in 3,1–4 fort, wo die Frage nach dem »Vorzug des Juden« und dem »Nutzen der Beschneidung« an dieser Stelle durchaus überraschend mit »viel, in jeder Hinsicht« beantwortet und damit begründet wird, dass Israel die Zusagen und Verheißungen Gottes (τὰ λόγια τοῦ θεοῦ) anvertraut sind. Daran wird in 9,4–5 mit der Aufzählung der bleibenden Vorzüge Israels angeknüpft.

Diese zweite Linie führt schließlich zu den Ausführungen in Röm 9,6–11,36, in denen Paulus der Frage nachgeht, warum Israel, obwohl es Gottes erwähltes Volk ist und bleibt, gegenwärtig aus einem an das Evangelium glaubenden und einem dieses ablehnenden Teil besteht.[72] Die Antworten, die Paulus entwickelt, laufen darauf hinaus, dass gegenwärtig auf einem Teil Israels eine

[71] δύναμις γὰρ θεοῦ ἐστιν εἰς σωτηρίαν παντὶ τῷ πιστεύοντι, Ἰουδαίῳ τε πρῶτον καὶ Ἕλληνι. Das πρῶτον ist hier im qualitativen Sinn von »vor allem« aufzufassen, nicht im zeitlichen von »zuerst« (vgl. auch 2,9). Letzteres wäre mit der paulinischen Verkündigung des Evangeliums an die Heiden nicht vereinbar.

[72] Paulus diskutiert in diesem Abschnitt ein innerjüdisches Problem, nämlich die Frage, wie die Spaltung Israels wieder geheilt werden kann. Heidenchristen kommen dagegen nur am Rand in den Blick und stehen nicht im Zentrum der Argumentation. Das sollte beachtet werden, wenn dieser Text für den christlich-jüdischen Dialog in Anspruch genommen wird.

Verhärtung (πώρωσις) liegt, die zukünftig von Gott aufgehoben werden wird, so dass schließlich »ganz Israel« (also auch der gegenwärtig nicht christusgläubige Teil) gerettet werden wird.[73]

Der Römerbrief ist ein eindrückliches Zeugnis dafür, dass Paulus Gottes Offenbarung im Evangelium als spezifische Fortsetzung der Geschichte Israels versteht. Er betont ausdrücklich, dass der Christusglaube nicht im Gegensatz zu den Verheißungen an Israel steht und entwickelt eine Lösung, bei der sowohl die Rettung durch das Evangelium für alle Glaubenden als auch diejenige ganz Israels gewahrt bleiben. Allerdings muss Paulus dabei die Frage, warum auf einem Teil Israels gegenwärtig eine Verhärtung liegt, als »Geheimnis« bezeichnen, das man zwar konstatieren, aber nicht erklären kann.[74]

Eine Weiterführung der Gedanken des Paulus findet sich im lukanischen Werk und hier besonders in der Apostelgeschichte. Bereits im Lukasevangelium wird die Jesusgeschichte in enger Anbindung an die Geschichte und die Schriften Israels dargestellt. Jesus wird als Sohn Davids über das Haus Jakob herrschen (Lk 1,32–33); durch sein Wirken erfüllt sich die Verheißung vom Wirken des mit dem Geist Gottes begabten Propheten (4,18–21); die Schriften legen insgesamt von ihm Zeugnis ab (24,27.44). In der Apostelgeschichte wird sodann die Ausbreitung des Christuszeugnisses als Fortsetzung des Wirkens Gottes in Israel dargestellt. Dabei wird ein »Altersbeweis« für den Christusglauben geführt, der in die Geschichte Israels eingezeichnet und als dessen legitime Weiterführung interpretiert wird.[75] Eine besondere Rolle spielen dabei die Reden von Petrus, Stephanus und Paulus sowie die Darstellung des Wirkens des Paulus insgesamt.

Werden durch die Reden Weg und Wirken Jesu Christi in die Geschichte Israels eingebettet, so wird anhand des Wirkens des Paulus deutlich, dass die Christusverkündigung eine direkte Fortsetzung der Verkündung der Heilstaten Gottes an das Volk Israel darstellt. Paulus verkündet in den Synagogen und ist darum bemüht, seine jüdischen Zeitgenossen von der Christusbotschaft

[73] Röm 11,25–32.

[74] Die Formulierung in Röm 11,25, dass Paulus ein *μυστήριον* mitteilt, bedeutet letztlich, dass er auf die Frage nach der Spaltung Israels keine Antwort hat. Er zieht daraus allerdings, anders als spätere Interpreten, gerade nicht den Schluss, dass Israel der Verheißungen verlustig gegangen sei.

[75] Vgl. Knut Backhaus, Mose und der Mos Maiorum. Das Alter des Judentums als Argument für die Attraktivität des Christentums in der Apostelgeschichte, in: Ders., Die Entgrenzung des Heils. Gesammelte Studien zur Apostelgeschichte (WUNT 422), Tübingen 2019, 257–282.

zu überzeugen.[76] Die Ablehnung dieser Botschaft und die Verfolgung des Paulus gründen auf der Eifersucht der Juden, die sich auf die Hinzunahme der Heiden richtet.[77] Paulus betont, dass er treu zu den Überlieferungen Israels steht und zu Unrecht angeklagt wurde.[78] In der Arepoagrede legt Paulus den Glauben an den Gott Israels sodann in einer griechischen Philosophen zugänglichen Weise dar. Daran wird deutlich, dass mit dem Wirken des Paulus eine Ausweitung der Christusverkündigung in den griechisch-römischen Bereich verbunden ist, was dem Auftrag des Auferstandenen, die Botschaft »bis ans Ende der Erde« zu tragen (Apg 1,8), entspricht.

Im Blick auf die Gestalt der werdenden Kirche spielt in der Apostelgeschichte die Darstellung des Jerusalemer Apostelteffens (des sog. »Apostelkonzils«) eine wichtige Rolle.[79] Bekanntlich bestehen dabei zur Darstellung des Paulus in Gal 2,1–10 etliche Differenzen. Zu diesen gehört, dass Lukas dieses Treffen mit dem »Aposteldekret«, also den Regelungen für die nicht-jüdischen Christen, verbindet. Damit wurden christliche Gemeinden auf eine Grundlage gestellt, die das Zusammenleben jüdischer und heidnischer Christusgläubiger ermöglichen sollte.[80] Das hat sich nicht durchgesetzt, vermutlich vor allem deshalb, weil die Kirche seit dem 2. Jahrhundert zunehmend heidenchristlich wurde und soziale Verbindungen zum Judentum in den Hintergrund rückten.[81]

Die deutlichste Einbindung von Weg und Wirken Jesu in Geschichte, Schriften und Traditionen Israels findet sich im Matthäusevangelium. Die Geschichte Jesu wird hier durchgehend in Form von Reflexions- bzw. Erfüllungszitaten

[76] Das kann als eine narrative Umsetzung des πρῶτον aus Röm 1,16 aufgefasst werden: Den Juden muss das Evangelium vor allem (was in der Apostelgeschichte zugleich bedeutet: zuerst) verkündigt werden.

[77] Das stimmt mit Röm 10,19; 11,14 zusammen: Israel soll eifersüchtig gemacht werden auf die Heiden, die gerettet werden.

[78] Apg 26,6–7; 28,17.

[79] Apg 15,1–29. Vgl. dazu Andreas Lindemann/Jens Schröter/Konrad Schwarz, Arbeitsbuch zum Neuen Testament. 15., vollständig überarbeitete und erweiterte Auflage, Tübingen 2024, 700–709; Simon Butticaz, L'identité de l'église dans les Actes des Apôtres. De la restauration d'Israël à la conquête universelle (BZNW 174), Berlin/New York 2011, 299–345.

[80] Darin kann wiederum eine Analogie zu Paulus gesehen werden, der das Dekret offensichtlich nicht gekannt hat, dessen in 1Kor 5–6 und 8–10 entwickelte Lösungen aber in eine ähnliche Richtung gehen.

[81] Schon für Lukas selbst dürfte die Kirche auf der Grundlage des Aposteldekrets eine vergangene Größe gewesen sein, wie das Ende der Apostelgeschichte zeigt. Er gibt dem Dekret gleichwohl einen wichtigen Platz in ihrer Entstehungsgeschichte.

auf die Schriften Israels bezogen und in diesem Horizont gedeutet.[82] Die von Jesus begründete Gemeinschaft wird auf die Einhaltung der von ihm selbst ausgelegten Tora sowie auf ein jüdisches Ethos verpflichtet.[83] Die im Matthäusevangelium erkennbar werdende Gestalt der ἐκκλησία ist deshalb diejenige einer jüdischen Gemeinschaft, die sich in Konkurrenz zu anderen jüdischen Gemeinschaften, vor allem zu den Pharisäern, befindet und diesen gegenüber zur Geltung bringt, dass die Tora in ihrer von Jesus ausgelegten Form so eingehalten wird, wie es ihrer ursprünglichen Intention entspricht.[84] Das Spezifikum der Gemeinschaft, die sich an Weg und Lehre Jesu orientiert, ist dabei ihre Offenheit für Nichtjuden.[85]

Die in diesem Abschnitt besprochenen Entwürfe zeigen, dass das Neue des christlichen Glaubens als Weiterführung und Neuinterpretation des jüdischen Glaubens und der verbindlichen Schriften des Judentums zur Geltung gebracht wurde. Diese Entwürfe haben dazu beigetragen, dass sich das Christentum seiner jüdischen Wurzeln bewusst geblieben ist und die verbindlichen Schriften des Judentums als »Altes Testament« in seine eigene Sammlung derartiger Schriften aufgenommen hat. In der Geschichte des Christentums sind die Stimmen, die eine enge Einbindung der christlichen Gemeinschaften in die jüdischen Schriften und Traditionen forderten, allerdings immer mehr in den Hintergrund getreten. Ihre Spuren sind in den sog. »judenchristlichen Evangelien« erkennbar, über die Ebionäer findet sich zudem eine Passage bei Euseb, der ausführt, dass sie Christus für einen gewöhnlichen Menschen halten würden, der auf natürliche Weise gezeugt worden sei und die zudem die Beach-

[82] Die Zitate ziehen sich durch das gesamte Matthäusevangelium. Sie deuten die Geburt (1,22–23) und deren Umstände (2,15.17–18.23), das Kommen Jesu nach Kafarnaum (4,14–16), sein heilendes Wirken (8,17; 12,17–21), die Rede in Gleichnissen (13,35), den Einzug nach Jerusalem (21,4) sowie die Ereignisse der Passion (26,54.56). Eng damit verbunden sind etliche Wendungen, die sich auf die Schriften bzw. die Erfüllung der Gerechtigkeit (3,15) oder der Tora (5,17) beziehen.

[83] Mt 5,21–48; 6,1–18.

[84] Die Diskussion über den sozialen und religiösen Ort des MtEv hat in der neueren Forschung zu einer Ablösung der »intra/extra muros«-Debatte geführt. Das MtEv steht demzufolge dem Selbstverständnis seines Verfassers zufolge fest in den jüdischen Schriften und Traditionen und interpretiert diese in Konkurrenz vor allem mit den Pharisäern in einer Weise, die die Entscheidung zur Aufnahme von Heiden legitimiert. Vgl. dazu grundlegend Matthias Konradt, Israel, Kirche und die Völker im Matthäusevangelium (WUNT 215), Tübingen 2007. Vgl. weiter Jens Schröter, Matthew Between Mark and the Pharisees, in: Joseph Verheyden/Jens Schröter/David C. Sim (Hg.), The Composition, Theology, and Early Reception of Matthew's Gospel (WUNT 477), Tübingen 2022, 127–147.

[85] Das wird besonders in dem Auftrag des Auferstandenen an die Jünger, »alle Völker« (πάντα τὰ ἔθνη) zu Jüngern zu machen, sie zu taufen und zu unterweisen, deutlich (28,19–20).

tung des Gesetzes für notwendig halten würden.[86] Das wird von Euseb allerdings als eine vom rechten Glauben abweichende Lehre angesehen. Der Versuch, den christlichen Glauben als Weiterentwicklung und Neuinterpretation des jüdischen Glaubens zu verstehen und zu gestalten, ist demnach letztlich gescheitert. Durchgesetzt hat sich dagegen diejenige Richtung, die die jüdischen Schriften als »Altes Testament« christlich interpretiert und den Juden die Berechtigung abspricht, sich auf diese Schriften berufen zu können. Der Grund dafür ist in der gegenseitigen Ablehnung und Konkurrenz zu sehen, die zu einer zunehmenden Entfremdung von Juden und Christen geführt hat.[87] Eine Neubesinnung auf das Verhältnis von jüdischem und christlichem Glauben hat um die Mitte des 20. Jahrhunderts eingesetzt. In neuerer Zeit sind hieran anknüpfend Ansätze, einen differenzierten Zugang zu den gemeinsamen Schriften und Traditionen und ihre je eigene Rezeption im Judentum und Christentum zu entwickeln, deutlich intensiviert worden.[88]

4. Die zukünftige Erlösung und die neue Welt

Das Neue des Christusglaubens kann auch als Erwartung des Zukünftigen dargestellt werden. Dabei ist vorausgesetzt, dass durch die Zugehörigkeit zu Jesus Christus die Erlösung garantiert ist, diese aber gegenwärtig noch nicht sichtbar ist bzw. noch nicht durchgesetzt wurde. Zugrunde liegt die Erfahrung, dass die Glaubenden trotz ihrer Anteilhabe an Christus noch unter den Bedingungen der gegenwärtigen Welt leben und die vollständige Gemeinschaft mit Gott und Christus in der Zukunft erwarten. Für die Explikation dieser Dimen-

[86] Euseb, Hist. eccl. 3,27,2. Euseb schildert im Folgenden noch eine andere Richtung der Ebionäer, die zwar die Jungfrauengeburt nicht leugnen, aber die Präexistenz Christi bestreiten, die Briefe des Paulus verwerfen, den Sabbat halten und nur das Hebräerevangelium verwenden würden (3,27,3–6).

[87] Dieser Prozess ist gelegentlich mit dem Etikett »Parting of the Ways« versehen worden. Die neuere Diskussion hat jedoch vielfach herausgestellt, dass es sich dabei um ein die komplexen historischen Prozesse zu stark vereinfachendes Schema handelt. Vgl. Jens Schröter/Benjamin A. Edsall/Joseph Verheyden (Hg.), Jews and Christians – Parting Ways in the First Two Centuries CE? Reflections on the Gains and Losses of a Model (BZNW 253), Berlin/Boston 2021.

[88] Eine wichtige diesbezügliche Publikation im deutschsprachigen Bereich ist die deutsche Übersetzung von: Amy-Jill Levine/Marc-Zvi Brettler (Hg.), The Jewish Annotated New Testament, Oxford ²2017: Wolfgang Kraus/Michael Tilly/Axel Töllner (Hg.), Das Neue Testament jüdisch erklärt, Stuttgart, 2021. Hinzuweisen wäre zudem auf: Joseph Sievers/Amy-Jill Levine/Jens Schröter (Hg.), Die Pharisäer. Geschichte und Bedeutung, Freiburg 2024 (englische Ausgabe: Joseph Sievers/Amy-Jill Levine (Hg.), The Pharisees, Grand Rapids 2021).

sion des Neuen wird oftmals auf Traditionen der jüdischen Apokalyptik zurückgegriffen.[89]

Wir setzen wiederum mit einem Blick auf Paulus ein, bei dem diese Erwartung an mehreren Stellen ausgedrückt wird. In den entsprechenden Darlegungen im 1. Thessalonicher- und 1. Korintherbrief wird deutlich, dass die Frage nach der zukünftigen Erlösung in den heidenchristlichen Gemeinden vor allem angesichts der verstorbenen Gemeindeglieder akut wurde. Die Verkündigung des Paulus an diesen Orten war demnach vor allem auf Gründung von Gemeinschaften von Christusgläubigen und deren Unterweisung in einem Leben, das dem Bekenntnis zum Gott Israels und zu Jesus Christus entspricht, gerichtet. Dabei stand im Vordergrund, dass die Zugehörigkeit zur christlichen Gemeinde das Heil vermittelt, wogegen die Frage nach dem Ergehen der Verstorbenen zunächst nicht akut war. Erkennen lässt sich weiter, dass die Gemeindeglieder in Thessaloniki und Korinth offenbar keine Verbindung zwischen dem Glauben an die Auferstehung Jesu Christi und derjenigen der zu ihm Gehörenden hergestellt hatten. Das ist insofern nicht erstaunlich, als es sich bei der Auferstehung von Toten um eine jüdische Vorstellung handelt, die im griechisch-römischen Bereich keine Analogien besitzt.[90] Paulus muss deshalb zum einen die Verbindung zwischen der Auferstehung Jesu und derjenigen der Glaubenden plausibilisieren, zum anderen der generellen Skepsis gegenüber der Totenauferstehung entgegentreten. Ersteres geschieht in 1Thess 4,14,[91] wo Paulus ein kleines apokalyptisches Szenario schildert, das die Parusie Christi, die Auferstehung der »Toten in Christus« und die Vereinigung aller Glaubenden mit dem Herrn zum Inhalt hat. Letzteres ist der wesentliche Inhalt von 1Kor 15, wo sich Paulus mit der skeptischen Auffassung »Es gibt keine Auferstehung der Toten« auseinandersetzt, die in der korinthischen Gemeinde vertreten wurde.[92] Er skizziert wiederum einen apokalyptischen Er-

[89] Die Verwurzelung frühchristlicher Theologie in der frühjüdischen Apokalyptik ist schon häufig herausgestellt worden. Sie ist bei Paulus, in den synoptischen Evangelien und der Johannesoffenbarung deutlich greifbar und lässt sich auch in christlichen apokalyptischen Schriften des 2. und 3. Jahrhunderts, etwa der Petrusoffenbarung, der Himmelfahrt Jesajas und der griechischen Esra-Apokalypse, greifen. Vgl. dazu Jörg Frey, Die Apokalyptik als Herausforderung der neutestamentlichen Wissenschaft. Zum Problem: Jesus und die Apokalyptik, in: Michael Becker/Markus Öhler, Apokalyptik als Herausforderung neutestamentlicher Theologie (WUNT 2/214), Tübingen 2006, 23–94.

[90] Gelegentliche Erzählungen über eine Rückkehr aus dem Totenreich liegen auf einer anderen Ebene und gehören zudem in den Bereich der Mythologie.

[91] εἰ γὰρ πιστεύομεν ὅτι Ἰησοῦς ἀπέθανεν καὶ ἀνέστη, οὕτως καὶ ὁ θεὸς τοὺς κοιμηθέντας διὰ τοῦ Ἰησοῦ ἄξει σὺν αὐτῷ.

[92] 1Kor 15,12: ἀνάστασις νεκρῶν οὐκ ἔστιν.

eignisverlauf, der die Auferstehung der Toten und die Übergabe der Herrschaft von Christus an Gott beinhaltet. Anschließend führt er aus, dass mit der Auferstehung zugleich eine Verwandlung von einem irdischen in einen himmlischen Leib verbunden sein wird.

Die dritte Passage, in der Paulus auf die zukünftige Erlösung der Glaubenden verweist, findet sich wiederum im Römerbrief. Am Ende der Darlegungen über die Rettung durch den Glauben an Jesus Christus geht Paulus darauf ein, wie sich Gegenwart und Zukunft der Glaubenden zueinander verhalten. Dabei setzt er die gegenwärtigen Leiden ins Verhältnis zur künftigen Herrlichkeit, die an den Glaubenden offenbart werden soll.[93] Er stellt heraus, dass die Glaubenden bereits gerettet sind, aber auf Hoffnung hin.[94] Sie erwarten »die Freiheit der Herrlichkeit der Kinder Gottes«, die an ihnen offenbart werden soll und angesichts derer die mit der irdischen Existenz verbundenen Leiden zu vernachlässigen sind. Paulus nimmt damit eine Linie auf, die bereits in Röm 5,1–11 erkennbar wird, wo innerhalb des Römerbriefs zum ersten Mal die Perspektive auf die Zukunft eingenommen wird und wo auch zum ersten Mal der Begriff »Hoffnung« (ἐλπίς) begegnet. Neben der Betonung des neuen Lebens in der Gegenwart wird damit auch die Hoffnung auf die Erlösung von den Leiden der gegenwärtigen Zeit zu einem wichtigen Bestandteil der Darlegungen dieses Teils des Römerbriefs.

Für Paulus steht die künftige Auferstehung bzw. die Offenbarung der Herrlichkeit in engem Verhältnis zu der durch den Glauben bereits erlangten Rechtfertigung und Versöhnung. Der Akzent kann dabei in Korrespondenz zur jeweiligen Ausrichtung seiner Argumentation entweder stärker auf die Gegenwart oder auf die Zukunft gelegt werden. Diese Struktur lässt sich auch in anderen frühchristlichen Schriften erkennen.

Im 2. Thessalonicherbrief und im 2. Petrusbrief wird in spezifischen Argumentationssituationen der Blick auf die Zukunft gelenkt. Der 2. Thessalonicherbrief entwirft ein apokalyptisches Szenario, mit dem gegenüber der Parole, der Tag des Herrn sei bereits da,[95] vor Augen geführt werden soll, dass das Ende der Welt mit einem bestimmten Ablauf apokalyptischer Ereignisse verbunden ist, auf die die Christen gegenwärtig noch warten. Die pseudepigraphe Anknüpfung an den 1. Thessalonicherbrief macht dabei deutlich, dass gegenüber der dort in Bälde erwarteten Auferstehung der Toten in Christus

93 Röm 8,18–30.

94 Röm 8,24: τῇ γὰρ ἐλπίδι ἐσώθημεν.

95 2Thess 2,2.

nunmehr eine andere Situation eingetreten ist, in der es notwendig ist, den Blick auf die noch ausstehende Vollendung zu lenken.

Der ebenfalls pseudepigraphe 2. Petrusbrief, das vermutlich jüngste Schreiben des Neuen Testaments,[96] verweist darauf, dass sich die Verheißungen des Herrn nicht verzögern, auch wenn sie gegenwärtig noch ausstehen, weil bei ihm andere Zeitverhältnisse gelten.[97] Gegenüber »falschen Propheten« , die sich als »falsche Lehrer« betätigen werden[98] und denen falsche Lehren und ein schlechter Lebenswandel vorgeworfen werden, bringt der Verfasser zur Geltung, dass »die jetzigen Himmel und die jetzige Erde aufgespart sind für das Feuer, bewahrt für den Tag des Gerichts und des Verderbens der gottlosen Menschen«.[99] Die Christen wissen, dass am Tag Gottes die Himmel aufgelöst und die Elemente in der Hitze zerschmelzen werden und sie erwarten »neue Himmel und eine neue Erde«.[100]

Worum genau es bei der abgelehnten Lehre geht und warum sich der Verfasser für seine scharfe Polemik ausgerechnet auf Petrus und dessen ersten Brief beruft (vgl. 1,1; 3,1), ist nicht ganz deutlich.[101] Auf jeden Fall bringt er zur Geltung, dass der Verweis auf das Ausbleiben der Parusie (3,4) nicht bedeutet,

[96] Der Brief dürfte um die Mitte des 2. Jahrhunderts verfasst worden sein. Das ergibt sich aus seinem Gesamtcharakter, aber auch aus der in der neueren Forschung zunehmend vertretenen Abhängigkeit von der Petrusoffenbarung, die zwischen 130 und 140 entstanden sein dürfte. Vgl. dazu Jörg Frey, Second Peter in New Perspective, in: Jörg Frey/Matthijs den Dulk/Jan G. van der Watt (Hg.), 2 Peter and the Apocalypse of Peter: Towards a New Perspective. Radboud Prestige Lectures by Jörg Frey, Leiden/Boston 2019, 7–74.

[97] 2Petr 3,8: Ein Tag ist vor dem Herrn wie tausend Jahre und tausend Jahre wie ein Tag (vgl. Ps 89,4[LXX]).

[98] 2Petr 2,1: Ἐγένοντο δὲ καὶ ψευδοπροφῆται ἐν τῷ λαῷ, ὡς καὶ ἐν ὑμῖν ἔσονται ψευδοδιδάσκαλοι.

[99] 2Petr 3,7.

[100] 2Petr 3,13: *καινοὺς δὲ οὐρανοὺς καὶ γῆν καινὴν κατὰ τὸ ἐπάγγελμα αὐτοῦ προσδοκῶμεν ἐν οἷς δικαιοσύνη κατοικεῖ.*

[101] Möglicherweise entstand der Brief in einem Kontext, in dem die Autorität des Petrus eine Rolle spielte. Das könnte auf Alexandria hinweisen, wenn die Petrusoffenbarung (und evtl. noch weitere Schriften, wie das von Clemens Alexandrinus zitierte Kerygma des Petrus) ebenfalls dort zu lokalisieren wären. Dafür könnten auch die Erwähnung bei Origenes (bei Euseb, Hist. eccl. VI 25,8) und die handschriftliche Bezeugung auf Papyrus 72 (3./4. Jh.) sprechen. Auffällig bleibt jedenfalls, dass der Brief mit dem 1. Petrusbrief, außer dem Präskript und der dort begegnenden Berufung auf Petrus, keinerlei stilistische oder inhaltliche Gemeinsamkeiten aufweist. Der Verfasser kannte offenbar den 1. Petrusbrief, übernimmt aus diesem aber nicht mehr als die Tatsache, dass »Petrus« bereits zuvor einen Brief verfasst hat – ein angesichts der Tatsache, dass der 1. Petrusbrief vergleichsweise früh Anerkennung erlangt hatte, zu beachtender Befund. Vgl. dazu auch Tobias Nicklas, Petrus-Diskurse in Alexandria. Eine Fortführung der Gedanken von Jörg Frey, in: Frey u. a., 2 Peter and the Apocalypse of Peter (s. Anm. 96), 99–127.

dass die grundlegende Erneuerung der Welt ausbleiben wird. Vielmehr wurde die Welt schon einmal durch eine Wasserflut vernichtet, dann aber für den Tag des Gerichts und das Verderben der gottlosen Menschen aufbewahrt. Jetzt befindet sie sich in der letzten Phase, wofür das Auftreten der Spötter selbst ein Beleg ist (3,3–7).

In den synoptischen Evangelien wird die Nachfolge Jesu ins Verhältnis zum Kommen des Menschensohnes gestellt, der die Seinen »einsammeln« wird.[102] Das dient der Motivation, in der Nachfolge Jesu zu bleiben, auch in Verfolgungen und Leiden. Zugleich wird damit ein Merkmal der Verkündigung Jesu aufgenommen, in der die Vollendung der Gottesherrschaft und das künftige Gericht eine wichtige Rolle spielten. Das Neue wird in den synoptischen Evangelien demnach in Aufnahme des Wirkens Jesu als die Aufrichtung der Gottesherrschaft und das zukünftige Gericht des Menschensohnes dargestellt. Es steht in enger Verbindung zum Wirken Jesu selbst, mit dem dieser Prozess begonnen hat und dessen Wiederkommen am Ende der Zeit erwartet wird.

In pointierter Weise tritt die Perspektive auf die künftige Herrlichkeit in der Johannesoffenbarung in den Blick. Sie entwirft ein großes Szenario von der Vernichtung der gegenwärtigen Welt und einem »neuen Himmel und einer neuen Erde«, die an deren Stelle treten werden, als Reaktion auf die prekäre Situation, kleinasiatischer Gemeinden in der Asia am Ende des 1. Jahrhunderts.[103] Dabei wird das Martyrium als Konsequenz des christlichen Glaubens geschildert und die strikte Verweigerung gegenüber dem Herrscherkult gefordert. Die Johannesoffenbarung steht damit in einer Tradition, die sich im Blick auf die Visionsschilderung bereits im Buch Daniel findet und in der Märtyrerliteratur des 2. und 3. Jahrhunderts eine Entsprechung finden wird.[104]

Johannes schildert unter Rekurs auf Schriften und Motive aus der israelitisch-jüdischen Tradition (insbesondere Ezechiel und Daniel) eine Vision, in der ihm die Vernichtung der Welt, ausgelöst durch die Öffnung der sieben Siegel des Buches vor dem Thron Gottes, gezeigt wird, von der nur diejenigen ausgenommen sein werden, »die erkauft wurden von den Menschen für Gott und das Lamm« (Offb 14,14). An die Vernichtung des als »Babylon« bezeichne-

[102] Charakteristisch dafür sind die apokalyptischen Reden Jesu in Mk 13; Mt 24 und Lk 17.

[103] Auf abweichende Datierungsvorschläge (etwa in die Zeit Hadrians) gehe ich hier nicht ein. Eine Entstehung in der Regierungszeit Domitians besitzt nach wie vor die größte Plausibilität.

[104] Die Vision des Tieres in Apk 13,1–10 nimmt diejenige von den vier Reichen aus Dan 7,1–12 auf und verbindet sie miteinander. Das vierte Tier aus Dan 7,7–8 wird dabei auf das Römische Reich bezogen, was in jüdischen Texten häufiger geschieht (PsSal 2,25; 4Esr 12,10–16).

ten Römischen Reiches[105] schließt sich der himmlische Jubel an, gefolgt von der tausendjährigen Herrschaft von Christus und den Seinen, der endgültigen Vernichtung des Satans und schließlich dem neuen Himmel, der neuen Erde und dem neuen Jerusalem, in dem es keinen Tempel mehr geben wird.

Die Vision der Johannesoffenbarung schildert demnach, wie der im Himmel bereits errungene Sieg[106] durch die Ersetzung der bisherigen Welt durch eine neue Welt durchgesetzt wird. Das Lamm vor dem Thron Gottes ist an dieser Durchsetzung beteiligt, indem es als einziges dazu befähigt ist, die sieben Siegel zu öffnen und damit die Ereignisse in Gang zu setzen, die zur Rettung derer, die das Tier nicht angebetet haben, führen werden.

Die in diesem Abschnitt besprochenen Schriften lassen erkennen, dass die Verbindung des »Neuen« mit dem von Gott heraufgeführten Ende der gegenwärtigen Welt aus Konstellationen resultiert, in denen die jetzige Ordnung in den Horizont ihrer zukünftigen Vollendung durch ein Eingreifen Gottes gerückt wird. Bei Paulus begegnet diese Reflexion vor dem Hintergrund der Überzeugung, dass die durch Christus geschehene Erlösung das gesamte Leben umfasst und über das Ende des irdischen Lebens hinausreicht. In späteren Schriften wird die Betonung der zukünftigen Rettung vor allem als Gegensatz zur Erfahrung der Gegenwart zur Geltung gebracht. Dabei kann es sich um das Ausbleiben der Parusie und der Auferstehung der Toten handeln oder um Situationen, in denen angesichts von Anfeindungen und Verfolgungen die Ermutigung, am Bekenntnis festzuhalten, besonders dringlich erschien. In dieser Weise – also als »Märtyrerliteratur«[107] – entstehen in der sich anschließenden Zeit weitere christliche »Apokalypsen«, bevor diese Literatur in die Schilderungen von Himmels- und Höllenreisen übergeht (die mit Dantes *Commedia* zu einem Höhepunkt und Abschluss gelangen).

[105] Offb 14,8; 16,19; 17,5; 18,2.10.21; vgl. 1Petr 5,13. Die Bezeichnung begegnet auch in der jüdischen apokalyptischen Literatur. Vgl. Michael Durst, Babylon gleich Rom in der jüdischen Apokalyptik und im frühen Christentum. Zur Auslegung von 1 Petr 5,13, in: Stefan Heid (Hg.), Petrus und Paulus in Rom. Eine interdisziplinäre Debatte, Freiburg 2011, 422–443.

[106] In Offb 12 wird der himmlische Kampf zwischen Michael und dem Drachen geschildert, als dessen Folge der Drache auf die Erde geworfen wird und dort beginnt, gegen diejenigen zu kämpfen, die Gottes Gebote halten.

[107] Der Begriff »Märtyrer« im Sinne von »Blutzeuge« ist zum ersten Mal in der Petrusoffenbarung bezeugt. Vgl. Jan N. Bremmer, The Apocalypse of Peter as the First Christian Martyr Text: Its Date, Provenance and Relationship with 2 Peter, in: Frey u. a., 2 Peter and the Apocalypse of Peter (s. Anm. 96), 75–98.

5. Fazit: Das Neue des christlichen Glaubens in der Sicht des frühen Christentums

Die in den vorangehenden Abschnitten dargestellten Perspektiven auf das Neue im christlichen Glauben lassen sich verschiedenen sozialen bzw. politischen Situationen und rhetorischen Strategien zuordnen. Sie zeigen, dass das Profil des sich herausbildenden christlichen Glaubens gegenüber ihn ablehnenden Juden, gegenüber Christusgläubigen, die die Einhaltung der Tora auch von Nichtjuden verlangten, sowie gegenüber Nichtjuden geschärft wurde. Die dabei entstehenden Konturen betonen, was ihn vom jüdischen Glauben einerseits, von nichtjüdischen Religionen andererseits, unterscheidet. Zugleich entstand auf diese Weise ein spezifisches Ethos für diejenigen, die sich den christlichen Gemeinden anschlossen. Die Konsequenz war eine Neuausrichtung des gesellschaftlichen und privaten Lebens, die die Teilnahme an öffentlichen Veranstaltungen, etwa Festen oder Prozessionen, ebenso umfasste wie die Gestaltung des Lebens in Haus und Familie.

Sehr bald trat die Frage nach den geschichtlichen Grundlagen des christlichen Glaubens auf. Dabei rückte der Glaube an den Gott Israels als für das Heilshandeln Gottes durch Jesus Christus maßgeblicher Deutungsrahmen ins Zentrum, der zugleich eine bleibende Verbindung zu den Schriften und Traditionen Israels herstellte. Diese Schriften und Traditionen wurden als *christliche* Zeugnisse interpretiert, die zugleich das Alter der christlichen Religion bezeugen. *Das Neue* wurde auf diese Weise *im Kontext des Alten und Bewährten* dargestellt.

Schließlich konnte angesichts von Anfeindungen und Verfolgungen sowie der ausbleibenden Parusie auf das Neue als etwas verwiesen werden, das sich *in der Zukunft* ereignen wird. Dazu wurde auf in der jüdischen Tradition ausgebildete apokalyptische Vorstellungen zurückgegriffen, die im Horizont des Christusglaubens neu interpretiert wurden.

Das Neue des christlichen Glaubens lässt sich als Zusammenspiel dieser drei Aspekte auffassen. Er lässt sich als spezifische Weiterführung und Neuakzentuierung des jüdischen Glaubens beschreiben, der sein Selbstverständnis zu einem wesentlichen Teil aus den jüdischen Schriften und Traditionen bezieht und die Gegenwart im Horizont der Vollendung der Welt durch Gottes endzeitliches Handeln interpretiert.

Heiko Schulz

Die Paradoxie des Neuen

Diskursfelder und Probleme einer vielschichtigen Kategorie

Wenn es möglich gewesen wäre,
den Turm von Babel zu erbauen,
ohne ihn zu erklettern, es wäre
erlaubt worden.

Franz Kafka[1]

I. Vorbemerkung

Der nachfolgende Text ist das vorläufige Ergebnis nachträglicher Überlegungen. *Nachträglich* deshalb, weil sein Thema in sachlich enger Verbindung zu zwei weiteren Texten steht, die ich im Rahmen der Vorbereitung von TAP-Tagungen verfasst und publiziert habe.[2] *Vorläufig* deshalb, weil ich bei der Einarbeitung in die Materie mit zunehmender Ernüchterung feststellen musste, dass das Thema nicht nur an sich komplizierter ist, als ich nach den genannten Vorarbeiten glaubte erwarten zu dürfen, sondern hierzu überdies eine überraschend breite und frustrierend inhomogene Debattenlage existiert. Ich habe daher im Folgeabschnitt (II.) zunächst meiner transdisziplinären Chronistenpflicht Genüge tun zu müssen geglaubt, um den Lesern und Leserinnen des vorliegenden Textes durch ein einleitendes Referat einen mindestens ›vorläufigen‹ Eindruck von den einschlägigen Diskursfeldern zu vermitteln.

Als vorläufig muss man die nachfolgenden Überlegungen aber auch aus einem weiteren, wiederum zweigeteilten Grund charakterisieren: Zum einen bleiben für mich im Rückblick eine Reihe von sachlichen Problemen (vor allem

[1] Franz Kafka, ›Du bist die Aufgabe‹. Aphorismen, hg. von Reiner Stach, Göttingen 2019, 38.

[2] Vgl. Heiko Schulz, Nur das Unglaubliche ist gewiss. Zu einigen Parametern der Wunderanalyse, in: Elisabeth Gräb-Schmidt/Reiner Preul (Hg.), Marburger Jahrbuch Theologie XXVIII: Wunder, Leipzig 2016, 75–116 (Stichwort Wunder); Heiko Schulz, Ereignis und Geschichte. Eine theologiepropädeutische Skizze, in: Elisabeth Gräb-Schmidt/Volker Leppin (Hg.), Marburger Jahrbuch Theologie XXXII: Geschichte als Thema der Theologie, Leipzig 2020, 97–124 (Stichwort Ereignis).

in Teil IV.), die ich nach meinem Dafürhalten auch in der publizierten Fassung des Textes nicht vollständig habe lösen können. Zum anderen ist der vorliegende Text in gewisser Weise ein Torso: In Abschnitt III. geht es um die Frage nach der Möglichkeit und Eigenart des Neuen, im Folgeabschnitt (IV.) um die ethisch-religiöse Dimension des Themas. Abschließend fasse ich Hauptergebnisse meiner Überlegungen in Thesenform zusammen; der entsprechende Abschnitt (V.) kann zur Orientierung gern vorab gelesen werden. Was allem Anschein nach fehlt, ist ein separater Abschnitt zu der im engeren Sinne theologischen Frage, ob und inwiefern (der christliche) *Gottes*gedanke - sei es im Sinne von Schöpfer, Versöhner und/oder Erlöser - ein Verhältnis zum Neuen hat (und das *hat* er natürlich). Einige umrisshafte Bemerkungen hierzu finden sich im zweiten Abschnitt, und sie deuten immerhin die Richtung an, in der hier m. E. weiter argumentiert werden müsste. Dass diese Überlegungen nicht am Ende meines Textes stehen und so dessen systematischen Kulminationspunkt bilden, hat den einfachen Grund, dass ich die ethisch-religiöse Dimension des Themas, die ich wie gesagt im vierten Abschnitt erörtere, aus bestimmten und dort zu erläuternden Gründen für sachlich zentral halte.

II. Das Neue im wissenschaftlichen, philosophischen und theologischen Diskurs

Ich nenne und beschreibe im Folgenden einige der hauptsächlichen Diskursfelder in groben Umrissen, in denen das vorliegende Thema gegenwärtig eine Rolle spielt. Gegenwärtig heißt: im Kontext des 20. und 21. Jahrhunderts. Dass der Begriff bzw. dessen fremdsprachlichen Äquivalente (gr. νέος oder καινός; lat. novus; engl. new; frz. nouveau; ital. nuovo etc.) jedenfalls im westlichen Denken bereits in den Jahrhunderten vor dem hier angegebenen Zeitraum eine, und zwar stellenweise durchaus prominente Stelle eingenommen haben, soll damit selbstverständlich nicht bestritten werden.[3] Ebenso wenig auszu-

[3] Dass hier, historisch gesehen, die seit der Wiedergeburts- bzw. ›Erneuerungsbewegung‹ der Renaissance (vgl. Peter Seele/Till Wagner, Eine kleine Geschichte des Neuen, in: Peter Seele (Hg.), Philosophie des Neuen, Darmstadt 2008, 38-63, 57–59) sich selbst programmatisch als neu bzw. modern stilisierende ›Neuzeit‹ eine besondere Rolle spielt, liegt auf der Hand. Man denke im Philosophie- bzw. Wissenschaftskontext an die einschlägigen Schlüsseltexte, z. B. Bacons Novum Organum (1620) und New Atlantis (1627); oder, Jahrhunderte später, an Franz Rosenzweigs sog. ›neues Denken‹ (vgl. Ders., Das neue Denken, in: Ders., Mein Ich entsteht im Du. Ausgewählte Texte zu Sprache, Dialog und Übersetzung, hg. von Karl-Heinz Brodbeck, u. a. Freiburg/München 2013, 96–120) als Versuch, die Prinzipien der Moderne vor dem Hintergrund der Einsicht, dass das hierbei zu Begründende (die Notwendigkeit dieses Denkens) nur in und durch dessen vorgreifenden Vollzug begründbar ist, noch einmal zu überbieten.

schließen ist, dass im Kontext aktueller oder jüngerer Debatten mit anderen, thematisch ebenfalls relevanten Beiträgen gerechnet werden muss, die meiner Aufmerksamkeit schlicht entgangen sind. Ohnehin legt die nachfolgende Skizze stärkeres Gewicht auf die philosophisch-theologischen Facetten des Themas: und zwar nicht nur deshalb, weil ich mich hier am ehesten kompetent fühle, sondern auch unter Berufung auf die Beobachtung, dass der Begriff des Neuen in den einzelwissenschaftlichen Disziplinen häufig als (an sich selbst mehr oder weniger selbstverständliches) Analyse*medium* in Anspruch genommen und nicht so sehr als *Gegenstand* eigener Dignität behandelt wird. Mich interessieren im Unterschied dazu eher die hier vernachlässigten Aspekte des Themas, für die, wenig überraschend, vor allem einschlägige philosophische Quellen reiches Material bieten.

1. Klassisches Beispiel für die soeben genannte Tendenz ist der Umgang mit dem Begriff des Neuen in der *Ökonomie*. Dieser bzw. das durch ihn Bezeichnete wird hier im Dienste einer zum Ende des 20. Jahrhunderts beobachtbaren Umkehrung des »Verhältnis[ses] von Idee und Ware«[4] zum »eigentlichen Wert- und Zahlungsargument«: Das bestehende Warenangebot sucht demnach »nicht mehr nach neuen Verfahrensideen für gegebene Konsumideen, sondern gleich nach neuen Konsumideen, mit dem Akzent auf ›neu‹«[5]. Durchaus gegenläufig operiert dieselbe Fachdisziplin mit dem Begriff des Neuen im Kontext der Frage nach den Voraussetzungen, Chancen und Grenzen der Kultivierung von Kreativitätstechniken und strategischer Innovation: Wenn im Dienste ökonomischer Rationalität einerseits nichts dem Zufall überlassen werden darf, der Kreativität rationaler Subjekte, ja ganzer Märkte aber andererseits ein ebenso notwendiger wie kostspieliger Freiraum gewährt werden muss, stellt sich die Frage nach einer – ihrerseits ökonomisch vertretbaren – Lösung dieses tatsächlichen oder vermeintlichen Widerspruchs im Sinne einer simultanen Kultivierung und Domestizierung des Neuen.[6]

Mit der Konnotation des Neuen als des Kreativen berührt sich die Ökonomie unter anderem mit den Perspektiven und Interessen der modernen *Psychologie*. Allerdings steht hier nicht primär die Funktion (oder Dysfunktion)

[4] Birger Priddat, capitalismo nuovo: Netzwerke, modus sozialis, Neuheit, in: Seele (Hg.), Philosophie, 180–184, 183.

[5] Ebd.

[6] Vgl. Birger Priddat/Peter Seele (Hg.), Das Neue in Ökonomie und Management. Grundlagen, Methoden, Beispiele, Wiesbaden 2008.

menschlicher Kreativität im Fokus, sondern deren Eigenart, Möglichkeit, Genese und Leistungsfähigkeit.[7] Innovation bzw. Innovationskraft werden dabei in der Regel als Form von Kreativität, diese wiederum als eine Form des Neuen aufgefasst.[8] Dabei definiert z. B. der Begründer der psychologischen Kreativitätsforschung im 20. Jahrhundert, J. P. Guilford, diese als »Fähigkeit zur Produktion von Gedanken, d. h. zu divergenten ungewöhnlichen, neuartigen Lösungen, im Unterschied zu konvergenter Produktion auf vorgezeichneten Wegen«[9].

Auch im Bereich der modernen Naturwissenschaft und *Technik* spielt das Problem des Neuen eine maßgebliche Rolle. Ungeachtet fließender Übergänge im reinen Phänomenbestand soll dabei zwischen Innovation und Neuem präzise unterschieden werden. Demnach liegt die »Innovation … als typische Weiterentwicklung oder graduelle Verbesserung in der Nähe der reinen Bestätigung, wobei der Anteil des Neuen bis auf marginale Reste schwinden kann oder gegen Null tendiert. Das Neue bewegt sich [dagegen] in gehörigem Abstand zur reinen Bestätigung und entfaltet sich erst im Rahmen des seltenen Ereignisses.«[10] Von daher besitzt das genuin Neue und Unerwartete - bzw. ausschließlich *als* Unerwartetes Erwartbare - im Prozess der technischen Weltbeherrschung keinerlei »Verbindungen zu einem Wissen, die sich als verlängerbare Parameter einer seriösen Vorhersage nutzen ließen. Mit dem Neuen gibt es einen systematischen Anteil des *Unbestimmten* in der Entwicklung der Technik …, der seine Wirkung ausgerechnet im Umkreis jener revolutionären Umbrüche entfaltet, die als seltene Ereignisse den Möglichkeitsraum ganzer Schlüsselindustrien eröffnen können.«[11]

Seit Darwins bahnbrechenden, die Naturwissenschaften und insbesondere die *Biologie* revolutionierenden Entdeckungen spielt das Phänomen des Neuen

[7] Vgl. z. B. Mihaly Csikszentmihalyi, Kreativität, Stuttgart 1997. Einen instruktiven Abriss zur Geschichte des Kreativitätsgedankens inner- und außerhalb der Philosophie liefert Karl-Heinz Brodbeck, Zur Philosophie der Kreativität. Historische und interdisziplinare Aspekte, in: Johannes F. M. Schick/Robert H. Ziegler (Hg.), Die innere Logik der Kreativität, Würzburg 2012, 1–31; vgl. insbesondere ebd., 12–19, zur psychologischen Debattenlage und -geschichte.

[8] Vgl. Seele, Philosophie, 7–8.

[9] So die Paraphrase Brodbecks, Zur Philosophie der Kreativität, 15.

[10] Michael Ruoff, Das Problem des Neuen in der Technik, in: Gerhard Gamm/Andreas Hetzel (Hg.), Unbestimmtheitssignaturen der Technik. Eine neue Deutung der technisierten Welt, Bielefeld 2005, 169–182, 182. Vgl. zum Begriff des Innovativen im Übrigen Vincent Blok, What is Innovation? Laying the Ground for a Philosophy of Innovation, in: Techné: Research in Philosophy and Technology, 25 (2021), 72–96.

[11] Ebd. (Hervorhebung HS).

oder Neuartigen auch für das Verstehen evolutionärer Prozesse eine prominente Rolle. Zum Kern der Theorie gehört dabei die Beobachtung einer »Kumulation von Neuem im Mesobereich des Lebens«, denn Darwin zufolge kommen evolutionäre »Veränderungen, die so genannten *Mutationen*, im materiellen Aufbau von Lebewesen regelmäßig vor, und es ist deren zufällige und allmähliche Kumulation, die für das Entstehen neuer Arten und Gattungen verantwortlich ist«[12]. Darüber hinaus zeichnet sich mittlerweile immer deutlicher ab, dass nicht nur unablässig neue Arten und Gattungen entstehen (während andere gleichzeitig untergehen), sondern dass auch die jenes Werden und Vergehen bestimmenden »Evolutions*gesetze* nicht ein für alle Mal festgeschrieben sind«: Mit »zunehmender Komplexität der Organismen kommen *neue* Gesetze hinzu, die auf den unteren Ebenen [derselben Organismen] noch keine Rolle spielen«[13].

Zwei heuristisch tragende Spezialbegriffe, deren Erklärungsfunktion de facto auf der Grenze zwischen Naturwissenschaft und Metaphysik angesiedelt ist, sind in diesem, d. h. im Zusammenhang einer Theorie über Eigenart und Möglichkeit des evolutionär Neuen von besonderer Bedeutung: zum einen der des *Zufalls* als Quelle spontaner, d. h. kreativer und nicht prognostizierbarer Mutationen im Bereich des Organischen wie des Anorganischen;[14] zum anderen der des *Emergenten*. Dabei gelten Eigenschaften eines (z. B. biologischen) Systems genau dann als emergent, »wenn sich ihre kausale Rolle im System nicht aus der kausalen Wechselwirkung der einzelnen Bestandteile des Systems ergibt«[15]; so bestimmt sind und erscheinen sie zugleich als »neuartig (aus keiner Theorie ableitbar, vorhersagbar…)«[16]. Auf der bereits angedeuteten *Grenze* zwischen biologisch- und physikalisch-naturwissenschaftlicher und kosmologischer Theoriebildung zeigt insbesondere das Beispiel von Charles S. Peirce

[12] Michael Sukale, Nichts Neues über Neues? in: Seele (Hg.), Philosophie, 9–37, 19.

[13] Gerhard Vollmer, Zehn Paradoxien des Neuen in der Evolution, in: Seele (Hg.), Philosophie, 64–76, 71 (Hervorhebung HS).

[14] Vgl. zum Begriff des Zufalls (unter anderem) im Bereich der Mathematik und Naturwissenschaft Claus Grupen, Die Natur des Zufalls, in: Peter Gendolla/Thomas Kamphusmann (Hg.), Die Künste des Zufalls, Frankfurt a. M. 1999, 15–33; ferner Klaus Mainzer, Der kreative Zufall. Wie das Neue in die Welt kommt, München 2007. Einen interessanten Versuch, den Zufallsbegriff zu metaphysischen Grundlegungszwecken zu nutzen, bietet Konrad Utz, Philosophie des Zufalls. Ein Entwurf, Paderborn/München 2005.

[15] Michael Heidelberger, Die Wirklichkeit emergenter Eigenschaften, in: Helmut Pape (Hg.), Kreativität und Logik. Charles S. Peirce und das philosophische Problem des Neuen, Frankfurt a. M. 1994, 340–358, 350.

[16] Ebd., 351.

(1839–1914), dass und wie aus einer Verbindung von semiotischem Pragmatismus und Evolutionsgedanke eine Metaphysik entwickelt werden kann, die dem Neuen i. S. des Emergenten ebenso wie der kreativen Funktion des Zufalls zu entsprechen vermag – zumindest aber zu entsprechen versucht. Peirce zufolge trägt man nur, zumindest aber am ehesten dann, wenn man »ein gewisses Maß an Indeterminiertheit und damit emergente ... Eigenschaften zulässt, ... all der Vielfalt und Verschiedenheit des Universums in dem einzigen Sinn Rechnung, in dem man [zugleich] sagen kann, daß einer Sache, die wirklich (...) *neu* ist, Rechnung getragen wird«[17]. Anders als z. B. bei Peirce erscheint der Begriff des Neuen in den aktuellen *Transhumanismus*-Debatten in durchaus zweideutigem Licht: Die hier propagierte Vision eines ›neuen Menschen‹ lässt erahnen, dass die anthropologisch wie ethisch problematischen Implikationen dessen, was hier ›Mensch‹ heißt bzw. heißen soll, auch und nicht zuletzt vom Gebrauch des Wortes ›neu‹ abhängen.[18]

[17] Ebd., 355 (unter Verwendung eines Peirce-Zitates; Hervorhebung HS). Zu den theologischen Implikationen der Peirceschen Fassung des Neuen im Rahmen einer evolutionären Metaphysik vgl. Hermann Deuser, Gottesinstinkt. Semiotische Religionsphilosophie und Pragmatismus, Tübingen 2004, bes. 46–50; ferner Johannes Hoeltz, Gottes evolutionäre Liebe. Ansatzpunkte für eine Theologie in semiotischer Perspektive, in: Uwe Wirth (Hg.), Die Welt als Zeichen und Hypothese. Perspektiven des semiotischen Pragmatismus von Charles S. Peirce, Frankfurt a. M. 2000, 413–431, bes. 421–426. Als ein weiterer und in den terminologischen wie sachlichen Grundentscheidungen nicht minder eigenständiger Denker des Neuen auf der Grenze zwischen Mathematik, Naturwissenschaft und Metaphysik ist zweifellos Alfred N. Whitehead (1861–1947) bzw. dessen Hauptwerk Process and Reality (vgl. Ders. Prozess und Realität. Entwurf einer Kosmologie, Frankfurt a. M. 1979) zu nennen; eine erste Annäherung an dessen teilweise höchst idiosynkratischen Sprachgebrauch im Blick auf die im vorliegenden Zusammenhang zentralen Termini (Neues, Ereignis, actual entity etc.) bietet Christoph Kann, Die Sprache des Neuen – Whiteheads terminologische Reflexionen, in: Seele (Hg.), Philosophie, 77–98, bes. 83–88. Darüber hinaus muss zumindest en passant auf den Peirce- und Whitehead-Zeitgenossen Henri Bergson (1859–1941) verwiesen werden, dessen Kerngedanke einer ›schöpferischen Entwicklung‹ (vgl. das Hauptwerk gleichen Titels [L'Evolution creátrice]: Ders., Paris 1907) laut eigener Aussage die Möglichkeit und das fortwährende Auftreten »von unvorhersehbar Neuem« (Ders., Denken und schöpferisches Werden. Aufsätze und Vorträge. Meisenheim 1948, 110) einschließt: »Die Wirklichkeit ist ein ungeteiltes Wachstum als Ganzes, fortschreitende Erfindung, kurz, Dauer: ähnlich einem plastischen Ballon, der sich allmählich ausdehnt, indem er jeden Augenblick unerwartete Formen annimmt« (ebd., 115). Zur Kritik der Bergsonschen Idee des Neuen vgl. prominent Ernst Bloch, Das Prinzip Hoffnung, Bd. 1–2, Frankfurt a. M. 1959, Bd. 1, 230–233; zur Verteidigung vgl. Hannah Arendt, Vom Leben des Geistes. Das Denken. Das Wollen, München 2020, 269–271.

[18] Vgl. dazu jüngst und im Zusammenhang: Caroline Helmus, Transhumanismus – der neue (Unter-)Gang des Menschen? Das Menschenbild des Transhumanismus und seine Herausforderung für die theologische Anthropologie, Regensburg 2020; zum Begriff des ›neuen Menschen‹ im theologisch-eschatologischen Sinn s. u.

Diejenige Form von Naturwissenschaft, die der Möglichkeit und Wirklichkeit des Neuen einen irreduziblen Platz im Erklärungszusammenhang der Naturvorgänge einräumt, favorisiert zugleich ein gegenüber dem weithin dominierenden Schema deterministischer Welterklärung neues Paradigma: dasjenige des (radikalen oder gemäßigten) Indeterminismus. Die durch Thomas S. Kuhn etablierte Rede von sprunghaft-unableitbaren Paradigmenwechseln in der Geschichte der Wissenschaften[19] stellt dabei ihrerseits eine innovative (!), und zwar wissenschafts*historische* Theorie des Neuen dar. Aber auch abgesehen davon hat es die *Geschichtswissenschaft* an sich in mindestens zwei Hinsichten mit dem Problem des Neuen zu tun: zum einen methodologisch-formal, nämlich mit Blick auf die Frage nach Möglichkeit und Recht historischer Epocheneinteilungen; zum anderen materialhistorisch, nämlich bezogen auf die Frage nach den Konstitutionsbedingungen jenes bereits eingangs erwähnten *novum*, das man – und das sich selbst – ›Neuzeit‹ nennt.[20]

Bereits vor gut zwanzig Jahren hat M. Gronemeyer eine lesenswerte Studie vorgelegt,[21] die das Phänomen des Neuen qua Innovation (bzw. dessen Korrelat, qua Wiederholung) aus erziehungs- und *kulturwissenschaftlicher*, genauer kultur*kritischer* Perspektive in den Blick nimmt. Gronemeyer zufolge erschöpft sich das Handlungsrepertoire des Menschen »in zwei Grundfiguren: *Anfangen* und *Wiederholen*«[22]. Ersteres begründet und ermöglicht das menschliche Zusammenleben im Sinne einer ›Innovations-‹, letzteres im Sinne einer ›Kontinuitätskultur‹ (so im Anschluss an O. Marquard). Die Gegenwart hat der leitenden These zufolge beide Formen pervertiert, nämlich einerseits verselbstständigt und übersteigert, andererseits und paradoxerweise zu einem intern gegenläufigen Konglomerat vereinigt, in dem sich das eine – ›Innovationsfieber‹ – als jeweils unfreiwillige Kehrseite des anderen – ›Wiederholungszwang‹ – herausstellt und vollzieht: Der »Überdruss an der Wiederholung, die so jeder Inspiration [bzw. Innovation] bar geglaubt wird, und ihre besessene Vollstreckung

[19] Vgl. Thomas Kuhn, The Structure of Scientific Revolutions. Chicago 1962, sowie Ders., Die Entstehung des Neuen. Studien zur Struktur der Wissenschaftsgeschichte, Frankfurt a. M. 1978; dazu Norbert Rath, Art. »Neu, das Neue II.«, in: HWP, Bd. 6, Basel 1984, 727–731, Sp. 730; Peter Seele/Till Wagner, Eine kleine Geschichte des Neuen, in: Seele (Hg.), Philosophie, 38–63, 61–63; Günter Petersen-Falshöft, Die Erfahrung des Neuen, in: PhR 27 (1980), 101–117.

[20] Vgl. dazu Seele/Wagner, Geschichte, 50–53. Als Klassiker gilt hier nach wie vor Hans Blumenberg, Der Prozess der theoretischen Neugierde, Frankfurt a. M. 1973; dazu in aller Kürze Seele/Wagner, Geschichte, 58–60.

[21] Vgl. Marianne Gronemeyer, Immer wieder neu oder ewig das Gleiche. Innovationsfieber und Wiederholungswahn, Darmstadt 2000.

[22] Ebd., 4.

[schießen] gleichzeitig ins Kraut«; mehr noch, alles deutet darauf hin, dass die »Wiederholbarkeit selbst das grandiose, ja ultimative Innovationsprojekt«[23] der gegenwärtigen Kulturepoche darstellt.[24]

2. Die genuin ästhetischen Dimensionen des Neuen sind neben der *Kunst-*[25] und *Literaturwissenschaft*[26] auch von *philosophischer* Seite immer wieder intensiv diskutiert worden: nicht nur werk-, sondern auch und vor allem produktionsästhetisch, d. h. mit Blick auf das Problem schöpferischer Originalität bzw. Genialität.[27] Aber auch abgesehen vom ästhetischen Kontext wurde und wird der Begriff innerhalb der jüngeren sowie der aktuellen Forschung zumindest gelegentlich zum Thema: u. a. philosophiegeschichtlich,[28] erkenntnis- bzw. wissenschaftstheoretisch,[29] anthropologisch[30] und ethisch.[31] Dabei zählen neben den bereits genannten Denkern (Peirce, Bergson, Whitehead) vor allem Ernst Bloch (1885–1977), Hannah Arendt (1906–1975) und Emmanuel Lévinas (1905–1995) zu den prominentesten Vertretern einer für das Phänomen des Neuen aufgeschlossenen und sensiblen philosophischen Theorie – teils mit zugleich bewusstseinstheoretischem und ontologischem (Bloch), teils mit fundamentalanthropologischem (Arendt), teils mit ethischem Akzent (Lévinas).

Bei *Ernst Bloch* ist der Begriff des Neuen zunächst und vor allem zentraler Bestandteil einer »Theorie des Noch-Nicht-Bewußten«[32]. Dieser Begriff bzw.

[23] Ebd., 8.

[24] Vgl. als flankierende Seitenstücke zu Gronemeyers Diagnosen Konrad P. Liessmann, Die Furie des Verschwindens. Über das Schicksal des Alten im Zeitalter des Neuen, in: Ders. (Hg.), Die Furie des Verschwindens. Über das Schicksal des Alten im Zeitalter des Neuen. Wien 2000, 7–15. Ferner Reinhard Lettau, Die Fetischisierung des Neuen, in: Ders., Zerstreutes Hinausschaun, München 1980, 178–184.

[25] Vgl. z. B. Michael Hutter, Der Innovationsbegriff in der Kunst, in: Birgit Blättel-Mink u. a. (Hg.), Handbuch Innovationsforschung. Sozialwissenschaftliche Perspektiven, Wiesbaden 2021, 615–627.

[26] Vgl. z. B. Günter Kunert u. a. (Hg.), Wie halten wir es mit dem Neuen? Innovation und Restauration im Zeichen einer vergangenen Zukunft, Reinbek 1980 (Literaturmagazin 13); ferner Hans Bänziger, Augenblick und Wiederholung. Literarische Aspekte eines Zeitproblems, Würzburg 1998.

[27] Vgl. z. B. Rath, Neu, Sp. 728.

[28] Vgl. z. B. Rath, Neu; Sukale, Nichts; Seele/Wagner, Geschichte, 38–63.

[29] Vgl. z. B. Sukale, Nichts, 20–22 u. 23–37; Petersen-Falshöft, Erfahrung.

[30] Vgl. z. B. Brodbeck, Philosophie.

[31] Vgl. z. B. Ludger Heidbrink, Das Neue in der Verantwortung, in: Seele (Hg.), Philosophie, 132–149.

[32] Ernst Bloch, Philosophische Aufsätze zur objektiven Phantasie, Frankfurt a. M. 1985, 123. Eine knappe Darstellung von Blochs Theorie des Neuen bietet Jürgen Moltmann, Art. »Neu, das Neue I.«, in: HWP, Bd. 6, 1984, Sp. 726–727. Ausführlicher Johan Siebers, Art. Novum, in: Beat Ditschy u. a. (Hg.), Bloch-Wörterbuch. Leitbegriffe der Philosophie Ernst Blochs, Berlin/Boston 2012, 410–414; Siebers' Lesart zufolge besteht das Neue (qua offener Zukunft) bei Bloch »nicht in einer Differenz erzeugenden

dessen sachgemäße Interpretation erlaubt es, ja er nötigt dazu, das »Unbewußte aus der bloßen Negation zum Bewußtsein zu entfernen und deutlich Erinnerungsspur, Hoffnungsspur … darin zu unterscheiden«[33]. Recht verstanden liegt daher einzig und allein »Noch-Nicht-Bewußtes mit Novum … oben, an der Front des Bewußtseins; ein nicht erinnernd, sondern aurorisch Vorbewußtes, worin sich Neues psychisch meldet oder antizipiert«[34] – etwa im Medium der Ahnung, der Vermutung, der Erwartung, des Wunsches, der Furcht oder der Hoffnung. Bloch zieht die Linien dieser zunächst rein bewusstseinstheoretischen Bestimmung von Eigenart und Funktion des Neuen universalontologisch aus, nämlich im Dienste einer »Philosophie …, der der Mensch *und* seine Welt noch nicht fertig sind, ja, die [im Vollzug selber] *antizipiert*: das Eigentliche der Welt ist noch nicht heraus«[35]. Neuheit ist dabei definiert als »ein Wirkliches, das sich möglich macht, nicht ein Mögliches, das wirklich wird«.[36] Echtes und unechtes *novum* müssen daher unterschieden werden: Das genuin Neue ist nicht (wie bei Bergson) »der abstrakte *Gegensatz* zur mechanischen Wiederholung, sondern selber eine *Art* spezifischer Wiederholung: nämlich des noch ungewordenen totalen Zielinhalts selber, der in den progressiven Neuheiten der Geschichte gemeint und tendiert, versucht und herausprozessiert wird«[37].

Damit es, so *Hannah Arendt* unter Berufung auf und Zitation von Augustinus, etwas Neues geben kann, muss es »einen *Anfang* geben; … und diesen Anfang gab es … vor der Erschaffung des Menschen« *nicht*; damit es also »ei-

Iteration …, sondern in der Wiederholung dessen, was noch nicht ist« (Siebers, Novum, 414). Das lässt sich im Vorgriff (s. u.) paradoxdialektisch zuspitzen: Das Neue ist die Wiederholung dessen, was noch nicht ist, die Wiederholung das Neue, das schon war. Adorno hat diese paradoxdialektische Verschränkung für den Bereich des Ästhetischen, genauer für die Erfahrung des Schönen reklamiert: Alles Schöne wird demnach »wiedererkannt schon beim erstenmal: vertrautes Zitat des nie Gesehenen« (Theodor W. Adorno, Minima Moralia. Reflexionen aus dem beschädigten Leben, Frankfurt a. M. 19692, 143).

33 Bloch, Aufsätze, 126.

34 Ebd.

35 Ebd., 131 (Hervorhebung HS).

36 Bloch, Hoffnung, Bd. 1, 232.

37 Ebd., 233 (Hervorhebung HS). In Atheismus im Christentum statuiert Bloch stattdessen und ganz analog den Gegensatz von echter und unechter Eschatologie, Religion des Exodus und Wiedergeburtsglaube, letzterer als Glaube an eine bloß »verklärte, also bestenfalls wieder zum alten Paradies restituierte Natur« des Menschen (Ernst Bloch, Atheismus im Christentum. Zur Religion des Exodus und des Reichs, Frankfurt a. M. 1980, 63; vgl. ebd., 344–348). Zur Kritik Blochs in diesem Punkt sowie zur Kritik von dessen Hoffnungsmetaphysik insgesamt vgl. nach wie vor Jürgen Moltmann, Theologie der Hoffnung. Untersuchungen zur Begründung und zu den Konsequenzen einer christlichen Eschatologie, München 1966, 313–334.

nen solchen Anfang ›geben möchte, wurde der Mensch geschaffen, vor dem es niemanden gab‹ … [ante quem nullus fuit]«[38]. *Vor* der Erschaffung des Menschen war also nicht Nichts: »sondern Niemand«[39]. Was aber fängt mit dem schlechterdings Neuen, d. h. mit jenem Etwas an, das ein Jemand ist? Antwort: der Anfang oder das Anfangen selbst. Mit der Schöpfung, und in unendlicher Wiederholung mit der *Geburt* des – und jedes einzelnen – Menschen beginnt, und beginnt unaufhörlich von neuem, der »Anfang des Anfangs oder des Anfangens selbst«; denn der Mensch ist jenes einzigartige Wesen, »das selbst im Besitz der Fähigkeit ist anzufangen«[40]. Handeln, frei sein und »etwas Neues anfangen«[41] sind daher koextensive Bestimmungen: Allein deshalb, weil »jeder Mensch aufgrund des Geborenseins ein *initium*, ein Anfang und Neuankömmling in der Welt ist, können Menschen Initiative ergreifen, Anfänger werden und Neues in Bewegung setzen«[42] – kurzum, in Freiheit mit ihresgleichen umgehen, individuell und in Gemeinschaft handeln und auf die Welt sowie ihre eigenen Mitmenschen (u. a. arbeitend und herstellend) einwirken. Alles menschliche Zusammenleben, sei es ästhetisch-sinnlich, rechtlich, politisch oder moralisch bestimmt, beruht daher zuletzt auf dem »Faktum der Natalität …, der Gebürtlichkeit«[43] – so das Arendtsche Existential, das diese als bewussten Kontrapunkt zur Heideggerschen Priorisierung der Sterblichkeit qua Sein-zum-Tode gegen diesen in Stellung bringt.[44] Die beiden paradigmatischen Vollzüge, kraft derer der Mensch seiner Geburtsbestimmung entspricht, sind dabei moralischer, eben darin aber zugleich anthropologisch-ontologischer Art: das *Versprechen* und das *Verzeihen*. Beides sind die – de facto einzigen – »Modi, durch die der Handelnde von einer Vergangenheit, die ihn auf immer festlegen will, befreit wird und sich einer Zukunft, deren Unabsehbarkeit bedroht, halbwegs versichern kann«[45]. Nur im Medium des Versprechens und

[38] Arendt, Leben, 342; vgl. ebd., 248, 266 u. 271. Wichtige Parallelstellen: Hannah Arendt, Vita activa oder Vom tätigen Leben, München/Zürich 1992, 165–167 u. 230–232; Hannah Arendt, Denktagebuch 1950–1973, München, 208, 746 u. 792.

[39] Arendt, Vita, 166.

[40] Ebd.

[41] Ebd.

[42] Ebd.

[43] Ebd., 167.

[44] Vgl. zur Interpretation sowie zur – spekulativ-assimilierenden – Weiterführung dieses Arendtschen Grundgedankens Lukas Ohly, Gottesphänomene. Religionsphilosophischer Entwurf mit Husserl, Heidegger und Arendt, Tübingen 2025, Abschn. V, bes. Kap. 16 u. 19; ferner zur Einführung in aller Kürze Gronemeyer, Immer, 114–115.

[45] Arendt, Vita, 232.

der Verzeihung können Menschen, »die mit der Mitgift der Freiheit auf die Welt kommen, auch in der Welt frei bleiben, und nur in dem Maße, in dem sie gewillt sind, ihren Sinn [vergebend und verzeihend] zu ändern und neu anzufangen, werden sie instand gesetzt, ein so ungeheueres [sic] und ungeheuer gefährliches Vermögen wie das der Freiheit und des Beginnens einigermaßen zu handhaben«[46]. Wie jeder absolute Beginn ist und erscheint freilich auch der Anfang im Versprechen, Verzeihen und Vergeben bzw. deren Möglichkeit rätselhaft, ja als Wunder: Der »Glaube bewegt Berge [vgl. Mt 17,20], und der Glaube vergibt, das eine ist nicht weniger ein ›Wunder‹ als das andere«[47].

Emmanuel Lévinas‹ Theorie des Neuen kann in gewisser Weise als ergänzendes Seitenstück, genauer als Radikalisierung der Überlegungen Arendts gelesen werden. Auch hier kommt Neues im strengen Sinne erst mit der menschlichen Existenz ins Spiel: aber nicht rein subjektiv, d. h. ethisch gesprochen mit alleinigem oder jedenfalls primärem Blick auf den *Forderungs*adressaten moralischen Handelns wie bei Arendt, sondern intersubjektiv, d. h. bezogen auf das Verhältnis des Forderungs- zum genuin ›Anderen‹ als dem die unbedingte Verantwortung des Ersteren konstituierenden *Handlungs*adressaten. Lévinas zufolge sind die »Begriffe des *Alten* und des *Neuen* …, soweit sie als [bloße] Eigenschaften verstanden werden, für den Begriff des absolut Anderen nicht zureichend«; denn recht verstanden ist das »Andere als das absolut Andere … *der Andere*«[48]. Quer zu allen innerweltlichen Bezügen stiftet die Beziehung zum absolut Anderen als eines solchen jene Transzendenz, die der Verfügung der handelnden Subjekte schlechterdings entzogen bleibt und das Verhältnis von Ich und Du ganz neu, d. h. nicht nur als solches, sondern auch als gegenseitig moralisch verantwortetes bzw. unbedingt verpflichtetes und verpflichtendes konstituiert. Dabei gilt: »Nicht weil *der Andere* Neuheit ist, ›gibt er Grund‹ zu einer Beziehung der Transzendenz – sondern weil die Verantwortlichkeit für *den Anderen* Transzendenz ist, deshalb kann es Neues geben unter der Sonne.«[49]

3. »Im Französischen … gibt es zwei Wörter für die Zukunft, die sich fast nicht ins Deutsche übersetzen lassen: *futur* und *avenir*. *Futur* steht für die [bloße]

[46] Ebd., 235.

[47] Ebd., 361.

[48] Emmanuel Lévinas, Wenn Gott ins Denken einfällt. Diskurse über die Betroffenheit von Transzendenz. Übers. von Thomas Wiemer, Freiburg/München 1999, 40–41.

[49] Ebd., 41.

Fortsetzung der Gegenwart, während *avenir* auf einen radikalen Bruch verweist, eine Diskontinuität mit der Gegenwart – *avenir* ist das, was … noch kommen muss, nicht nur das, was sein wird. Hätte Donald Trump die amerikanische Präsidentschaftswahl 2020 gegen Joe Biden gewonnen, dann wäre er der ›künftige‹ [= *futur*] Präsident gewesen, nicht aber [wie im vorliegenden Fall] der ›kommende‹ [= *avenir*] Präsident.«[50] Žižek hat Recht, die beiden Ausdrücke lassen sich ›fast‹ nicht ins Deutsche übersetzen – aber eben nur fast, denn Schwierigkeiten bestehen eigentlich nur im Blick auf den zweiten Ausdruck: *Futur* ist mit Zukunft, *avenir* am ehesten mit Ankunft zu übersetzen; gemeint ist das ›Ankommende‹, Bevorstehende, Erwartete, und zwar – eben darin liegt die Pointe – im Sinne eines ›zu gewärtigend‹ Erwarteten. Zu gewärtigen aber ist alles Bevorstehende im Sinne einer unvermeidbaren, subjektiv mit Bangen und Hoffen zugleich verknüpften Doppelgesichtigkeit: Was als ein Kommendes erwartet oder gewärtigt wird, erscheint eben darin entweder als ein Bedrohliches (wie im Falle der – damals noch – bevorstehenden Wiederwahl Donald Trumps) oder als möglicherweise Rettendes. Ja, streng genommen erscheint das zu Gewärtigende stets in *beiderlei* Gestalt: Alle Hoffnung, weiß der Hoffende, kann enttäuscht werden, und doch – wo Gefahr droht, wächst das Rettende auch. *Futur* hingegen bezeichnet im Unterschied zu *avenir* ein der Gegenwart gegenüber Indifferentes: Das Zukünftige ragt als solches nicht hinein in das Gegenwärtige; es wird nicht im Modus angespannter Erwartung ›gewärtigt‹, sondern steht für dessen bloße, bestenfalls kausal bedingte Fortsetzung. Zwar ist jedes ›Ankünftige‹ auch ein ›Zukünftiges‹ (das ›nur‹ im Žižek-Zitat deutet darauf hin), aber das Umgekehrte gilt nicht. ›Neu‹ im strengen Sinne ist daher nur das im Sinne des Ankünftigen Zukünftige, nicht aber das *futurum* als solches.

Aus diesem Grundgedanken speist sich in der Sache, wenn auch nicht der Begrifflichkeit nach, die gesamte jüdisch-christliche Apokalyptik und/ oder Eschatologie von der alttestamentlichen Prophetie über Paulus bis in die Geschichte der christlichen Kirche.[51] Die Akzente sind hier freilich jeweils anders gesetzt: Jüdisches Denken versteht das (vor allem: messianisch) Neue, das als

[50] Slavoj Žižek, Haben wir eine Zukunft? in: DIE ZEIT, Nr. 03, 2023 (https://www.zeit.de/2023/03/krisen-vergangenheit-zukunft-philosophie; zuletzt eingesehen am 05.06.2025).

[51] Vgl. dazu in aller Kürze Moltmann, Neu, Sp. 725–726; Seele/Wagner, Geschichte, 40–44. Zu den einschlägigen Schriftstellen, in denen die hebräischen (מחדש, חדש) bzw. griechischen Entsprechungen (*νέος*, *καινός*) des Neuen explizit genannt werden, gehören u. a.: Num 16, 30; Ps 33, 3; Pred 1, 9; Jes 42, 9; Jes 65, 17; Jer 31, 31; Hes 11, 19; Mt 26, 28; Joh 3, 3; 2. Kor 5, 17; Eph 4, 24; 2. Petr 3, 13; Hebr 9, 15; Offb 3, 12; Offb 21, 1; Offb 21, 5.

ein Zukünftiges in jedem Augenblick bevorsteht und umgekehrt als ein kontingent Bevorstehendes stets zukünftig und unverfügbar bleibt, zugleich als Wiederholung: qua Vollendung der Schöpfung nämlich.[52] Christliche Eschatologie überbietet[53] diesen Gedanken paradox: Im Gedanken der Menschwerdung Gottes wird das als bevorstehend erwartete Zukünftige (hier: die Wiederkunft Christi als ›Anfang‹ des Reiches Gottes) auf ein historisches Ereignis der *Vergangenheit* zurückverwiesen bzw. -geworfen, wobei dieses Ereignis zugleich und paradoxerweise *ewig* sein bzw. als solches unbedingt bedeutsam sein können soll; ein Vergangenes mithin, das als ›ein für allemal entscheidend‹ gilt, weil und insofern es alle denkbare und erwartbare Zukunft gewissermaßen im Vorhinein überholt und diese, eben dadurch, zugleich depotenziert.

Im Fahrwasser dieser paradoxen Dialektik bewegen sich prominente *Theologien* des 20. und 21. Jahrhunderts, und zwar, wenig überraschend, umso selbstverständlicher, je schärfer sie die material- und fundamentaltheologisch prinzipielle Bedeutung der (hier: präsentischen) Eschatologie akzentuieren. Das ist programmatisch[54] z. B. bei *Jürgen Moltmann* (1926–2024) der Fall: Folgt man dessen *Theologie der Hoffnung* (1964), so gibt es »nur *ein* wirkliches Problem der christlichen Theologie …: das Problem der Zukunft«; denn das, was »uns in den biblischen Testamenten der Hoffnung begegnet als das Andere, als das, was wir uns nicht schon aus der gegebenen Welt und unseren schon gemachten Erfahrungen mit ihr ausdenken und ausmalen können, das begegnet uns als Verheißung eines Neuen und als Hoffnung auf eine Zukunft aus Gott.«[55] Aus dem Moment des immanent Unableitbaren schließt Moltmann zugleich, dass eschatologische Sätze philosophisch unerschwinglich sind, denn sie sagen im Modus der Verheißung etwas »überraschend Neues«, während »nur im Bleibenden und regelmäßig Wiederkehrenden … logosgemäße [sc. philosophische] Wahrheit liegen«[56] kann. Mehr noch, das durch sie Verheißene muss streng genommen in einen »*Widerspruch* zur gegenwärtig erfahrbaren

[52] Vgl. Seele/Wagner, Geschichte, 42.

[53] Den berechtigten Hinweis, dass alles Neue einen Überbietungsanspruch erhebt und damit immer auch Kampfbegriff und also polemisch motiviert ist, verdanke ich Michael Moxter und Notger Slenczka.

[54] Vgl. Moltmann, Theologie, 12: »Das Christentum ist ganz und gar (…) Eschatologie (…). Das Eschatologische ist nicht etwas am Christentum, sondern es ist schlechterdings das Medium des christlichen Glaubens, der Ton, auf den in ihm alles gestimmt ist«.

[55] Ebd.

[56] Ebd., 13.

Wirklichkeit treten«, da eschatologische Aussagen »nicht aus Erfahrungen [resultieren], sondern ... die Bedingung für die Möglichkeit neuer Erfahrungen«[57] darstellen; als solche wollen sie »nicht die Wirklichkeit erhellen, die da ist, sondern die Wirklichkeit, die kommt«[58].

Eine im Horizont des Eschatologischen profilierte (protestantische) Theologie wird allerdings bereits gut vierzig Jahre vor Moltmann von einem seiner wichtigsten theologischen Gewährsmänner entfaltet und zur Diskussion gestellt, nämlich von *Karl Barth* (1886–1968), in dessen Römerbriefkommentar in der zweiten Auflage von 1922. Im Rückgang auf die paulinischen Quellen (bes. Röm 5) entfaltet Barth sein materialeschatologisches Thema in zwei Schritten, erstens anthropologisch - der ›neue Mensch‹ -, zweitens kosmologisch - die ›neue Welt‹. Der neue Mensch ist der Mensch »des noch nicht angebrochenen, aber nahe herbeigekommenen Gottestages«[59] d. h. jeder, aber auch nur derjenige, der im und durch den Glauben an die Versöhnungstat Gottes in Christus zu *sein* vermag, was er, als Sünder nämlich, *nicht* ist: Wenn und »sofern wir es ... wagen, zu *glauben*, sind wir, was wir [qua Sünder] *nicht* sind: neue Menschen ..., die von Gott Geliebten und darum die Gott Liebenden, ... die von Gott Erwählten und darum die sich in Gott Rühmenden«[60]. *Als* neue Menschen sind wir dabei zugleich »auf die Schwelle einer neuen *Welt* gestellt«[61]. Freilich nicht in dem Sinne, als ob hier ›zwei‹ Welten nebeneinander träten (wie auch der ›alte‹ und der ›neue‹ Mensch nicht ›zwei‹ Menschen sind)«; denn es ist »immer die Möglichkeit der einen die Unmöglichkeit der andern und die Unmöglichkeit der einen die Möglichkeit der andern ... Und es ist das *Nicht*-Sein der ersten Welt, das das *Sein* der zweiten ist, gerade wie die zweite ihren Seinsgrund nur im Nicht-Sein der ersten hat«[62]. Die erste Welt ist - und sie ist diese *erste* - im *Modus* des (vom Sünder bestrittenen) Nichtseins der zweiten; umgekehrt ist die zweite im Modus des (vom Glaubenden als von Gott aufgehoben gedachten und anerkannten) Nichtseins der ersten. Welches ist oder worin besteht dann aber die neue Welt gemäß der beschriebenen Dialektik? Barths Antwort lautet: »Gottes *Reich*, Gottes *Herrschafts*- und *Macht*bezirk ist

[57] Ebd. (Hervorhebung HS).

[58] Ebd.

[59] Karl Barth, Der Römerbrief. (Zweite Fassung), hg. von Cornelis van der Kooi/Katja Tolstaja (Karl-Barth-Gesamtausgabe, Band 47), Zürich 2010, 204.

[60] Ebd., 224 (Hervorhebung HS).

[61] Ebd., 226.

[62] Ebd., 227 (Hervorhebung HS).

die neue Welt, auf deren Schwelle wir als neuen Menschen stehen. Er selbst, er allein ist's, der hier will und wählt, schafft und erlöst«[63].

Immerhin gut dreißig Jahre nach Barths Römerbriefkommentar entfaltet dessen einstiger Waffenbruder *Friedrich Gogarten* (1887–1967) das Verhältnis von Alt und Neu ebenfalls als Dialektik von neuem Menschen und neuer Welt. Dabei steht von vornherein fest, dass beides *nur* eschatologisch und d. h. zugleich im Rückgang auf die Eschatologie des Neuen Testamentes – umgekehrt dessen Kernbotschaft allein als radikal *eschatologische* – sachgemäß bestimmt und beschrieben werden kann: Dass Gott in Christus Mensch wurde, »daß er sich in diesem Christus als der Zu-Künftige, der Zukommende geoffenbart hat, das ist es, was sich in dem alles, Menschen und Welt ergreifenden Zu-Ende-gehen und Neu-werden ereignet, von dem die Verkündigung des Neuen Testaments spricht. Diese ist darum in *allem*, was sie sagt, und nicht nur in diesem oder jenem eschatologisch.«[64] Das genuin Neue, das von der neutestamentlichen Eschatologie als ein Zukünftiges bzw. ›Ankünftiges‹ (i. S. von Žižek) verkündet wird, ist dann erstens ein von Grund auf neues *Gottes*verhältnis. Es ist deshalb von Grund auf neu, »weil es nicht mehr durch die Welt bedingt ist«; Paulus hat das »auf die entschlossenste … Weise ausgedrückt mit seiner Lehre, daß der Mensch vor Gott gerechtfertigt werde allein durch den Glauben ohne des Gesetzes Werke.«[65] Aber auch das Verhältnis zur *Welt*, ja diese selbst »wird neu …: sie wird wieder zu dem, was sie ursprünglich ist, nämlich Gottes Schöpfung. Zu der Welt also, die sie ist, wenn an ihr das unsichtbare Wesen Gottes, seine ewige Kraft und Gottheit, sinngemäß wahrgenommen wird«[66].

Durchaus bemerkenswert erscheint in diesem Zusammenhang, dass beide, Barth wie Gogarten, den radikal eschatologischen Horizont theologischen Denkens zwar anthropologisch (Mensch) und kosmologisch (Welt) ausbuchstabieren, nicht aber im engeren Sinne *theologisch* (Gott). Freilich: Kann und muss bedingt durch bzw. im Glauben an das Christusgeschehen nicht auch, ja primär – wenn auch paradoxerweise – Gott selbst als ›neu‹ sich selbst bestimmend bestimmt werden? Dafür jedenfalls plädiert, zu Recht wie ich meine, u. a. Ingolf Dalferth, und zwar mit Verweis auf das bzw. den Sinn des Kreuzesgeschehen/s. Das Kreuz hat demnach nicht allein – und auch nicht primär –

[63] Ebd., 258.

[64] Friedrich Gogarten, Verhängnis und Hoffnung der Neuzeit, Stuttgart 1953, 172 (Hervorhebung HS); vgl. ebd., 170.

[65] Ebd., 171.

[66] Ebd., 171–172.

die *Welt* und darin zugleich die »*menschliche*[] Zielbestimmung«, nämlich i. S. der Bestimmung »zur Freiheit, der Freiheit zur Gottes- und Nächstenliebe«[67], verändert und auf radikale Weise neu ausgerichtet, sondern auch, und im Sinne einer notwendigen und hinreichenden Bedingung für die Möglichkeit der Neuausrichtung von Mensch und Welt, Gott *selbst*. So jedenfalls stellt sich die Sachlage aus der Perspektive des christlichen Glaubens dar: »Das Kreuz hat *Gott* verändert, und zwar so, dass dieser dort sein Wesen unwiderruflich als Liebe bestimmte«[68].

III. Das Neue: Möglichkeit und Eigenart

1. Ich stelle im Anschluss an die voranstehende Rekonstruktion der Diskursfelder, in denen der Begriff des Neuen eine tragende Rolle spielt, einige konstruktive, wenn auch zugegeben umrisshafte und streckenweise spekulative Überlegungen an- bzw. zur Diskussion – Überlegungen, die ihren Ausgang von der Beobachtung nehmen, dass der genannte Begriff innerhalb der beschriebenen Diskurse in der Regel usurpiert bzw. allzu leichthändig, nämlich primär als Analyse*medium* statt als (de facto explikationsbedürftiger) Gegenstand in Anspruch genommen wurde und wird, in dieser letzteren Hinsicht aber eigens Aufmerksamkeit verdient. Im vorliegenden Abschnitt wird es da-

[67] Ingolf U. Dalferth, Volles Grab, leerer Glaube? Zum Streit um die Auferweckung des Gekreuzigten, in: Zeitschrift für Theologie und Kirche 95 (1998), 379–409, 404.

[68] Ebd. (Hervorhebung HS). In eine ähnliche Richtung weisen Überlegungen, die jüngst Dietrich Korsch in seinen Korrekturen an Eilert Herms' Rekonstruktion der Lutherschen ›Ontologie des Werdens‹ (vgl. Eilert Herms, Luthers Ontologie des Werdens. Verwirklichung des Eschatons durchs Schöpferwort im Schöpfergeist, Tübingen 2023) angestellt hat, und zwar mit Verweis auf den irreduzibel *eschatologischen* bzw. *theologisch*-eschatologischen Horizont dieser im Kontext von Luthers Schöpfungslehre entfalteten Ontologie. Man kann Korsch zufolge vor allem jenen ›Umschwung‹, durch den, wider alle historisch-psychologische Wahrscheinlichkeit, der Auferstehungsglaube der ersten Christen zustande kommt, theologisch »nicht anders verstehen als ein Handeln Gottes, in dem Gott seine eigene schöpferische Macht erneut und endgültig ins Werk gesetzt hat« (Dietrich Korsch, Rez. zu E. Herms, Luthers Ontologie des Werdens, in: ThLZ 148 (2023), Sp. 1244–1246, 1245); dieser Umschwung ist jedoch nicht »einfach eine Wiederholung des ohnehin schon von Ewigkeit bestehenden Schöpfungswirkens«, sondern eine »neuartige, Gottes Wirken *in sich selbst* vertiefende Tat, die einerseits an seine schöpferische Macht anschließt, diese aber … zu einer letzten, auch den *Widerspruch* gegen sich selbst produktiv verarbeitenden Steigerung veranlasst« (ebd.; Hervorhebung HS). Dieser i. S. der Lutherschen nova creatio als radikale Steigerung, Selbstvertiefung, ja Selbsterneuerung zu begreifende göttliche Vollzug bringt aber – so jedenfalls verstehe ich Korsch – ein jeder Ontologie des Werdens gegenüber uneinholbares, nämlich irreduzibel eschatologisches bzw. theologisch-eschatologisches Moment zur Geltung.

bei zunächst um *Möglichkeit* und *Eigenart* des Neuen, im Folgeabschnitt um das Neue als *ethisch-religiöse* Orientierungskategorie gehen.

Ich beginne mit Verweis auf eine einschlägige Äußerung Kierkegaards (bzw. dessen Pseudonym Constantin Constantius), die – hier freilich mit dem Fokus auf der Kategorie Wiederholung – unter anderem für die Frage nach der *Möglichkeit* des Neuen aufschlussreich ist. Constantius schreibt: »Die Dialektik der Wiederholung [Gjentagelsens Dialektik] ist leicht, denn was sich wiederholt, ist gewesen, sonst könnte es sich nicht wiederholen; aber eben dies, *daß* es gewesen ist, macht die Wiederholung zu etwas Neuem [til det Nye].«[69] Kierkegaards Pseudonym spricht von Dialektik, passend wäre m. E. auch der Ausdruck Aporetik. Bei näherem Zusehen springt nämlich heraus, dass das, was die Möglichkeit der Wiederholung notwendig bedingt, zugleich für deren Unmöglichkeit einsteht bzw. hinreicht; Entsprechendes gilt dann für den Begriff des Neuen.

Zunächst: Der Ort der Wiederholung (entsprechend: der des Neuen) ist das *Bewusstsein* qua Reflexion – eine ›Wiederholung‹ ist m. a. W. nur *als solche* möglich. Johannes Climacus sekundiert dieser Beobachtung wie folgt: »Wäre auch die Welt … nichts als lauter gleich große einförmige Feldsteine, es gäbe doch keine Wiederholung«; denn »[i]ch würde in alle Ewigkeit in jedem Augenblick einen Feldstein sehen, aber ob es derselbe sei, den ich vorher gesehen, danach wäre die *Frage* nicht«[70]. Erst »[i]m Bewußtsein … ist der [mögliche] Widerspruch«[71] vorhanden, nämlich im Sinne der Frage danach, ob das Wahrgenommene bzw. unmittelbar Erkannte[72] (der Stein) – in Climacus‹ Terminologie: die ›Realität‹ – *dasselbe* (= ›Idealität‹) sei wie das, bzw. eine Wiederholung des

[69] 5/6, 22 (Hervorhebung HS). Kierkegaardverweise hier und im Folgenden nach: Sören Kierkegaard, Gesammelte Werke. Übers. und hg. von E. Hirsch, H. Gerdes und H. M. Junghans. 36 Abtlg. in 26 Bdn. + Registerbd., Düsseldorf/Köln 1950–69 (zit. nach Abt.- und Seitenzahl, z. B. 11/12, 34); Deutsche Søren Kierkegaard Edition, Bd. 1–7 (von 11). Übers. und hg. von H. Anz/N. J. Cappelørn/ H. Deuser/ J. Grage/H. Schulz, Berlin/New York 2005–2021 (zit. nach Bd.- und Seitenzahl; z. B. DSKE 4, 75–76); Die Tagebücher. Übers. und hg. von H. Gerdes. Bd. 1–5, Düsseldorf/Köln 1962–74 (zit. nach T + Bd.- und Seitenzahl, z. B. T 2, 143). Zur Interpretation der oben zitierten Stelle im Detail vgl. Heiko Schulz, Aneignung und Reflexion II.: Studien zur Philosophie und Theologie Søren Kierkegaards, Berlin/Boston 2014, Kap. 5, bes. 138–142. Eine konzise Einführung in die Problemstellung und Pointen der Wiederholungsschrift insgesamt bietet Gronemeyer, Immer, 49–74; vgl. ferner Ryan Kemp, Repetition, in: Steven M. Emmanuel u. a. (Hg.), Kierkegaard's Concepts, Tome V: Objectivity to Sacrifice, Farnham 2015 (Kierkegaard Research: Sources, Reception and Resources, vol. 15), 225–230.

[70] 10, 158 (Hervorhebung HS).

[71] Ebd.

[72] Vgl. zur Parallele von ›unmittelbarer Sinneswahrnehmung‹ und ›unmittelbarer Erkenntnis‹ ebd., 77–78.

zuvor Gesehene/n; m. a. W., ob Realität und Idealität konvergieren können bzw. faktisch konvergieren. Der, und zwar einzig denkbare Ort für die Genese und Beantwortung dieser Frage ist das Bewusstsein. Daher kann es Kierkegaard zufolge weder in der Realität noch in der Idealität als solcher Wiederholungen geben, vielmehr einzig und allein unter Bedingung und im Modus jenes mentalen Aktes, der beides reflexiv - und d. h. immer auch: potentiell zweifelnd - ins Verhältnis setzt. Der kritische oder aporetische Punkt ist nun, dass dieser mentale Akt genau dann, wenn er die genannte Frage, nämlich im Medium des Glaubens, *affirmativ* beantwortet, dasjenige de facto zunichtemacht, was er gerade sicherstellen sollte: die Faktizität und/oder Möglichkeit der Wiederholung. Denn eine Wiederholung *als solche* zu konstatieren, verändert das dem Anspruch nach unverändert Wiederholte und macht es eben dadurch zu einem Neuen.[73]

Wenn nun das Bewusstsein, *dass* es sich im gegebenen Fall um eine Wiederholung handelt, deren Möglichkeit bzw. mögliche Wirklichkeit gerade zunichtemacht, dann scheint sich daraus im Dienste einer *Restituierung* dieser Möglichkeit die Forderung auf den Verzicht zu ergeben, eine Wiederholung ›als solche‹ zu denken. Wiederholung im strengen Sinne könnte demnach ein X (allerdings auch *nur* ein X) sein, dessen sich niemand *als* Ausdruck einer Wiederholung *bewusst* wäre. Aber eine solche Verzichtsforderung ist offenkundig unsinnig: Entweder nämlich stellt das Bewusstsein eine Wiederholung *als solche* vor - oder es stellt nichts, jedenfalls keine *Wiederholung* vor.

Ein ähnlich aporetisches Schicksal ereilt nun aber umgekehrt, und zwar aus eben demselben Grund, die Erfahrung bzw. Behauptung des *Neuen*: Denn so wie das Dass der Wiederholung das Neue ist, ebenso liegt im Dass des Neuen eine Wiederholung. Auch Neues ist ja nur *als solches* denk- und aussagbar, während die Behauptung eines gänzlich unentdeckten bzw. ›unbekannten Neuen‹ auf eine contradictio in adjecto hinausliefe; denn es gibt kein Neues ohne Zeugen.[74] So gesehen aber ist und bleibt das Neue im strengen, d. h. un-

[73] Ein Neues, das zumindest auf der Ebene des Ästhetischen unerwünschte Wirkungen zeitigt: nämlich im Sinne der ernüchternden Erfahrung, dass die bewusste Wiederholung eines Genusserlebnisses in der Regel scheitert. Diesem Nachweis dient das (ironische) Selbstexperiment, das Constantin Constantius auf und mit seiner Reise nach Berlin durchführt: vgl. 5/6, 23–50; zur Interpretation Gronemeyer, Immer, 49–62. Binnenästhetische Strategien, die i. S. der antiken Maxime ›variatio delectat‹ den beschriebenen Konsequenzen meinen entgehen zu können, skizziert die ›Wechselwirtschaft‹ in Kierkegaards Entweder/Oder I: vgl. 1, 301–321; dazu in Kürze Gronemeyer, Immer, 65–67.

[74] Ich habe an anderer Stelle mit Blick auf Möglichkeit und Eigenart von Ereignissen eine ähnliche These vertreten: vgl. Heiko Schulz, Ereignis, bes. 111–112; zur Dialektik von Wiederholung und Neuem vgl. ebd., 110–111.

dialektisch-absoluten Sinn »vollständig unausdrückbar«[75]; mehr noch, es wäre unter den geschilderten Bedingungen kein möglicher Gegenstand von Sprache und Bewusstsein und in diesem Sinne gar nicht vorhanden. Ohne Zeugen, so mag man in Erinnerung an Pred 1,9 formulieren, geschieht nicht nur nichts *Neues* unter der Sonne; es *geschieht* streng genommen überhaupt nichts.

Vor diesem Hintergrund bleiben drei und *nur* drei Optionen: eine eliminativistische, eine dialektische, eine paradoxe bzw. paradox-dialektische. Die erste läuft auf bloßen Revisionismus, wenn nicht auf epistemisches Harakiri hinaus: Die Möglichkeit des Neuen (entsprechend: der Wiederholung) wird hier schlicht geleugnet, damit zugleich aber der Sprach- und Erkenntnisgemeinschaft jener Gewalt angetan, die die beiden Begriffe erfolgreich, d. h. verständigungsfunktional zu benutzen imstande sind. Die zweite Option erscheint prima facie plausibel, ja sie ist de facto unverzichtbar. Es hat sich ja gezeigt, dass das Verhältnis des Neuen zum Wiederholten aus erkenntnis- bzw. bewusstseinstheoretischer Perspektive in der Tat dialektisch zu bestimmen ist: Das Neue ist ein X als Dass seiner Wiederholung, die Wiederholung ein X, dessen Dass seine Neuheit konstituiert. Die Folge ist freilich, dass die Möglichkeit eines *absolut* Neuen (und/oder Einmaligen) bzw. die einer *absoluten* Wiederholung bestritten werden muss. Außerdem kommt diese Option, wie sich im Folgeabschnitt zeigen wird, aus ethisch-religiöser Perspektive einer vorschnellen Verkürzung gleich. Wer unter diesen Umständen der dritten, unter beiden Gesichtspunkten m. E. einzig sachgemäßen Option zuzustimmen geneigt ist, bezahlt dafür allerdings einen hohen Preis: Die Zustimmung lebt u. a. von der Bereitschaft, mit der realen Möglichkeit paradoxer Sachverhalte zu rechnen.

2. Damit stehen wir vor der Frage nach der *Eigenart* des Neuen. Dabei scheint erstens und in formaler Hinsicht ratsam, ein im Sinne der oben beschriebenen Dialektik ›relatives‹ von einem genuin paradoxen oder ›absoluten‹ Neuen zu unterscheiden, wobei zweitens – so die These – dessen paradigmatischer Ort das Ethisch-Religiöse ist. Drittens kommt bezüglich des letzteren, und nur um dieses soll es im Folgenden gehen, der hier vertretenen Auffassung Ernst Bloch mit einer These am nächsten, die bereits oben zitiert wurde: Das Neue ist, modaltheoretisch paradox, »ein Wirkliches, das sich möglich macht, nicht ein

[75] So Paul Valéry: ›Ich grase meine Gehirnwiese ab.‹ Paul Valéry und seine verborgenen Cahiers, hg. von Thomas Stölzel, Frankfurt a. M. 2016, 122.

Mögliches, das wirklich wird«[76]. Bevor ich der eigentümlichen Paradoxie nachgehe, die Blochs Satz, jedenfalls nach meiner Lesart, impliziert, will ich kurz erläutern, in welchem Sinne ich (nicht nur) hier von Paradoxie spreche.[77]

Orientiert man sich am faktischen Sprachgebrauch, so ist zunächst eine schwächere von einer stärkeren Verwendung des Paradoxbegriffs zu unterscheiden.[78] Erstere favorisiert den Vorschlag, das Paradoxe als das Unerwartete bzw. Unwahrscheinliche zu denken. Der Vorschlag ist uneindeutig, denn beide Begriffe sind nicht koextensiv. Erstens ist nicht alles Unerwartete ein Unwahrscheinliches (wobei die semantische Zusatzkomplikation, die sich aus der Mehrdeutigkeit des Wahrscheinlichkeitsbegriffs ergibt, an dieser Stelle auf sich beruhen soll). Peter mag z. B. vom Eintreffen eines Gewitters überrascht sein: Er hatte nicht damit gerechnet, glaubte also, sein Eintreffen sei unwahrscheinlich (zumindest glaubte er nicht, es sei wahrscheinlich); de facto aber war es von Seiten der Meteorologen als höchst wahrscheinlich prognostiziert worden. Aus demselben Grund - der Diskrepanz von Ereigniswahrscheinlichkeit und Glaube - trifft freilich auch das Umgekehrte zu: Ein von den Meteorologen als höchst unwahrscheinlich prognostiziertes, von Peter aber mit Gewissheit erwartetes Unwetter trifft faktisch ein. Vor dem Hintergrund dieser doppelten Diskrepanz von Faktum und Erwartung fällt die Entscheidung nicht leicht, welcher semantisch aufsteigenden Reihung (von schwächer zu stärker) hier der Vorzug gebührt; da diese Entscheidung jedoch für die nachfolgenden Überlegungen ohne Belang ist, kann die Einteilung rein stipulativ erfolgen. Demnach gilt: (a) Alles Paradoxe ist ein *Unerwartetes* (= schwache Lesart); (b) Alles Paradoxe ist ein *Unwahrscheinliches* (= mittlere Lesart); (c) Alles Paradoxe ist ein Unerwartetes *und* Unwahrscheinliches (= starke Lesart).

Auch Lesart (c) bleibt freilich noch unterhalb und diesseits des Paradoxbegriffs im *strengen* Sinne. Dieser gewinnt sein spezifisches Profil aus der Abgrenzung vom Begriff des logischen *Widerspruchs*. Michael Huemer wendet sich in diesem Zusammenhang mit Recht gegen eine Auffassung, die beides

[76] Bloch, Hoffnung, 1959, Bd. 1, 232. Dass meine nachfolgende, an diesen drei Punkten orientierte Explikation des Neuen phänomenologisch nicht erschöpfend ist und sein kann, bitte ich strafmildernd in Rechnung zu stellen. Z. B. hat mich Friedhelm Hartenstein gesprächsweise auf einen weiteren, sowohl psychologisch wie zeittheoretisch beziehungsreichen Grundzug aufmerksam gemacht: Das Neue ist (und wird erlebt als) das *Plötzliche*.

[77] Vgl. zur Paradoxfigur im Detail Michael Huemer, Paradox Lost. Logical Solutions to Ten Puzzles of Philosophy, London 2018, vor allem 1-3.

[78] Ich übernehme hier und im Folgenden einen Passus aus Heiko Schulz, Paradox, Geheimnis, Wunder, in: Ders. u. a. (Hg.), Handbuch Religionsphilosophie. Geschichte - Konzepte - Kontroversen, Stuttgart 2025, 563-586.

identifiziert:[79] Die Seinsart des letzteren, d. h. des logischen Widerspruchs, ist zwar ebenfalls der Schein; denn es ist kein Widerspruch denkbar, der nicht – und zwar *als solcher* – erscheint oder bewusst wird. Entscheidend ist aber, dass der logische Widerspruch im *Gegensatz* zum Paradox allein und *ausschließlich* als scheinhafter, nicht aber unabhängig von seinem Erscheinen, auftreten bzw. als auftretend gedacht werden kann. Wäre im Gegenteil beides koextensiv, würde dies zu der ›eliminativistischen‹ Schlussfolgerung nötigen, »dass es keine Paradoxe *gibt*, da Kontradiktionen notwendig falsch sind«[80].

Wenn aber einerseits die Reduktion des Paradoxen auf das logisch Widersprüchliche unzulässig ist; und wenn Ersteres andererseits durch eine Situation bestimmbar sein soll, in der wir scheinbar zwingende Gründe für eine logisch kontradiktorische oder auf andere Weise absurde Schlussfolgerung haben, dann widersprechen sich beide Auskünfte ihrerseits nur dann nicht, wenn angenommen wird, dass das Paradox seine Eigenart bzw. den Grund seines Bestehens in der besonderen Qualität eben jenes Scheins selber hat: Im Unterschied zur intrinsischen, d. h. notwendigen, ergo unaufhebbaren Scheinhaftigkeit dessen, was *kontradiktorische* Sätze fälschlicherweise als Sachverhalt auszusagen beanspruchen, ist jener Schein von Widersprüchlichkeit, der dem Paradox anhaftet, als *kontingenter, transitorischer* und prinzipiell *aufzulösender*, letzteres selber mithin als spezifische Form von Rätsel (*puzzle*) zu denken. Das Paradox ist demnach (a) ein *allem Anschein nach* Widersprüchliches, bezüglich dessen freilich (b) nicht nur vorübergehend, sondern permanent und prinzipiell, d. h. unter (wie immer spezifizierbaren) humanen Erkenntnis- und Rationalitätsbedingungen, unentscheidbar bleibt, ob dieser Schein *trügt* – oder eben nicht, so dass der als paradox identifizierte propositionale Gehalt einer Aussage keinen möglichen Sachverhalt anzeigt.[81]

Im Gegensatz dazu würde ein zu Recht als paradox identifizierter *Sachverhalt* (a) tatsächlich bestehen, ohne dass (b) der Grund der *Möglichkeit* seines Bestehens vernünftig einsehbar wäre. Ferner würde er (c) *als solcher*, d. h. *als* paradoxer bestehen bzw. erscheinen, ohne dass (d) die Möglichkeit bestünde, eben *dies* zweifelsfrei zu verifizieren. Zugespitzt formuliert: Paradox kann eine Aussage X bzw. das durch X Bezeichnete nur dann sein, wenn zweifelhaft ist und bleiben muss, *ob* X in die Klasse des durch X Bezeichneten fällt. Zwar tritt

[79] Vgl. Huemer, Paradox, 1.

[80] Ebd. (Hervorhebung HS).

[81] Vgl. in diesem Sinne auch James Anderson, Paradox in Christian Theology. An Analysis of its Presence, Character, and Epistemic Status, Milton Keynes 2007, 5.

kein Paradox ohne den *Schein* des Paradoxalen auf: Paradoxa sind nur *als solche* möglich, und diese Eigenschaft teilen sie mit logischen Widersprüchen. Aber im Unterschied zum Paradox existiert alles Widersprüchliche nicht nur im Medium seines *Erscheinens* - sondern seines Erscheinens *allein*. Demgegenüber hat das Paradox seinen logischen Ort *zwischen* dem Seinsbereich dessen, was *un*möglicherweise außerhalb seines Erscheinens wirklich sein kann (das logisch Widersprüchliche), und all dem, was diese Möglichkeit zulässt oder von sich her *einschließt* (alles logisch Nichtwidersprüchliche). Das Paradox steht hier in der Mitte, insofern es als ein ›Quasi-Widersprüchliches‹, d. h. als eine Entität erscheint, von der offenbleibt und bleiben muss, ob es *außerhalb* seines Erscheinens als ein so (nämlich quasi-widersprüchlich) Bestimmtes wirklich ist und/oder sein kann oder nicht.

3. Inwiefern wird nun mit der zu Beginn dieses Abschnitts zustimmend zitierten These Ernst Blochs ein Paradox im beschriebenen Sinne statuiert? Nun, Bloch scheint, zumindest für den Fall des Neuen, einer Inversion der aristotelischen Modaltheorie zu folgen, und zwar zugunsten der megarischen.[82] Laut Aristoteles gilt bekanntlich: Alles, aber nicht nur das Wirkliche ist bzw. war möglich; denn einiges Mögliche wurde nicht wirklich.[83] Die Megariker halten dagegen: Alles und nur das Wirkliche ist bzw. war möglich - es ist kein Mögliches denkbar, das nicht wirklich wurde, und kein Wirkliches, das unmöglich war. Für den Fall des Neuen - und den m. E. analogen Fall des Ereignisses[84] - schlage ich mich auf die Seite der Megariker: Nur das (aber nicht alles, s. u.) Wirkliche war möglich. Mit Aristoteles und gegen die Megariker behaupte ich, dass einiges Mögliche nicht wirklich wurde. Und in einem Punkt liegen, zumindest theologisch geurteilt, beide falsch: Nicht alles Wirkliche ist bzw. war möglich, denn einiges Wirkliche war unmöglich (z. B. das Wunder).[85] Von die-

[82] Vgl. zur Orientierung den nach wie vor instruktiven Artikel von Nicolai Hartmann (Der Megarische und der Aristotelische Möglichkeitsbegriff, in: Ders., Kleinere Schriften, Bd. 2, Berlin 1957, 85–100), der die megarische Theorie zu rehabilitieren versucht. Ansätze zu einer Aristoteleskritik in diesem Punkt finden sich bereits bei Schelling; vgl. z. B. dessen in der Paulusnachschrift der *Philosophie der Offenbarung* überlieferte Äußerung, wonach es »Dinge [gibt], deren Möglichkeit erst durch ihre Wirklichkeit eingesehen wird« (hier zit. nach einer Anmerkung E. Hirschs in Kierkegaards Brocken (Anm. 174 in 10, 186)). Aufschlussreich in diesem Sinne auch Arendt, Leben, 268–269.

[83] Vgl. z. B. Met. 1045 b 27 - 1051 a 33.

[84] Nach meinem Verständnis sind die Begriffe Ereignis und Neues koextensiv: Jedes Ereignis ist ein Neues, und umgekehrt. Vgl. dazu Schulz, Ereignis, 109–110.

[85] Denn das Wunder ist, seinem Begriff nach, die Wirklichkeit des Unmöglichen (vgl. Schulz, Nur

ser letzteren Art ist auch das Paradox, im vorliegenden Fall: das absolut Neue, in dem als einem solchen, ebenso wie in dem des Ereignisses, eine Wirklichkeit sich zur Darstellung bringt, die paradoxerweise ihre eigenen Möglichkeit bedingt und in diesem Sinne ein ›Unmögliches‹ wirklich werden lässt.[86] Was das in concreto bedeutet, möchte ich im folgenden Abschnitt im Blick auf das diesbezüglich paradigmatische Feld des Ethisch-Religiösen zeigen.

IV. Die ethisch-religiöse Dimension: Das Neue als unbedingter Anfang im Entschluss

1. Man kann die Bedeutung sprachlicher Ausdrücke nicht selten durch vergleichende Bezugnahme auf benachbarte oder aber auf Kontrast- oder Reflexionsbegriffe präzisieren, und das gilt auch im vorliegenden Fall. Im Blick auf – erstens – den *Ereignis*begriff habe ich mich dazu im Sinne eines Votums für die Koextensitivität beider Termini bereits en passant geäußert.[87] Wenn nun, wie zuvor ausgeführt, das Neue nichts anderes oder nicht anders ist denn als das Dass der Wiederholung, dann folgt daraus, dass es »keine *einmaligen* Ereignisse [= das Neue] und keine Wiederholung *desselben*«[88] gibt. Unter dieser Voraussetzung aber muss – zweitens – das *Einmalige* vom Neuen unterschieden werden: Weder ist alles Neue einmalig noch alles Einmalige neu. Ohnehin ist der Reflexionsbegriff zu ›das Neue‹ streng genommen nicht ›das Wiederholte‹, sondern ›das Alte‹ (sc. das Gewohnte, unverändert Fortgesetzte, Tradierte o. ä.), ebenso wie ›das Wiederholte‹ eigentlich dem ›Einmaligen‹ entspricht. Die Korrelation von Neues/Wiederholtes verdankt sich m. E. der naheliegenden, wenngleich durchaus missverständlichen Konnotation von ›neu‹ und ›*erst*malig‹. Das Neue wäre demnach nicht das Einmalige, sondern das Erste – im Gegensatz zum bloß Wiederholten.

das Unglaubliche), wobei ›unmöglich‹ hier nicht logisch, metaphysisch und/oder theologisch zu verstehen ist, sondern physisch, ethisch und phänomenologisch.

[86] Christoph Levin definiert das Neue als das »Nie Dagewesene[]« (hier zit. nach Friedhelm Hartenstein, im vorliegenden Band, S. 4). Die Definition scheint mir sachgemäß – jedenfalls dann, wenn man sie paradoxdialektisch im obigen Sinne expliziert: Neu ist das Nie Dagewesene, d. h. all das und nur das, was erst und allein dadurch, dass es sich ereignete, da war und da sein konnte. Alles Neue ist als ein Nie-Dagewesenes bzw. als ein Nie-dagewesen-sein-Könnendes da.

[87] Selbst in diesem Fall liegt m. E. allerdings keine strenge Synonymie vor, deren Bedingungen bekanntlich nur dann erfüllt sind, wenn in einem konstativen Satzgefüge die fraglichen Ausdrücke salva veritate ausgetauscht werden können (z. B. ›Martin Heidegger‹ durch ›der Verfasser von Sein und Zeit‹).

[88] Schulz, Ereignis, 110.

Diese letztere Konnotation gibt nun deswegen Anlass zu Missverständnissen, weil die Idee des Ersten oder Erstmaligen, ob zu Recht oder Unrecht, dazu verleitet, das Neue mit dem *Anfänglichen* zu identifizieren. Aber rein begrifflich ist *kein* Anfang ein Neues: Alles Neue setzt, wie wir gesehen haben, de facto ein ›Altes‹ voraus, im Verhältnis zu dem es als ein Wiederholtes erscheint. Der Anfang aber setzt, als ein Erstes, per definitionem *nichts* voraus: Anfang *sein* (für Anderes nämlich) kann nur, was keinen Anfang *hat*. Immerhin, der Anfang *ist* zwar nicht selbst, aber er *setzt* offenbar Neues. Denn er setzt oder schafft oder tut etwas - und zwar als ein solches, das (unter anderem) eben dies, nämlich sein eigenes Gesetztwordensein voraussetzt; genau das aber war die Bestimmung des Neuen gemäß der im vergangenen Abschnitt beschriebenen Dialektik: Das Neue ist das Dass der Wiederholung. So bestimmt aber kann kein Neues Anfang sein oder anfangen.[89]

Trifft dies zu, dann erscheint allerdings die folgende Journalnotiz Kierkegaards von 1850 rätselhaft: »Die Bedingung für die Rettung eines Menschen ist der Glaube daran, dass es überall und in *jedem* Augenblick absoluten *Anfang* [absolut *Begyndelse*] gibt«[90]. Christlich verstanden soll aus Kierkegaards Sicht mit der geistigen oder geistlichen ›Rettung‹ eines Menschen (d. h. mit dessen Bekehrung) offenbar ein Anfang als *Neu*anfang bzw. umgekehrt ein Neues möglich sein, das zugleich einen, und zwar absoluten *Anfang* markiert. Das scheint paradox und bedarf als solches der Erläuterung.

2. Folgt man der von Kierkegaard gelegten Spur, dann lässt sich die Möglichkeit eines im beschriebenen Sinne paradoxen Neuanfangs, d. h. eines Neuen, das *zugleich* einen absoluten Anfang markiert, auf paradigmatische Weise im Bereich des Ethisch-Religiösen verorten. Meine Doppelthese lautet dementsprechend: (a) Der Sitz im Leben des Neuen ist das *Ethische* bzw. Ethisch-Religiöse. (b) Dort, und möglicherweise nur dort fällt die Extension des Begriffs - paradoxerweise - mit der des absoluten *Anfangs* zusammen.

Mein tentativer Begründungsversuch setzt ex negativo an, und zwar im Rückgang auf eine i. S. Wittgensteins grammatische Bemerkung über den Be-

[89] Vor diesem Hintergrund scheint im Übrigen durchaus folgerichtig, dass laut biblischer Überlieferung Gott ›am *Anfang*‹ schuf (vgl. Gen 1,1), während erst am Ende »alles *neu*« (Offb 21,5; Hervorhebung HS) sein wird - wobei das Neue, theologisch gesprochen, als ein den Anfang im Sinne einer transzendenten, d. h. jedes Begreifen sistierenden Vollendung unendlich überbietendes Ende zu denken ist. Allem Anfang wohnt ein Zauber, allem Zauber eine Verheißung und aller Verheißung eine radikale Verwandlung - in der Hoffnung auf ein Neues qua Vollendung - inne.

[90] DSKE 7, 30 (Hervorhebung HS); vgl. auch T 5, 307.

griff des moralischen *Übels*, die ich bereits an anderer Stelle geäußert habe:[91] Man kann das moralische Übel ›verüben‹, d. h. Böses tun, oder es ›unterlassen‹, aber man kann es nicht zulassen oder verhindern. Was an Übel zugelassen oder verhindert werden kann (= das physische Übel), hört eben dadurch auf, *moralisches* Übel zu sein. Selbst Gott kann nicht das Böse, als solches, er kann allenfalls physische Übel zulassen. Wollte man ihn z. B. dafür zur Rechenschaft ziehen, dass er ›Auschwitz zugelassen‹ habe, so wäre das allenfalls im Blick auf das Leiden der Opfer möglich, nicht aber im Blick auf das Vergehen der Täter. Daraus folgt aber, dass ein Mensch, den man schuldig spricht, zugleich, ja streng genommen primär dafür schuldig gesprochen wird, *schuldig* geworden zu sein bzw. sich schuldig gemacht zu haben. Der Betreffende ist dann, sofern er zu Recht beschuldigt wird, nicht nur ›schuldig an X‹, sondern zugleich ›schuldig daran, schuld an X zu sein‹, oder kurz: schuld zu sein am (eigenen) Schuldigwerden.

Der ›absolute Anfang‹, von dem Kierkegaard spricht, bezeichnet nun m. E. nichts Anderes als jenen Bewusstseinsakt, mittels dessen sich ein im beschriebenen Sinne schuldig Gewordener die eigene Schuld – damit zugleich aber: die absolute ›Selbstanfänglichkeit‹ im eben beschriebenen Sinne – *zueignet*; d. h. er bezeichnet den Akt der *Reue* (christlich: des Sündenbewusstseins). Freilich: zueignet – und eben dadurch zugleich *aufhebt*; denn so wie jede Schuld in deren Leugnung ihr Ent- und Bestehen hat, ebenso wird sie im Moment und kraft ihrer Selbstaneignung aufgehoben.[92] Hier wird also ein radikaler Neuanfang gemacht, indem sich der Betreffende mit einer ›Ur-Anfänglichkeit‹ identifiziert, über deren Möglichkeit und Grund er streng genommen nichts weiß und nichts wissen kann, für die er aber im Medium des Schuldbewusstseins uneingeschränkte Verantwortung zu übernehmen bereit ist.

Es lohnt sich, eine rekonstruierende Annäherung an diesen metaphysisch und epistemisch in der Tat schwer greifbaren Vorgang aus ergänzender, nämlich psychologischer Perspektive zu unternehmen: Ein ›Neuanfang‹ der beschriebenen Art fällt dem Betroffenen psychologisch bekanntlich deshalb so schwer, weil der erste Teil des Weges, von dem er glaubt, ihn nunmehr einschlagen zu sollen, darin besteht, bis zu dem, ja strenggenommen bis *hinter* den Punkt zurückzugehen, an dem er sich für den nach eigenem Dafürhalten fal-

[91] Vgl. Heiko Schulz, ‹Das Übel existiert.‹ Die dritte Prämisse des Theodizeeproblems als philosophische und theologische Herausforderung, in: Elisabeth Gräb-Schmidt/Martina Kumlehn (Hg.), Marburger Jahrbuch XXXV: Das Böse, Leipzig 2024, 56–85.

[92] Vgl. dazu die einschlägigen Überlegungen des Gerichtsrates in Kierkegaards Entweder/Oder II: 2/3, 229–255, bes. 239.

schen Weg entschied; den Punkt also, an dem er, wie sich ihm in der Retrospektive nahelegt, noch die ›freie Wahl‹ hatte, den richtigen Weg einzuschlagen.

Kierkegaards Pseudonym Johannes Climacus wählt im Kontext einer Beschreibung jenes reuevollen Bedauerns, das einen jungen Mann heimsucht, der glaubt, Schuld dadurch auf sich geladen zu haben, dass er ein unrechtmäßiges Eheversprechen gab, eine in unserem Zusammenhang beziehungsreich doppeldeutige Formulierung: Der Betreffende ›vil gjøre det om‹[93]. Dieser Ausdruck kann sowohl besagen, dass er (a) sein als schuldhaft bereutes Ehegelöbnis ›*ungeschehen* machen‹, wie (b), dass er alles ›*noch einmal* machen‹, d. h. ganz von vorn beginnen will - so nämlich, als hätte das Versprechen nie existiert. Dieser auf den ersten Blick widersprüchliche Doppelsinn von ›gøre om‹ (etwas ungeschehen machen / etwas wiederholen) entpuppt sich bei näherem Zusehen als ebenso sinnig wie prägnant - denn es geht hier, d. h. im Falle der Reue und ihrer paradoxen Macht zum Neuanfang, in der Tat um beides: Etwas soll ›noch *einmal*‹ getan bzw. wiederholt werden, aber so, als sei das Wiederholte *als* eines, das den Wunsch hervorrief, es *ungeschehen* zu machen, nie gewesen, um stattdessen und in diesem Sinne ›ganz *von vorn* zu beginnen‹. Neu anfangen hieße demnach, ohne den - nunmehr als vergeblich erkannten - *Wunsch,* neu anzufangen, anzufangen. Es wäre gleichbedeutend damit, etwas zu *wollen,* und zwar so zu wollen, dass der Wollende vor und für sich selber imstande wäre auszuschließen, dass er sein Wollen jemals wieder bereuen müsste. Kurzum, der Anfang ist ethisch gesehen ein Entschluss, der ›im Vorhinein‹ - und d. h. zugleich ein für alle Mal - die Möglichkeit seines eigenen Widerrufenwerdenmüssens aufhebt, oder positiv ausgedrückt: ein Entschluss, dessen Vollzug die Bedingungen restituiert, unter denen er selber zustande kam.[94] Von genau dieser Art ist aber (unter anderem) der Entschluss der Reue, der auf paradoxe Weise eben dieselben Anfangsbedingungen restituiert, deren schuldhaften Verlust er sich selbst illusionslos in Rechnung stellt.

In diesen Befund lässt sich, an einem abschließenden Beispiel veranschaulicht, zugleich ein prinzipielles Strukturmoment menschlicher *Freiheit* einzeichnen, ein Moment also, das dieser *ursprünglich* und d. h. bereits diesseits jeder schuldhaften Selbstaufhebung zugeschrieben werden muss. Denken wir uns einen Alkoholiker, der ein Glas Whiskey vor sich stehen hat und in einem Moment der Hellsicht beschließt, das Trinken aufzugeben. Würde er das Glas

[93] 16/1, 261; H. M. Junghans übersetzt missverständlich: ›es zu verändern‹.

[94] In diesem Sinne markiert auch Gottes Entschluss, die Welt zu erschaffen, einen Anfang.

dennoch leeren, verbunden mit der Beteuerung ›dies wird mein *letzter* Drink gewesen sein‹, so würde dieses Verhalten ihn selbst ebenso wie den genannten Entschluss Lügen strafen; anders im Falle der abstinenzbegleitenden Aussage ›dies ist der erste Drink, den ich *nicht* getrunken haben werde‹.[95] Wo liegt der Unterschied? Nun, im ersten Fall besteht, in Kierkegaards Diktion, ein Widerspruch zwischen Zustand und Übergang, im zweiten nicht.[96] Im ersten Fall liegt, anders gesagt, in Wahrheit gar kein *Entschluss* vor, jedenfalls nicht der Entschluss, das Trinken aufzugeben; denn der Entschluss [= Übergang] müsste erstens selber von der Art [= Zustand] sein, *wozu* er sich entschließt: Man kann trivialerweise nicht im Medium des *Weitertrinkens* mit dem Trinken aufhören, sondern nur im Medium jenes (unentwegt neu ratifizierbaren bzw. wiederholungsbedürftigen) Entschlusses, der de facto dasjenige bereits selber vollzieht, *wozu* er sich entschließt bzw. entschlossen hat. Und der Entschluss müsste zweitens *frei* genannt werden dürfen; und das besagt hier (nicht ausschließlich, aber unter anderem), dass er kraft eigenen Vollzuges zugleich die Bedingungen für dessen Wiederholbarkeit, *als* eines frei vollziehbaren nämlich, konstituiert. Das Neue fällt hier folglich mit derjenigen Wahl eines Handlungsvollzuges zusammen, die zugleich die Bedingungen ihres eigenen (nämlich freien) Zustandekommens restituiert; eine Wahl, die m. a. W. die Wiederholbarkeit ihrer selbst will und wollen kann.[97]

3. Ich deute in aller Kürze die Kehrseite dieses Befundes an, nämlich mit Blick auf das Phänomen des *Bösen* bzw. der Sünde und deren Verhältnis zum Neuen. Kierkegaard spricht in der Angstabhandlung (1844) von der »tiefsinnige[n] Folgerichtigkeit« jener Erklärung des Sündenfalls, wonach »die Sünde sich selbst voraussetzt«[98]. Was er damit meint, ist zunächst nur dies: Im ›Fall‹ Adams ist »durch [numerisch] *eine* Sünde *die* Sünde [als Qualität] in die Welt gekommen«[99]; die Sünde ist, anders gesagt, »auf die Art in die Welt gekommen …, daß sie, *indem* sie [qua singulärem Ereignis des Sündenfalls] ist, *vorausge-*

[95] Vgl. Daniel Schreiber, Nüchtern. Über das Trinken und das Glück, Frankfurt a. M. 2021, 64.

[96] Vgl. 11/12, 116: »[A]llein im Guten ist Einheit von Zustand und Übergang«.

[97] Vgl. dazu das im ›griechischen Geist‹ entworfene Gedankenexperiment zur ursprünglichen Freiheit des Menschen und deren Verlust, das Johannes Climacus in einer Fußnote der Brocken zur Diskussion stellt: 10, 14.

[98] 11/12, 29.

[99] Ebd. (Hervorhebung HS).

setzt ist«[100] (als weltinfizierende Qualität nämlich) - und in diesem Sinne kann man auch sagen, dass sie sich selbst voraussetzt.

Man kann die zitierte Formulierung aber auch anders lesen, und zwar auf mindestens zweierlei Art, wobei ich unterstelle, dass Kierkegaard beiden Lesarten zustimmen würde. Erstens: Im Sünden*bewusstsein* bzw. in und für dessen *Subjekt* setzt die Sünde sich selbst voraus (›ich *selbst* war schuld, und nur was *Schuld* ist, war ›ich‹‹). Diese Lesart ist an sich bzw. theologisch von nicht unerheblicher Tragweite, spielt aber im vorliegenden Zusammenhang keine Rolle. Hier ist nur die zweite relevant; ihre Plausibilität wird durch den empirisch-psychologisch breit belegten Befund untermauert, dass der Schuldige/Sünder seine eigene Verschuldung in der Regel abstreitet, um sie - *wenn* er deren Faktizität überhaupt anerkennt - stattdessen auf andere abzuwälzen. Dabei gilt: Die Sünde setzt sich selbst voraus, und sie *kann* sich nur in dieser Weise voraussetzen, insofern sie sich als unfähig erweist, ihren Ursprung anderswo als in der *Sünde* - hier freilich: der Sünde des oder der *Anderen* - zu suchen. Eben dies beschreibt das bekannte Phänomen des bösen Blicks: Der Sünder kann nicht Sünder sein, ohne Sünde, und zwar ubiquitär, zu *unterstellen* - nur eben nicht bei sich selbst. Denn in der Tat: Man muss sich mit dem Bösen infiziert haben, um es brandmarken zu können; aber *jeder* Infizierte brandmarkt das Böse - genauer: brandmarkt etwas *als* das Böse, und zwar (als) das eines Anderen.

Dieser kaum bestreitbare psychologische Befund hat weitreichende ontologische Folgen, vor allem diese: Das Böse kann keinen, und mit dem Bösen kann niemand einen *Anfang* machen - es schiebt sich, und sein Subjekt schiebt die eigene Verantwortung unaufhörlich von sich weg auf andere (›nicht ich, der da war's‹). Folglich kann nur *Gutes,* im oben beschriebenen Sinne des Neuen nämlich, einen Anfang machen, und wenn dieser tatsächlich einen *Neu*anfang markiert, kann auch nur Gutes neu sein. Aber mehr noch, das Böse kennt nicht nur keinen Anfang - es kennt streng genommen auch kein *Ende,* wie alle Gewaltspiralen dieser Welt täglich aufs Neue unter Beweis stellen: Das Böse kann *Anderes* auslöschen oder *selber* enden, aber nicht *mittels* seiner selbst sich selbst ein Ende setzen. Soll die Welt also einen Anfang und soll sie ein Ende haben, dann müssen erstens beide, Anfang und Ende, *gut,* d. h. unbedingt willkom-

[100] Ebd. (Hervorhebung HS). Auch hier liegt im Übrigen eine ›ereignislogische‹ Umkehrung der aristotelischen Modalverhältnisse vor: Die Wirklichkeit (hier: des Sündenfalls) bestimmt, was möglich war (nämlich: die Welt als eine durch die Sünde qualifizierte Entität).

men und als solche ›gesegnet‹ sein. Zweitens kann das Böse nicht aus eigener Kraft, sondern es muss durch ein *Anderes*, genauer das Andere seiner selbst, ans Ende kommen; nämlich – drittens: durch das *Gute*.

4. Zwecks Vermeidung von Missverständnissen möchte ich abschließend und zumindest anhangsweise darauf aufmerksam machen, dass die hier in partiellem Anschluss an Kierkegaard vorgenommene Bestimmung des Neuen als eines paradoxen Anfangs bzw. ›Neu-Anfangs‹ nicht mit der oben beschriebenen und von Hannah Arendt favorisierten Lesart des Neuen identisch ist, derzufolge bereits mit der *Geburt* jedes Menschen der »Anfang des Anfangs oder des Anfangens selbst«[101] hervortritt. Der Anfang im Kierkegaardschen Sinne markiert ja, wie wir gesehen haben, eine ›*Wieder*geburt‹ und erst als solche soll jenem Anfang gerade der Status des Absoluten zukommen. Zwar erklärt auch Arendt, dass Menschen sich sprechend und handelnd in jene Menschenwelt einschalten, »die existierte, *bevor* wir in sie geboren wurden, und diese Einschaltung ist wie eine *zweite* Geburt, in der wir die nackte Tatsache des Geborenseins bestätigen«[102]. Aber sie denkt diesen Bestätigungsakt offenbar rein formal und im Sinne des (oder eines) Kantischen Begriffs von Freiheit qua Spontaneität, d. h. als ethisch *indifferente* – und im Übrigen: immanent, d. h. menschen*mögliche* – Aktualisierung der Fähigkeit, »aus eigener Initiative etwas Neues an[zu]fangen«[103].

[101] Arendt, Vita, 166.

[102] Ebd., 165 (Hervorhebung HS). Vgl. dies. Denktagebuch, 792: »Handeln [ist] in dem Sinne von ›einen Anfang machen‹ eine Wiederholung der Geburt«.

[103] Ebd., 166. Zum Kant-Bezug in diesem Punkt vgl. z. B. Arendt, Leben, 248 u. 268–269. Auch aus anderen Gründen scheint mir Arendts Auffassung problematisch, z. B. mit Blick auf ihre vorschnelle, ergo unsachgemäße Identifizierung von Verzeihung und Vergebung (vgl. z. B. Arendt, Vita, 232 u. 235–236). Dass beides im Gegenteil unterschieden werden kann und muss, lässt sich bereits an dem simplen Umstand ablesen, dass derjenige, dem verziehen wird, als jemand gedacht werden kann, der gar nicht weiß, dass ihm verziehen wurde – ohne dass damit die Behauptung desavouiert wäre, dass ihm de facto verziehen ist. Nicht so im Falle der Vergebung: Diese findet nur als solche statt, und zwar auf Seiten beider beteiligten Parteien im Ensemble. Selbst Gott muss diesbezüglich, theologisch gesprochen, als ohnmächtig (!) bzw. als unter dem Diktat der ontologischen Macht von Sprache und/oder Bewusstsein stehend gedacht werden: Er kann dem Sünder nicht vergeben (und diesem kann nicht vergeben sein), wenn letzterer erstens das, was Gott an ihm tut, nicht als Vergebung identifiziert – und wenn er es sich zweitens nicht, nämlich als heilsam und erlösend, bewusst zu eigen macht, sich folglich als der Vergebung teilhaftig (genauer: teilhaftig, ergo bedürftig) erkennt und anerkennt. Und das gilt m. E. analog für Schuld und Vergebung im zwischenmenschlichen Bereich (vgl. dazu jüngst und im Zusammenhang Ulrike Peisker, Zwischenmenschliche Vergebung. Phänomenologische Betrachtungen in protestantischer Perspektive, Tübingen 2024, bes. Kap. 5 u. 6; zu Arendts Vergebungsbegriff ebd., 31–33).

V. Ein Fazit in zehn Thesen

(1) Neues und Wiederholtes sind Reflexionsbegriffe; so bestimmt ist ihr Ort das menschliche Bewusstsein, und zwar dasjenige Bewusstsein, das sie einer aporetischen, mindestens aber einer beide Bestimmungen relativierenden Dialektik unterwirft: Das Dass jedes Wiederholten ist und markiert ein Neues, das Dass jedes Neuen eine Wiederholung.

(2) Die Möglichkeit eines Neuen im *strengen*, d. h. absoluten Sinne ist entweder ausgeschlossen oder paradox. Im vorliegenden Text wird, aus theologischer Perspektive, für die zweite Option argumentiert.

(3) Das Neue im strengen Sinne ist dem Begriff nach koextensiv mit dem des *Ereignisses* – als einer Wirklichkeit, die ihre eigene Möglichkeit bedingt: Das Neue ist (als) die Wiederholung dessen, was noch nicht ist, die Wiederholung umgekehrt (als) das Neue, das schon war.

(4) Seine *theologische* Pointe hat der so bestimmte Begriff im Ereignis des Kreuzes: Das Kreuz hat nicht nur die *Welt* und darin zugleich die *menschliche* Zielbestimmung verändert und auf paradoxe Weise ›neu‹ ausgerichtet, sondern auch, ja primär und im Sinne einer notwendigen und hinreichenden Bedingung für die Möglichkeit der Neuausrichtung von Mensch und Welt, Gott *selbst*.

(5) Die *ethisch-religiöse* Idee einer radikalen Neuausrichtung des Menschen ist nicht nur der primäre Ort, sondern auch der theoretisch vielversprechendste Anknüpfungspunkt für eine philosophisch-theologisch übergreifende Theorie des Neuen: Das Neue ist dann mit der Realisierung des unbedingt Guten als eines frei Gewählten koextensiv.

(6) Unbedingt Gutes wird auf zweierlei Art gewählt: erstens und *ursprünglich* in der Weise des Gehorsams gegenüber dem göttlichen Gebot und/oder dem Sittengesetz, d. h. kraft jener Entscheidung, die mit dem Guten selbst zugleich die Bedingungen ihrer eigenen Wiederholbarkeit restituiert; zweitens als eine qua Reue (christlich: qua Sündenbewusstsein) *wiederholte*, nämlich im Medium jener Entscheidung vollzogene, in der der Wählende sein Gutseinkönnen sub contrario, d. h. durch Aneignung der eigenen *Schuld* und d. h. durch Identifizierung seiner selbst mit dem Bösen restituiert.

(7) Aus der Perspektive des christlichen Glaubens ist die Realisierung der ersten nur *als* bzw. vermittelt über die zweite Form möglich: Das Gute kann

nicht ohne das, ja sie kann faktisch nur im *Medium* des Sündenbewusstsein/s (ethisch: im Medium der Reue) gewählt werden.

(8) Die Realisierung der zweiten Form basiert ebenso wie die Möglichkeit des Neuen an sich und im strengen Sinne (vgl. [2]) auf der Möglichkeit *paradoxer Sachverhalte* - d. h. auf der Möglichkeit von Sachverhalten, die als solche zwar (a) tatsächlich bestehen, aber so, dass bis auf Weiteres (b) weder der Grund der Möglichkeit ihres Bestehens vernünftig einsehbar wäre noch (c) das Recht ihrer Subsumption unter die Kategorie des Paradoxen.

(9) Die Wahl des Guten im Sinne ihrer zweiten Grundform (vgl. [5]) schließt mindestens drei Paradoxa ein: Paradox ist erstens, dass das *Zweite* das Erste, die Wiederholung das radikal Neue, das (der Zeit wie der Qualität nach) Spätere das schlechthin Anfängliche, das Abgeleitete das Ursprüngliche sein kann. Es ist zweitens paradox, das die Möglichkeit des Guten durch dessen *Wirklichkeit* bedingt wird. Und drittens erscheint paradox, dass die Wirklichkeit des Guten durch das Faktum der Selbstzuschreibung des *Bösen* (qua Schuld oder Sünde) bedingt wird.

(10) Im Unterschied zum Guten kann das Böse keinen - und *mit* dem Bösen kann niemand einen - ›Anfang machen‹. Soll also wahr sein können, dass die Welt *geschaffen* wurde (ergo angefangen hat), ist das Urteil ›und siehe, es war sehr gut‹ (vgl. Gen 1,10.12.18.21.25.31) analytisch.

Notger Slenczka

Novis linguis loqui – Vom Neuwerden als Sprachphänomen

›Das Neue‹ ist eine relative Kategorie. Es steht im Verhältnis zu einem bereits Vorhandenen, und zwar so, dass durch das Auftreten eines Neuen etwas Bisheriges zum Alten wird. Dies Verhältnis des Alten zum Neuen ist zu unterscheiden vom Verhältnis zu einem ›Anderen‹. Zweifellos ist beides – das Neue und das Andere – verwandt: das Neue ist etwas anderes als das Alte *et vc. vs.*, aber nicht jedes Andere ist ein Neues. Wir können (und sollten!) – beispielsweise – durchaus sagen, dass ein Hund etwas anderes ist als ein Student.[1] Dabei können dies ›Eine‹ und das ›Andere‹ nebeneinander stehen, der Hund neben dem Studenten. Das Eine und das Andere muss nichts gemeinsam haben. Zwischen beidem muss kein Verhältnis der Kontinuität bestehen, sondern zumeist wird das Verhältnis der Kontinuität durch die Bezeichnung von etwas als ›Anderes‹ gerade bestritten: es ist gerade nicht dasselbe, je weniger, desto ›anderer‹.

Das Neue und das Alte hingegen sind durch ein gewisses Verhältnis der Identität verbunden, und beides ist zeitlich vermittelt. Das Neue tritt nicht neben, sondern an die Stelle des Alten (oder beansprucht das zumindest). Es kommt zeitlich anschließend und ersetzt das Alte. Das kann es nur, wenn und weil es etwas gemeinsam hat. Der erwähnte Hund und der Student können nicht im Verhältnis von Altem und Neuem stehen, sondern das Neue im Verhältnis zum Hund muss ebenfalls ein Hund oder ein funktionales Äquivalent sein. Wir können beispielsweise einen Hund und eine Katze ins Verhältnis von Neuem und Altem setzen, indem wir sagen, dass der Hund unser neues Haustier ist, nachdem die Katze verstorben ist – das Altes und Neues Verbindende ist dann die Funktion: Haustier. Oder ein Garten kann neugestaltet werden – dann sieht er ganz anders aus, ist aber nach wie vor ein Garten. Oder das Neue tritt ins Verhältnis der Ergänzung zu einem bereits Vorhandenen – vom ›Neuen Garten‹ in Potsdam ist sinnvoll nur die Rede, wenn es bereits einen Park gibt, der im Besitz desselben Fürsten war oder an ähnlicher Stelle gelegen ist, wodurch das Moment der Kontinuität gewahrt ist. Wenn der Neue Garten

[1] Warum ich dies Beispiel wähle, wird noch deutlich werden.

einen anderen Besitzer hätte, der sich darin ergeht, oder nicht in Potsdam mit Bezug zum Schloss läge, dann wäre es eher ein anderer als ein neuer Garten.

Das Verhältnis von Altem und Neuen ist ein Verhältnis der Ablösung (in bestimmter Hinsicht) und setzt damit ein Moment der Kontinuität voraus: etwas wird zeitlich durch ein anderes abgelöst und wird dadurch zum Alten. Vielleicht bleibt das Alte noch bestehen, aber es ist doch zum Verschwinden bestimmt. Eine Möglichkeit der Ablösung ist der Übergang von einem Zustand zu einem anderen in der Zeit. Allerdings muss das Moment der Kontinuität so geartet sein, dass sich identifizierbar ein Bruch vollzieht. Diese Notwendigkeit kann man sich an einem Beispiel vor Augen führen: Der Hund, den ich heute sehe, ist im Vergleich zu demselben Hund, der mir gestern begegnet ist, nichts Neues, obwohl er vom Gestern zum Heute übergegangen ist. Der reine Fortbestand von etwas vollzieht sich zwar in der Zeit und kann als Abfolge beschrieben werden, ist aber kein Verhältnis von Altem und Neuem. Alt und Neu setzt eine Differenz voraus.

Daraus ergibt sich: das Verhältnis von Altem und Neuem ist gekennzeichnet durch eine eigentümliche Einheit von Kontinuität und Differenz. In gewisser Hinsicht ist beides - das Alte und das Neue - dasselbe, und in anderer Hinsicht je ein anderes. Der eingangs als Beispiel für ›Etwas‹ und ›Anderes‹ erwähnte Hund und der Student können nur dann im Verhältnis von Altem und Neuem stehen, wenn der Hund sich in einen Studenten verwandelt und ich feststelle: »Das also war des Pudels Kern? Ein fahrender Scolast [Student, N. Sl.]! Der Casus macht mich lachen.« (Goethe, Faust I, 1323–1324)

Ein weiterer wichtiger Punkt: Das Alte und das Neue stehen nicht einfach im Verhältnis von Kontinuität und Differenz, sondern sie werden durch Wertungen ins Verhältnis gesetzt. Das Eintreten von etwas Neuem und das Ende des Alten wird begrüßt oder bedauert. Das gilt auch in der christlichen Tradition, in der das Neue - zuweilen - positiv bewertet wird. Das rufe ich in 1. in einer Hinführung in Erinnerung und vertiefe ich in 2.

1. *Hinführung*

Dass ›das Neue‹ zum Gegenstand *theologischer* Reflexion wird, liegt (nicht nur, aber auch) daran, dass es prominent in den biblischen Texten und in der christlichen Tradition vorkommt.

1.1. Das Neue in der Theologie

Beispiele: Zu erinnern ist an den ›neuen Bund‹, der bei Jeremia (31,31) angekündigt wird[2] und den bereits in den ersten Jahrzehnten die christlichen Gemeinden in der eigenen Existenz realisiert sahen (Hebr 10,15–18). Zu erinnern ist an die Erwartung eines ›neuen Himmels und Erde‹ nicht nur in der Johannesapokalypse; dieser ›neue Himmel und die neue Erde‹ (2 Petr 3,13; vgl. Apk 21,1; Jes 65,17; 2 Kor 12,2) wird heraufgeführt von dem, der sagt: »Siehe, ich mache alles neu« (Apk 21,5). Zu denken ist an die ›neue Geburt‹ im Gespräch Jesu mit Nikodemus (vgl. 1 Petr 1,3.23 oder die Taufe als ›Bad der Wiedergeburt‹ [Tit 3,5]), an die ›neue Schöpfung‹ in 1 Kor 5,17 und den Neuen im Verhältnis zum Alten Bund im 2 Kor, alles Passagen, in denen ebenso wie bei Jeremia ein gerade erst Entstandenes einen Überbietungsanspruch gegenüber dem Gewesenen und Bisherigen erhebt.

1.2 Rezeption

Diese sehr unterschiedlichen Texte und Motive wurden in der abendländischen Tradition rezipiert, prominent natürlich die eschatologische Erwartung eines radikalen Neuanfangs, der das Bisherige zum ›alten‹ Äon macht und einen neuen heraufführt; entsprechend trägt der Traktat zur Eschatologie in den meisten altprotestantischen Dogmatiken den Titel ›*De novissimis*‹. Gemeint ist damit zunächst die aus der Perspektive des eingetretenen Reiches Gottes neueste, letzte Epoche, die aber damit gleichzeitig den positiv wertenden Charakter des Neuen im Vergleich mit dem abgetanen Alten gewinnt.[3] Die extremste Form ist sicher die Schöpfungskritik der gnostischen Systeme und des Erz-

[2] Da dieser Text Motivspender für eine breite neutestamentliche Rezeption ist, hier ein paar Literaturhinweise: Georg Fischer, Jeremia 26–52 (HThK 39), Freiburg/Basel/Wien 2005, hier 115–184. Dass es sich in Jer 30 und 31 mit 32 und 33 um eine ursprünglich selbständige Rolle handelt (Trostschrift) vertritt Fischer ebenso wie etwa Hermann-Josef Stipp, Jeremia 25–52 (HAT I/12,2), Tübingen 2019, hier 205–293, der von einer komplexen Wachstumsgeschichte ausgeht und bereits Jer 31,27ff. als Anhang zur »originalen Trostschrift« betrachtet (206–214, bes. 212–13). Zum Verständnis des ›neuen Bundes‹ und seiner Kontinuität oder Diskontinuität zum Sinaibund vgl. hier nur: Christoph Levin, Die Verheißung des neuen Bundes in ihrem theologiegeschichtlichen Zusammenhang ausgelegt (FRLANT 137), Göttingen 1985; Walter Groß, Erneuerter oder neuer Bund? Wortlaut und Aussageintention in Jer 31,31–34, in: Friedrich Avemarie u. a. (Hgg.), Bund und Tora (WUNT 92), Tübingen 1996, 41–66.

[3] Johann Wilhelm Baier, Compendium Theologiae positivae, Jena 1686, 353, hier identifiziert mit τὰ ἔσχατα.

ketzers Markion - hier geht das Verhältnis von Altem und Neuem in das Verhältnis von etwas und anderem über.[4]

Dieser eschatologische Neuanfang schattet sich ab in der jeweiligen Gegenwart; daher haben in der christlichen Tradition vielfältige Erzählungen Konjunktur, die einen Bruch mit der Vergangenheit (als dem ›Alten‹) zum Inhalt haben und das Handeln Gottes auf der Seite eines Neueinsatzes verorten. Dafür stehen nicht zuletzt die heilsgeschichtlichen Einordnungen des Auftretens Jesu (etwa Gal 4,4, vgl. Röm 8,3-4). Dem entsprechen biographische Zuordnungen von Altem und Neuem: die Bekehrungserzählungen zur Person des Paulus, des Antonius, des Augustin, die Selbstzeugnisse Luthers und vollends die erwecklichen Bekehrungserzählungen des 18 und 19. Jahrhunderts.[5] Sie tradieren dasselbe Motiv des zu Ende kommenden Alten und eines unableitbaren Neubeginns und fassen es zuweilen - namentlich Luther - in den Gegensatz des Todes des ›Alten‹ und des Auferstehens des ›Neuen Menschen‹.[6] Diese Erzählungen bleiben nicht einfach Manifestationen besonderer Biographien. Vielmehr setzt die Überlieferung selbst eine Wirkungsgeschichte aus sich heraus, in der diese Bekehrungserlebnisse nicht nur einander wechselseitig beeinflussen, sondern typisch werden und sich jeweils mit weiteren Motiven verbinden - Karl Holl hat den Einfluss philosophischer Schulerzählungen auf die *Vita Antonii* nachgezeichnet;[7] und Luthers Schilderung seiner neuen reformatorischen Erkenntnis ist die Einkleidung einer Hermeneutik in eine motivlich an Augustins Bekehrungserlebnis orientierte Erzählung.[8]

[4] Zu Markion: Winrich A. Löhr, Markion, in: RAC 24, 2010, Sp. 147-173.

[5] Notger Slenczka, »Ein Tag, der sagt dem andern, mein Leben sei ein Wandern zur großen Ewigkeit« (EG 481,5). Pilgern: Theologische Befragung eines spirituellen Phänomens, in: Christian Antz u. a. (Hgg.), ›Ich bin dann mal auf dem Weg‹. Spirituelle, kirchliche und touristische Perspektiven des Pilgerns in Deutschland, Tübingen 2018, 33-61, hier zu Bunyan.

[6] Vgl. Luthers Kleinen Katechismus, die Auslegung der Bedeutung der Taufe als tägliches Sterben des Alten und Auferstehen des Neuen Menschen: Sakrament der Heiligen Taufe, Zum Vierten, nach: Bekenntnisschriften der Ev.-luth. Kirche, Vollständige Neuedition, hg. v. Irene Dingel, Göttingen 2014, 884, 13-17. Im Folgenden zitiert als BSLKrev.

[7] Karl Holl, Die schriftstellerische Form des griechischen Heiligenlebens (1912), in: Ders., Gesammelte Aufsätze zur Kirchengeschichte II: Der Osten, Tübingen 1928, 249-269; vgl. Martin Tetz, Athanasius und die Vita Antonii. Literarische und theologische Relationen (1982), in: Ders., Athanasiana, hg. v. Dietmar Wyrwa u. a. (BZNW 78), Berlin/New York 1995, 155-184.

[8] Notger Slenczka, Das Evangelium und die Schrift, in: Ders., Der Tod Gottes und das Leben des Menschen, Göttingen 2003, 39-64, hier 51.

1.3. Die Frage nach dem Fundament der vielfältigen Rede vom ›Neuen‹

Mit diesen ergänzungsbedürftigen und -fähigen Erinnerungen wird deutlich, dass das ›Neue‹ theologisch wie das ὄν (›sein‹ oder ›seiend‹) bei Aristoteles πολλαχῶς λέγεται/in vielfacher Weise verwendet wird – je nach dem Moment der Kontinuität, das Altes und Neues verbindet: zu unterscheiden ist mindestens eine christologisch fokussierte *heilsgeschichtliche Bedeutung* des Begriffs (Alter vs. Neuer Bund; Gesetz vs. Evangelium; »als die Zeit erfüllt war«), eine damit verbundene *schöpfungstheologisch/eschatologische Bedeutung* (neue Schöpfung/»siehe, ich mache alles neu«), und schließlich stellt sich unter dem Begriff ein *individual-biographisches Thema* dar (alter/neuer Mensch). Es ist eine reizvolle Frage, der ich im Folgenden nachgehen werde: ob das ›Neue‹, wie das ὄν bei Aristoteles, unbeschadet der Vielfalt πρὸς ἕν/auf ein Erstbezeichnetes hin ausgesagt wird – und was dieses unter dem Begriff ›neu‹ und ›das Neue‹ Erstbezeichnete in der christlichen Theologie ist.

1.4. Im Folgenden geht es zunächst …

… in *Abschnitt* 2. darum, den Wertungscharakter der Kategorie des ›Neuen‹ nachzuvollziehen und zu zeigen, dass die Rede vom ›Neuen‹ (im Verhältnis zum Alten) sehr facettenreich und uneindeutig ist, insbesondere darin, dass man eigentlich und ursprünglich von einer Prävalenz, einer Höherwertigkeit des Alten auch in der christlichen Tradition reden muss. Ein zeitlich erstes Indiz für die positive Umbewertung des Neuen in der nichttheologischen Diskussion ist die *querelle des anciens et des modernes* – darauf läuft dieser Abschnitt zu.

Abschnitt 3.: Das Auftreten eines Neuen macht etwas zum Alten. Die positive Wertung des Neuen impliziert eine Abwertung des Herkömmlichen als Depravation und stellt damit vor die geschichtsphilosophische Frage, wie aus einem depravierten Alten ein Neuanfang erfolgen kann. Auf diese prominent von Kant gestellte Frage antwortet die Tradition mit dem Konzept eines Wunders: das Neue ist ein wundersamer, unableitbarer Neueinsatz.

Abschnitt 4.: Das Konzept der Geschichte und die Einsicht in ihre interne Kontinuität ist spezifisch neuzeitlich, wie auch die Aufmerksamkeit auf den hermeneutischen Ort der Betrachtung und Bewertung der Geschichte. Das entfalte ich im Anschluss an Reinhart Koselleck, Lucian Hölscher, Gotthold Ephraim Lessing und Ernst Troeltsch. Die Behauptung unableitbarer Neuanfänge wird damit problematisch, und es wird sich hier zeigen, dass die geschichtshermeneutische Kategorie des ›Neuen‹ ohne ein Moment der wertenden Stellungnahme oder die Geschichte deutenden Parteinahme nicht denkbar ist. Das ›Neue‹ entpuppt sich als eine hermeneutische, ein ›Verstehen als …‹ einschließende Kategorie.

Abschnitt 5.: Diesem Gedanken – dass das Neue eine hermeneutische Kategorie ist – gehe ich dann anhand der Selbstverortung des Christentums als etwas ›Neuem‹ im Verhältnis zum Judentum nach – damit wird der Elefant thematisiert, der mit diesem Thema im Raum ist: die Geschichte der Kategorie des Neuen im Christentum begleitet die Selbstverortung des Christentums im Verhältnis zum Judentum unter dem Vorzeichen des Verhältnisses zu den alttestamentlichen Verheißungen und zum ›Gesetz‹; zugleich zeigt sich auf mehreren Ebenen der hermeneutische Sinn der Kategorie des Neuen.

Abschnitt 6.–8.: Dies Verständnis des ›Neuen‹ als einer hermeneutischen, im Verstehen beheimateten Kategorie hat in besonders eindrucksvoller und erschließender Weise Martin Luther herausgestellt. Zunächst gehe ich der Verhältnisbestimmung in den Antinomerdisputationen nach, in der Luther die heilsgeschichtliche Abfolge von Gesetz und Evangelium in eine existentiale übersetzt (*Abschnitt 6.*). Im Hintergrund steht das christologische und soteriologische Konzept einer ›neuen Sprache‹ (*Abschnitt 7.*), die sich sprachtheologisch reformulieren lässt (*Abschnitt 8.*). Das Neue ist hier ausdrücklich nicht in einer Diagnose eines Geschehensverlaufs verortet, sondern im kollektiven und individuellen Verstehen: in einer Änderung der Struktur der Sprache: das Neue ist wesentlich die ›*nova lingua*‹, die neue Sprache.

Der Gedankengang bewegt sich unter Bezugnahme auf biblische Texte, Motive, Positionen der Begriffsgeschichte. Die Positionen sind zuweilen chronologisch angeordnet, ohne dass damit von Vornherein eine Wertung im Sinne der Schilderung eines Progresses intendiert ist. Die Rezeption dieser historischen Positionen ist vielmehr geleitet von einem systematischen Gedankengang, der im Durchgang durch sie sich fortbewegt.

2. Das Neue und die Dignität des Alten – Phänomene

Es geht in diesem Abschnitt also nicht um eine – gar erschöpfende – Begriffsgeschichte, wenn denn dergleichen möglich wäre, sondern um ein Erarbeiten von systematischen Momenten des Begriffs des Neuen, die sich in bestimmten historischen Konstellationen gut erkennen lassen. Damit wird auch deutlich werden, dass die eingangs herausgestellte positive Wertung des ›Neuen‹ nur eine von mehreren Tradition der Bewertung der Extension der Zeit in der Geschichte des Christentums ist.

2.1. Das antike Umfeld der biblischen Rede vom ›Neuen‹. Dass das ›Neue‹ zum Gegenstand theologischer Reflexion wird – so nehme ich den ersten Satz des Abschnitts 1. wieder auf –, liegt nun aber auch daran, dass die christlich-jüdische Tradition mit der positiven Einordnung des ›Neuen‹ eine im kulturellen Umfeld bis an den Rand der Neuzeit eher kontraintuitive Wertung vornimmt. Man könnte dafür daran erinnern, dass in der antiken Latinität mit ›*res novae*‹ der Umsturz oder die Revolution bezeichnet wurde und das Planen eines Umsturzes als ›*rebus novis studere*‹ (auf Neues sinnen) bezeichnet wurde, und zwar ohne jede positive Konnotation.[9] Der *homo novus* ist der eigentlich nicht dazugehörende Emporkömmling (äquivalent wäre der »Neureiche«) im Unterschied zum römischen Patriziat, das legendarisch auf Romulus zurückgeführt wird (Äquivalent: »altes Geld« oder »alter Adel«). Diese Wertungen fügen sich ein in ein bis in die Gegenwart fortwirkendes Motiv, nach dem das Hergebrachte, Alte und Ursprüngliche zugleich das mit positiver Wertung versehene Kriterium des Wahren und das Neue der Abfall vom Ursprung und damit die Unwahrheit ist. Exemplar dafür sind die Ovidschen Metamorphosen, die mit dem Goldenen Zeitalter beginnen und im ersten Buch die Korruption vom Goldenen über das Silberne und Erzene bis hin zum Eisernen Zeitalter verfolgt. Das Ursprüngliche ist das Gute, das Ovid mit Worten beschreibt, die unwillkürlich an die Verheißung des Neuen Bundes bei Jeremia denken lassen:

> Aurea prima sata est aetas, quae vindice nullo // sponte sua, sine lege fidem rectumque colebat // poena metusque aberant, nec verba minantia fixo // aere legebantur, nec supplex turba timebat // iudicis ora sui, sed erant sine vindice tuti.«[10]

Allerdings: was Jeremia in der Zukunft erwartet – das ins Herz geschriebene Gesetz, das ohne Drohungen befolgt wird – ging nach Ovid in der Vergangenheit verloren. Als Gegenbild, das die Eindeutigkeit einer negativen Wertung des ›Neuen‹ relativiert, muss man die Prophetie der Cumäischen Sibylle in der rätselhaften 4. Ekloge der Bukolika des Vergil nennen, in dem die Unheilsge-

[9] Etwa: Cicero, Pro Rabirio perduellionis reo 12,33 (Fragment).

[10] Ovid, Metamorphosen I,89–93; »Als erstes entstand das Goldene Zeitalter, welches ohne einen Strafvollstrecker, // freiwillig und ohne ein Gesetz immer die Aufrichtigkeit und das rechte Tun hochhielt. // Strafe und Furcht gab es nicht, auch las man keine drohenden Worte, // in Erz geschrieben; keine flehende Menge zitterte // vor dem Spruch ihres Richters, sondern alle waren in Sicherheit ohne einen Rächer.« (https://lateinon.de/uebersetzungen/ovid/goldenes-zeitalter-89-112/, zuletzt eingesehen 6.6.2025)

schichte mit dem eisernen Zeitalter ein Ende findet: ein unter dem Konsul Pollio einsetzender Neuanfang wird angekündigt, ein neues Geschlecht, das als goldenes bezeichnet wird, mit der Geburt eines Kindes, bezeichnenderweise unter dem Titel »*Saeculi novi interpretatio* – Darlegung des neuen Zeitalters«.[11] Auch hier ist das Neue das Ergebnis eines Bruchs, vergleichbar mit dem Einbruch des Reiches Gottes in der christlichen Eschatologie.

2.2. Die Dignität des Alten in der christlichen Tradition. Die Verhältnisse sind allerdings auch im Umfeld der jüdisch-christlichen Tradition so klar nicht, wie es auf der Basis des Abschnitt 1. scheinen könnte: das ›Neue‹ behauptet zwar seinen Ort in der christlich jüdischen Tradition. Diese kennt aber durchaus auch die normative Kraft des Herkömmlichen.

Verwandt mit dem Ovidschen Abstiegsmodell ist der Umgang der christlichen Tradition mit dem Schöpfungsbericht. Wie immer es um den historischen Sinn der biblischen Texte zur Schöpfung stehen mag: die anschließende christliche Rezeption jedenfalls betrachtete den Zustand direkt nach der Schöpfung, wie Ovid, als den Zustand der Harmonie, des Paradieses, das mit dem Sündenfall verloren ging, mit dem und von dem aus es abwärts ging.[12]

Die Orientierung an einem idealen Ur-Zustand begleitet auch die gerade eben unter dem Stichwort des ›Neuen‹ angezogene christlich-jüdische Tradition.[13] Die Gabe des Gesetzes an Israel erfolgt nach der biblischen Chronologie zu einem bestimmten Zeitpunkt und stellt insoweit etwas ›Neues‹ dar; entsprechend kann Paulus beispielsweise sagen, dass das Gesetz im Vergleich mit dem ursprünglichen Evangelium an Abraham ›προσετέθη – später hinzugefügt‹ wurde, was eine negative Wertung impliziert: das Neue *sensu negativo*. Dies

[11] *»magnus ab integro saeclorum nascitur ordo. // iam redit et Virgo, redeunt Saturnia regna; // iam nova progenies caelo demittitur alto. // tu modo nascenti puero, quo ferrea primum // desinet ac toto surget gens aurea mundo, // casta fave Lucina: tuus iam regnat Apollo. // Teque adeo decus hoc aevi, te consule, inibit, // Pollio, et incipient magni procedere menses; // te duce, si qua manent sceleris vestigia nostri, // inrita perpetua solvent formidine terras.«* Vergil, Bucolica IV,6–14. Übers.: »Und großartig beginnen den Lauf ganz neue Geschlechter. // Schon kehrt wieder Astraea, es kehrt Saturnus' Regierung: // Neue Geburten entsteigen nun bald dem erhabenen Himmel. // Sei nur dem werdenden Knaben, mit dem sich das eiserne Alter // Schließt, und die goldene Zeit aufsteiget dem sämtlichen Erdkreis, // Sei nur, keusche Lucina, ihm hold! Schon herrscht dein Apollo. // Ja, es beginnt mit dir, o Consul Pollio, diese // Glänzende Zeit: es entrollen von nun an wichtige Monde. // Weil du waltest, wo irgend die Spur von unseren Greuln blieb, // Wird sie, getilgt, von der ewigen Angst entlasten den Erdkreis« [Übers.: Die Idyllen und das Gedicht vom Landbau, übersetzt von Christian N. v. Osiander, Stuttgart 1853; https://www.gottwein.de/Lat/verg/ecl04.php (6.6.2025)].

[12] Etwa Augustin, De civitate Dei XII, 22.

[13] Bar 3,32–4,4, bes. 4,1, vgl. Hi 28; Sir 24,8–10.23; 4 Makk 1,16; dazu Markus Witte, Das Buch Hiob (ATD 13), Göttingen 2021, hier bes. 432–437 (Lit. 432).

Gesetz wird aber in der Weisheitstradition als Manifestation des Gesetzes, nach dem Gott die Welt geschaffen hat, gekennzeichnet: das im Tempel niedergelegte Gesetz wird damit als das Anfängliche und Ursprüngliche identifiziert (Bar 4,1-4; Sir 24,12-16). Das ›Neue‹ wird zum ›Herkömmlichen‹.

Ein ähnlicher, hochinteressanter Umschlag des ›Neuen‹ in das Herkömmliche und Ursprüngliche zeigt sich beispielsweise auch in der Zurückführung der Bischöfe und damit der Kirche insgesamt auf den Kreis der 12 Apostel um Jesus, die an Pfingsten den Heiligen Geist empfangen. Diese Begabung des Kreises der Apostel mit dem Geist ist in Apg 2 ein eschatologisches Ereignis, ein Einbruch in die Geschichte und damit etwas Neues (vgl. das Zitat von Joel 3,1–5 in Apg 2,17–21). Mit der Rückführung der Bischöfe auf dieses Ereignis wird dies Neue in späteren Zeiten zur legitimierenden Tradition, zum Alten im Sinne des Ursprünglichen.[14]

2.3. *Das Alte und die Depravation.* Entsprechend ist auch die Lehre am in der Vergangenheit liegenden Idealzustand orientiert. Exemplarisch dafür ist das dreiteilige Werk des Johannes Damaszenus, die ›Quelle der Erkenntnis‹ (πηγὴ γνώσεως), das schon im Titel ein Programm andeutet: in den ›Philosophischen Kapiteln‹ oder (sive!) der ›Dialektik‹ will er nach dem Wahren in der griechischen Philosophie fragen; im ›liber de haeresibus‹ bietet er eine Genealogie aller Häresien, um über diesen klärenden negativen i. S. v. den Irrtum abweisenden Zwischenschritt zur positiven Darlegung der christlichen Wahrheit in der ›Expositio fidei‹ (ἔκδοσις ἀκριβὴς τῆς ὀρθοδόξου πίστεως) zu gelangen. Und hier bietet Johannes den Schlüssel eines Programms, nach dem der Verfasser des Werkes nichts Eigenes sagt:

> »Ich werde ... nichts Eigenes sagen, werde das von den ausgewiesenen Lehrern Erarbeitete zu einer Einheit zusammenstellen ...«[15]

Das Werk ist ein Florilegium, das davon ausgeht, dass es in der Vergangenheit liegende Quellen der Wahrheit gibt – die ausgewiesenen Lehrer – die als Autoritäten vorgegeben sind und die zusammenzustellen die einzige Aufgabe der Theologie ist: Gott hat in der wahren Philosophie und in den Werken der

[14] Vgl. dazu nur die Beiträge in: Dorothea Wendebourg u. a. (Hgg.), Das bischöfliche Amt: Kirchengeschichtliche und ökumenische Studien zur Frage des kirchlichen Amtes, Göttingen 1999; Gunther Wenz u. a. (Hgg.), Das kirchliche Amt in apostolischer Nachfolge. Band 2: Ursprünge und Wandlungen (= Dialog der Kirchen 13), Freiburg i. Br./Göttingen 2006.

[15] Johannes von Damaskus, Widmungsbrief, Bonifatius Kotter (Hg.), Die Schriften des Johannes von Damaskus, I. Dialectica, Berlin 1969; II. Expositio fidei, Berlin/New York 1973; IV. Liber de haeresibus, Berlin/New York 1981. Zit. I, 53,60–61; vgl. Dialektik Kap. α, ebd. 55,9–11; Übers. N. Sl.); vgl. die Beiträge in: Elisabeth Gräb-Schmidt u. a. (Hgg.), Wunder, MJTh XXVIII, Leipzig 2016.

Schöpfung und eben im Gesetz, den Propheten, in Jesus Christus und den von ihm ausgehenden Aposteln alles bezeugt und offenbart, was dem Menschen heilsam zu wissen nötig und was ihm fassbar ist:

> »Als der, der alles weiß und das im Blick hat, was jedem zuträglich ist, hat er uns das offenbart, was uns nützlich zu erkennen ist; was wir nicht ertragen können, hat er verschwiegen. Damit wollen wir zufrieden sein und dabei bleiben und nicht die ewigen Grenzen einreißen und auch nicht die göttliche Überlieferung überschreiten.«[16]

Hier ist das Prinzip sehr eindeutig: die Wahrheit liegt in der Vergangenheit, im kanonischen Textbestand und in den ›anerkannten Lehrern‹; alles, was ein gegenwärtiger Autor Neues und Eigenes hinzufügen könnte, wäre eine Verunreinigung dieser Quelle und würde von der Wahrheit abführen. Die im vorscholastischen Schulbetrieb etablierte Methode, Väterflorilegien als Grundlage der Suche nach der Wahrheit zu sammeln, hat in diesem Programm ihren Grund.

In dieser Option des Traditionalismus ist das Neue mit dem Charakter der Illegitimität und des Abfalls verbunden, während eine gegenläufige Option mit der Aufwertung des Neuen die Vergangenheit als Zustand der Depravation deutet, der zugunsten des Neuen zur Überwindung bestimmt ist – die Auseinandersetzung des Bernhard von Clairvaux mit Petrus Abaelard um das Verhältnis von *ratio* und Tradition würde dafür Anschauungsmaterial bieten.[17]

Diese Wertungen des ›Alten‹ und des ›Neuen‹ sind nicht fixiert, sondern es gibt das Phänomen des Umschlags, in dem das einstmals ›Neue‹ zum ›Herkömmlichen‹ wird, und das Phänomen, dass das ursprünglich positiv gewertete ›Alte‹ als Depravation zu stehen kommt, an der gemessen ein Neues sich etabliert.

2.4. Auch die Reformation und ihr Selbstverständnis ist, gemessen an dieser Differenz, durchaus ambivalent. Dass sie eine Neuerung bringt, ist zunächst und dem Selbstbild nach Schein: der Anspruch der Rückkehr zu den Quellen – zur Schrift oder zum *consensus quinquesaecularis* – etabliert die Normativität des ›Alten‹ und markiert nun gerade die 1000-jährige Zwischenzeit der Papstkirche als Neuerung *sensu negativo*, die zu überwinden ist. Die Reformatoren erheben aber diesen Anspruch darum, weil sie selbst von ihren Gegnern wahrgenommen werden als Neuerung gegenüber der geistgeleiteten Kompetenz

[16] Kotter, Schriften a. a. O. I,8,24ff.

[17] Vgl. hier nur: Notger Slenczka, Die Erde ist eine Scheibe (etc.), in: Jahrbuch Wissenschaftsfreiheit 1 (2024), 195–223, hier 206–209 (https://doi.org/10.3790/jwf.2024.1431701; zuletzt eingesehen 13.5.2025).

der ehrwürdigen Väter zur Schriftauslegung; diese Auseinandersetzung schürzt sich in der Leipziger Disputation, nach deren Beendigung Johannes Eck und Luther den sächsischen Kurfürsten mit Beschwerde- (Eck) und Rechtfertigungsbriefen (Luther) behelligen:[18] während Eck ganz im Sinne des Johannes Damaszenus darauf hinweist, dass es unzulässig sei, die eigene Einsicht in den Sinn der Schrift über die der geistgeleiteten Väter zu stellen, nimmt Luther ausdrücklich die Freiheit in Anspruch die eigene Einsicht in den wahren Sinn der Schrift gegen den Irrtum der Väter festzuhalten. Der *homo novus* steht gegen die ehrwürdige Tradition. Die Wahrheit ist – im Medium der sich selbst erschließenden Schrift – in der Gegenwart zugänglich und wird zum hermeneutischen Schlüssel und zum Vorbehalt für das Recht der Vergangenheit. Das ›Neue‹ gewinnt einen positiven Sinn dadurch, dass die Berufung auf das Herkommen eine Depravation der noch ursprünglicheren Wahrheit der ersten Christenheit darstellt, die in den biblischen Schriften auch in der Gegenwart fassbar ist.

Insgesamt erheben die meisten der reformatorischen Theologen den Anspruch, dass die Neuentdeckung des Evangeliums nicht nur die Wiederentdeckung des Ursprünglichen über die Zeit des Irrtums hinweg ist, sondern sie erzählen selbst eine Genealogie der Kirche, die in ungebrochener Kontinuität eben dieses Evangelium auch über die Jahrhunderte des Abfalls hindurch festgehalten habe – dafür stehen die Magdeburger Centurien[19] ebenso wie Luthers Rekonstruktion der altkirchlichen Konziliengeschichte[20] und in anderer Front Gottfried Arnolds ›Unpartheiische Kirchen- und Ketzerhistorie‹. Die Orientierung am Neuen und das Recht der Gegenwart kleidet sich sekundär in das Gewand des Traditionalismus und adelt das Neue, indem sie es in der Vergangenheit identifiziert. Und es wiederholt sich hier der Vorgang, dass das einst Neue zum Alten wird: in der Fixierung einer reformatorischen Tradition durch die kanonische Edition der Schriften Luthers[21] und natürlich die Zusammenstellung der normativen Bekenntnisse im Konkordienbuch 1578/80.

[18] Dazu: Notger Slenczka, Das Evangelium und die Schrift, in: Ders., Der Tod Gottes und das Leben des Menschen, Göttingen 2003, 39–64, hier 44–46.

[19] Die Magdeburger Centurien, Digitalisat des Exemplars der Universitätsbibliothek München, 4° H Eccl. 108 Bibliothek der Monumenta Germaniae Historica (https://www.mgh-bibliothek.de/digilib/Centuriae.htm); Heinz Scheible, Die Entstehung der Magdeburger Zenturien. Ein Beitrag zur Geschichte der historiographischen Methode, Gütersloh 1966.

[20] Martin Luther, Von den Konziliis und Kirchen [1539], WA 50, [488] 509–653.

[21] Stefan Michel, Die Kanonisierung der Werke Martin Luthers im 16. Jahrhundert (SMHR 92), Tübingen 2016.

2.5. Die ›Querelle‹ von alt und neu – die Selbstbehauptung der Gegenwart. Die Auseinandersetzung zwischen den Wertungen des ›Alten‹ und des ›Neuen‹ wird im Bereich der Philosophie und Theologie zunächst im Streit um den ontologischen Gehalt der Universalien zwischen der *via antiqua* des Universalienrealismus und der nominalistischen *via moderna* ausgetragen.[22] Das Epitheton ›*modernus*‹ ergibt sich hier allerdings daraus, dass eine zunächst herabziehend gemeinte gegnerische Bezeichnung als Selbstbezeichnung übernommen und umgewertet wurde.

Sachhaltig wird die positive Wertung des ›Neuen‹ in der ›*Querelle des Anciens et des Modernes*‹, die zunächst in Frankreich und dann bis zur Mitte des 18. Jahrhunderts auch in England und Deutschland zu Streitschriften motivierte. [23]

Die ›*Querelle*‹ brach (nach einem Vorlauf in einer Auseinandersetzung über das Verhältnis von antiker [heidnischer] und christlicher Kunst) aus in der Auseinandersetzung um die Frage der Kanonizität der antiken Kunst. Die berühmte Schrift Winckelmanns über die Nachahmung der griechischen Werke in der Malerey und Bildhauerkunst[24] gehört als Echo der *Querelle* im deutschen Sprachraum in diesen Kontext. Bekanntlich wendet sich Winckelmann nicht direkt gegen die Forderung, Bildwerke ›nach der Natur‹ zu gestalten, sondern er ist der Meinung, dass sich in den ideal erzogenen und trainierten Modellen, nach denen die Griechischen Künstler arbeiteten, in exemplarischer Weise das Ideale in der Natur offenbarte (a. a. O. 4; vgl. 5–11). Sie sind somit die normative Grundlage und das Vorbild einer Kunst, die nicht einfach auf das Abschildern des Faktischen, sondern auf die Darstellung der idealen Natur zielt. Dieses Ziel – die ideale Natur darzustellen – verbindet zunächst auch seine Gegner mit Winckelmann. Die streitige Frage ist, wo man diese ideale Natur findet – in der gegenwärtigen Anschauung, oder in den Bildwerken der Antike; die

[22] Alain de Libera, Der Universalienstreit. Von Platon bis zum Ende des Mittelalters (frz.: La querelle des universaux, 1996), München 2005; vgl. Heiko A. Oberman, Via Antiqua and Via Moderna. Late Medieval Prolegomena to Early Reformation Thought, in: Journal of the History of Ideas 48 (1987) 23–40; bes. aber: Charles Trinkaus, Antiquitas Versus Modernitas: An Italian Humanist Polemic and its Resonance, in: Journal of the History of Ideas 48 (1987), 11–21.

[23] Hans Robert Jauß, Antiqui/moderni. Querelle des Anciens et des Modernes, in: HWPh 1, Sp. 410–414); Peter K. Kapitza, Ein bürgerlicher Krieg in der gelehrten Welt. Zur Geschichte der Querelle des Anciens et des Modernes in Deutschland, München 1981; Marlene Meuer, Polarisierungen der Antike. Antike und Abendland im Widerstreit – Modellierungen eines Kulturkonflikts im Zeitalter der Aufklärung, Heidelberg 2017.

[24] Gedanken ueber die Nachahmung der griechischen Werke in der Malerey und Bildhauerkunst, Dresden, Leipzig [1755] ²1756 (https://digi.ub.uni-heidelberg.de/diglit/winckelmann1756, zuletzt eingesehen 2.5.2025). Seitenangaben im folgenden Text beziehen sich auf diese Ausgabe.

Auseinandersetzung darum hat durchaus Parallelen in der Frage nach dem Rang der antiken Autorität, etwa des Aristoteles, im Verhältnis zur eigenen empirischen Erfahrung. Die von Winckelmann abgelehnte künstlerische Gestaltung ›nach der Natur‹ (a. a. O. 11–12), die im Falle des von ihm zitierten Gian Lorenzo Bernini durchaus ebenfalls den Anspruch erhebt, das Ideale in der gegebenen Natur zu finden, geht eben von der gegenwärtigen Inkarnation des Idealen aus.[25] Für Winckelmann läuft eine solche Position Gefahr, der zufälligen Abweichung vom Ideal aufzusitzen, sichtbar nach Winckelmann beispielsweise daran, dass die Haut nicht gleichmäßig wie in den antiken Statuen, sondern mit Falten und Grübchen dargestellt wird (a. a. O. 11–12).[26] Und er weist darauf hin, dass auch Bernini, der das Ideale an der gegenwärtigen Natur abzulesen beansprucht, ausgegangen sei vom Idealbild der Mediceischen Venus (a. a. O. 13[27]).

Die *Querelle des Anciens et des Modernes* dreht sich um diesen Gegensatz zwischen der vom an der Vollkommenheit der Antike orientierten akademischen Ideal einerseits und der gegenwärtigen Erfahrung, die eine dem Ideal nicht entsprechende, möglicherweise (gemessen am Idealen) hässlichen Natur präsentiert. Es geht um die Frage, wo sich die Natur darstellt: in der Vergangenheit, die in Winckelmanns Text durch den Begriff der ›Offenbarung‹ geadelt wird, oder in der Gegenwart, der Moderne, in der der Künstler/die Künstlerin in der gegebenen Natur das Ideal abliest und damit auf eine Stufe mit den Meistern der Antike tritt, so der Anspruch Berninis und Raffaels. Oder ob sogar – weit über diesen Streit hinausgehend – der Künstlerin später die Aufgabe zugewiesen wird, die Faktizität der Natur ohne Rücksicht auf normative Ideale oder als desillusionierende Kritik der Ideale zur Darstellung zu bringen; die unterschiedlichen Spielarten des Realismus und deren ästhetische Kritik haben hier ihren Ort. Das Stichwort ›*modernus*‹ kennzeichnet also diesen Anspruch

[25] Heiko Damm, 25. Gian Lorenzo Bernini: Ähnlichkeit und Idealisierung (1665), in: Romana Sammern/Julia Saviello (Hgg.), Schönheit. Der Körper als Kunstprodukt. Kommentierte Quellentexte von Cicero bis Goya, Heidelberg, arthistoricum.net, 2018, 301–312 (https://books.ub.uni-heidelberg.de/arthistoricum/catalog/book/425/chapter/5754; zuletzt eingesehen 13.5.2025).

[26] Man kann sich an diesem Streit auch die Bedeutung der Entstehung des nicht idealisierenden Portraits und der Darstellung von Feindfiguren in den Passionsdarstellungen deutlich machen.

[27] »Folget nicht daraus, dass die Schönheit der griechischen Statuen eher zu entdecken ist, als die Schönheit in der Natur, und dass also jede rührender, nicht so sehr zerstreuet, sondern mehr in eins vereiniget, als es diese ist? Das Studium der Natur muß also wenigstens ein längerer und mühsamerer Weg zur Kenntniß des vollkommenen Schönen seyn, als es das Studium der Antiquen ist: und Bernini hätte jungen Künstlern, die er allezeit auf das Schönste in der Natur vorzüglich wies, nicht den kürzesten Weg dazu gezeiget.« (a. a. O. 13)

der Gegenwart auf einen von der normativen Vergangenheit unabhängigen Wahrheitszugang und ist darin dem reformatorischen Anspruch, in der Schrift den gegenwärtigen Zugang zur Wahrheit zu haben, verwandt. Das Kriterium für die positive Bewertung des Neuen ist die These, dass das Ideal der Natur im Blick des Künstlers in der Gegenwart besser zugänglich ist als durch das Vorbild der Alten.

2.6. Zusammenfassend. Damit wird deutlich: die positive Wertung der Gegenwart hängt hier an zeitenthobenen Kriterien. Die Gegenwart oder die Zukunft, das Neue, behaupten nicht als solche ihre Dignität, sondern weisen sich aus am Maßstab eines vorgegebenen Ideals, der Streit geht darum, wo dieses Ideal am besten zugänglich ist. Damit ist auch die Differenz der Position der ›Modernes‹ zum Traditionalismus im Stil des Johannes Damaszenus offensichtlich.

3. Von der Möglichkeit des Neuen – das Wunder

Indem das Neue proklamiert wird, wird das Bisherige zum Alten. Wo das Neue sich als etwas Positives präsentiert, impliziert das eine Abwertung und Ablösung des Alten. Dem positiven Neuen liegt die Erzählung zugrunde von einer mehr oder weniger universalen Depravation, die jüngst oder von alters her eingerissen ist und nun durchbrochen wird. Ein solches Konzept des in das depravierte Herkommen einbrechenden Neuwerdens steht vor einem Problem, das Immanuel Kant in seiner Religionsschrift expliziert hat[28]: »Wie es nun möglich sei, dass ein natürlicherweise böser Mensch sich selbst zum guten Menschen mache, das übersteigt alle unsere Begriffe.«[29]. Verallgemeinert: wie ist es möglich, dass in einer Geschichte des Verfalls etwas von dieser Geschichte nicht berührtes Neues entsteht?

3.1. Kant – die ›Revolution‹ als Voraussetzung des Neuen Menschen. Bekanntlich identifiziert Kant das Böse (das Alte) nicht mit der sinnlichen Natur des Menschen, die er vielmehr für die *conditio sine qua non* eines endlichen Wesens hält. Das radikale Böse hängt mit der ›Doppelnatur‹ des Menschen als Vernunft- und Sinnenwesen zusammen, das als Sinnenwesen einerseits motiviert ist durch den Zweck des Erhalts der eigenen partikularen Existenz (Prinzip der Selbstliebe), und das andererseits als Vernunftwesen sich unter Ansprüchen

[28] Zum Folgenden: Immanuel Kant, Die Religion innerhalb der Grenzen der bloßen Vernunft [1793, 2. Aufl. 1794], hier Erstes und Zweites Stück: Wilhelm Weischedel (Hg.), Kant. Werke in 6 Bänden, Nachdruck Darmstadt [1956] ⁵1983, 649–879. Zitiert wird im Folgenden nach der zweiten Auflage.

[29] A. a. O. B 50, vgl. 54–55.

sieht, die unbedingte und allgemeine Geltung beanspruchen.[30] Der Mensch steht vor der Aufgabe, diese beiden Maximen so ins Verhältnis zu setzen, dass er den Erhalt und das Wohlergehen der partikularen Existenz unter den Vorbehalt der Unbedingtheit und Allgemeinheit des Sittengesetzes stellt. Das radikale Böse ist die Verkehrung dieses Verhältnisses so, dass die Befolgung des Sittengesetzes unter den Vorbehalt des partikularen Wohlergehens zu stehen kommt. Der neue Mensch,[31] so Kant, ist genau der Mensch, der vernunftgeleitet handelt – und dazu bedarf es nicht einer Reform, sondern einer »Revolution für die Denkungsart«,[32] eines Umsturzes (*res novae*) also. Ein Neubeginn im Guten, das heißt: eine Neubestimmung der Motivation, die nicht unter dem Vorzeichen der vorangehenden Motivation durch das eigene Wohlbefinden steht, ist eigentlich nicht vorstellbar, wenn und weil sich alle im Bösen, das heißt: in der handlungsbestimmenden Verkehrung der Maximen immer schon vorfinden.[33]

3.2. Das Problem: kann es einen Neuanfang in der Geschichte geben? Die Orientierung am ›Neuen‹ stellt vor ein Problem, das die Orientierung am Alten und am Herkommen nicht hat. Das Alte und Herkömmliche liegt am Ursprung und ist die Bedingung der Möglichkeit der Gegenwart auch dann, wenn diese ihrem Ursprung entlaufen ist. Man kann sich das an Platons Höhlengleichnis klar machen: die einmal, vorgeburtlich geschaute Idee bleibt unbewusst präsent und wird wiedererkannt als das, was »alles ordnet in dem Raum des Wahrnehmbaren und in gewisser Weise die Ursache alles dessen ist, was sie dort [in der Höhle] sahen.« (Politeia, 516 b 11/c 1). Das Ursprüngliche kann auch unter den Bedingungen der Depravation nicht ganz aus den Augen verloren werden – dafür steht der Frühdialog Phaidon, in dem Platon als Beweis für die Unsterblichkeit der Seele die Anamnesis-Lehre skizziert. Für das gegen das Herkommen gestellte Neue hingegen stellt sich die Frage nach der Bedingung seiner Möglichkeit, und zwar in doppelter Weise: theologisch als Frage danach, wie inmitten der radikalen Heillosigkeit (Verfallensein an das Böse) ein vom Bösen nicht berührter Neuanfang möglich sein soll. Allgemein die

[30] A. a. O. B 34–35.

[31] A. a. O. ›Neuwerden‹ und ›neuer‹ Mensch: B 54 und 61.

[32] A. a. O. B 54.

[33] Bei Kant tritt in der Religionsschrift eine christologische gedankliche Figur ins Mittel: er geht davon aus, dass die je eigene moralische Anlage, des «moralischen Gesetzes in mir« Achtung für das Gesetz weckt (Kant, Religion [s. Anm. 28] 58–62). Die im zweiten Stück aufgerufene, mit christologischen Anspielungen konnotierte Menschwerdung des Gesetzes (73–83) ist der Schlüssel zur Selbsterkenntnis als ›Träger‹ des Gesetzes (78–79).

Frage, wie überhaupt in geschichtlichen bzw. biographischen Verläufen Neuanfänge denkbar sein sollten.

3.3. Die traditionelle Antwort: das Wunder – am Beispiel der lukanischen Vorgeschichte. Beide Fragen hängen miteinander zusammen. Denn die klassische theologische Antwort auf die Frage nach einem Neuen in der Heilsgeschichte bzw. in der individuellen Biographie ist die Erzählung von einem unmittelbaren Eingreifen Gottes in die Geschichte, das in Jer 31 als Gabe eines neuen Herzens oder in 2 Kor 5,17 als die in Christus begründete Neuschöpfung oder in Jes 61 und Apk 20 als kosmischer Neuanfang gedeutet wird: das Wunder.[34] Dieses Eingreifen in die (Heils)Geschichte wird insbesondere in der Vorgeschichte des Lukasevangeliums konzipiert – dabei ist die Feststellung, dass diese Geschichte fiktiv ist, selbstverständlich vorausgesetzt, weil für die Aussageabsicht völlig irrelevant: auch Lukas ist sich dessen bewusst, dass er hier keine Ereignisse beschreibt, sondern Theologie im Medium der Narration betreibt.[35]

Der entscheidende Punkt und das Besondere dieses Durchbruchswunders liegt darin, dass Lukas den Neuanfang in höchst kunstvoller Weise in den Ablauf der Geschichte einfügt: die Geburt aus der Jungfrau ohne Beteiligung eines Mannes ist ein Neuanfang mitten in der Geschichte. Dies markiert Lukas dadurch, dass er an die Geschichten von Geburt und Darstellung im Tempel das zweite Zusammentreffen der beiden Hauptfiguren der Vorgeschichte (Johannes und Jesus)[36] anfügt und dann den Stammbaum Jesu anschließt, nach

[34] Notger Slenczka, Wunder – Anmerkungen aus systematischer Perspektive, in: Ruben Zimmermann (Hg.), Faszination der Wunder Jesu und der Apostel. Die Debatte um frühchristliche Wundererzählungen geht weiter, Göttingen 2019, 171–187.

[35] Zu Lukas vgl. Martin Bauspieß, Geschichte und Erkenntnis im Lukanischen Doppelwerk. Eine exegetische Untersuchung zu einer christlichen Perspektive auf Geschichte (ABG 42), Leipzig 2012, hier bes. die Hinweise auf die hermeneutische Funktion der Vorgeschichte 314–323; vgl. beispielsweise 320–321; allgemein: Sönke Finnern, Narratologie und biblische Exegese. Eine integrative Methode der Erzählanalyse und ihr Ertrag am Beispiel von Matthäus 28 (WUNT 2/285), Tübingen 2010.

[36] Die Vorgeschichte hat Lukas sehr bewusst und kunstvoll gestaltet – sie endet m. E. nicht mit der Darstellung Jesu im Tempel oder der Erzählung vom 12-jährigen Jesus im Tempel, sondern mit der Taufe Jesu und dem Stammbaum. So auch Hans Klein, Das Lukasevangelium (KEK I,3), Göttingen 2006, hier 79; er betrachtet auch die Versuchung und die Berichte vom Anfang des Wirkens Jesu in Lk 4 als Teil dieses Zusammenhangs, identifiziert aber auch Lk 1 und 2 als auch literargeschichtlich zusammenhängende Einheit (81); mir leuchtet ein, dass die Versuchungserzählung dem Abschnitt zum Wirken des Täufers parallelisiert ist und dieser daher ebenfalls zu diesem Zusammenhang gehört; ich würde das Summarium 4,14 und den Ortswechsel nach Galiläa aber als Neueinsatz betrachten. So auch Barbara Schmitz, Leben aus der präsentischen Ermutigung Gottes. Überlegungen zu Simeons Gebet (Lk 2,25-35), in: Hans Klein u. a. (Hgg.), Das Gebet im Neuen Testament (WUNT I,249), Tübingen 2009,

dem Jesus über seinen Vater in die Geschichte der Menschheit seit Adam hineingehört. Der Leser und die Leserin, die die Ankündigung des Engels im Ohr haben und daher das »wie man glaubte« (ὢν υἱός, ὡς ἐνομίζετο, Ἰωσήφ) entschlüsseln, wissen, dass die Zugehörigkeit zur Menschheitsgeschichte eine rein juristische Zugehörigkeit ist.[37] Weder geht es in diesem Stammbaum um den Ausweis der Davidsohnschaft noch, wie bei Matthäus, um die Rückführung auf Abraham, sondern es geht darum, dass der Heilsbringer Teil der Menschheitsgeschichte seit Adam ist – und doch nicht von dieser Unheilsgeschichte bestimmt ist, weil er nicht physisch aus ihr hervorgeht. Es ist das Eingreifen Gottes in die Geschichte, das den *Neuanfang in der Kontinuität* der Geschichte ermöglicht. Diese ›Lösung‹ der Frage, wie in der Geschichte etwas vom Unheil nicht Berührtes und in diesem Sinne ›Neues‹ entstehen kann, bieten die meisten Texte, die die Geschichte Jesu als wunderhaftes Eingreifen Gottes in die Geschichte kennzeichnen – zu denken ist, ein Beispiel von vielen, an den Zusammenhang von Röm 7 und 8 (8,3) oder an Gal 4,4: dort bildet das ›unter das Gesetz getan‹ das Moment der Kontinuität der Geschichte, in die sich der Neueinsatz Gottes als solcher einfügt (vgl. Phil 2,5–11).

3.4. Das Wunder im ordo salutis. In Röm 8 und in anderen Passagen verbindet Paulus den heilsgeschichtlichen Neueinsatz Gottes mit einer individualbiographischen Neubestimmung. Sowohl hier wie in der folgenden Tradition wird dafür natürlich der Heilige Geist in Anspruch genommen, vermittelt beispielsweise durch die Taufe (1 Petr 1,3 und 23; Tit 3,15) – als eine exemplarische Definition kann die Definition der ›*renovatio*‹ dienen, die die Darstellung des *ordo salutis* in der spätorthodoxen Dogmatik des Johann Friedrich König abschließt:

> »Ihr [der Erneuerung] Anfang ist nach der Schrift der alte Mensch, das Ende der neue Mensch. Alter und neuer Mensch werden aber nicht hinsichtlich der Substanz unterschieden [d.h. es gibt ein durchgängiges Subjekt, an dem sich die Erneuerung

205–232; François Bovon, Das Evangelium nach Lukas (EKK 3), 1. Teilband (1,1–9,50), Neukirchen-Vluyn/Zürich 1989, hier 45–48. In der Vorgeschichte werden die Johannes- und Jesus-Erzählstränge streng parallel geführt (Bovon, a. a. O. 46–47, vgl. Augustin George, Le parallèle entre Jean Baptiste et Jésus en Luc 1–2, in: Mélanges Bibliques en hommage au Beda Rigoux, Gembloux 1970, 147–171): auf die Ankündigung der Geburt des Johannes folgt die Ankündigung der Geburt Jesu – beide begleitet von wundersamen Schwangerschaften – und das pränatale Zusammentreffen beider in der Begegnung der Mütter, dann wieder streng parallel die Geburt des Johannes mit Beschneidung und die Geburt Jesu mit der folgenden Darstellung im Tempel und den Lobgesängen des Simeon und der Hanna, die dem Lobgesang des Zacharias entsprechen. Dann folgt das zweite Zusammentreffen des Täufers und Jesu bei der Taufe Jesu, das wie das erste von einer Unterordnungsmotivik geprägt ist (Klein, a. a. O. 157) – und dann folgt der Stammbaum Jesu.

[37] Der genaue Sinn der Wendung ist streitig – vgl. Bovon, a. a. O. (s. Anm. 36) 190. I.

abspielt], sondern hinsichtlich der unterschiedlichen Qualitäten. … § 603. Die Definition [der *renovatio*] ist: Die Erneuerung ist das Handeln der zueignenden Gnade des Heiligen Geistes, durch welches er zusammen mit dem Vater und dem Sohn kraft des Verdienstes Christi den sündigen Menschen so verändert, daß der vom Dunkel des Irrtums gereinigte Verstand erleuchtet, der Wille gebessert, das zum Bösen neigende Begehren gezügelt und die Glieder des Leibes Waffen der Gerechtigkeit werden, zum Lobpreis Gottes und zur Erfüllung des ihm gebührenden Gehorsams.«[38]

3.5. Das Wunder der Schrift. Das Medium der Erneuerung ist dabei das Wort, im Zentrum die Schrift, die etwa in den exemplarischen Bekehrungsgeschichten des Augustin oder Luthers die Rolle des Mediums einer Neubestimmung der Existenz spielt. Im Blick ist dabei die Wirksamkeit der Schrift am lesenden Subjekt. Der Ausweis der Dignität der Schrift als Wort Gottes erfolgt durch die altprotestantische Rückführung der Schrift auf das Eingeben Gottes an gänzlich passive Offenbarungsempfänger - damit ist die Schrift ausgewiesen als dem Unheilszusammenhang enthobene Quelle der Neubestimmung, die das Subjekt im *ordo salutis* erfährt.

3.6. Zusammenfassend: Das Wunder - in der Geschichte und in der jeweiligen religiösen Biographie - ist nicht nur des vormodernen Glaubens liebstes, sondern vor allem des Glaubens unverzichtbarstes Kind, denn: ohne die Deutung des auftretenden Neuen als vom depravierten Alten unabhängiger Neueinsatz gibt es keine Dignität des Neuen.

Das Neue ist in diesen Fällen ein aus dem Bisherigen nicht ableitbarer Einbruch in die Selbstverständlichkeiten des Herkömmlichen auch da, wo der Kontinuität der Geschichte so eindrucksvoll Rechnung getragen wird wie in der lukanischen Vorgeschichte. Das Neue weist sich aus dadurch, dass es einen Einbruch darstellt in eine Welt, die durch diesen Einbruch erkennbar wird als das Alte und Depravierte. Der Gegensatz von Altem und Neuem formuliert sich im Gegensatz von Natur und Gnade oder Sünde und Befreiung oder Welt und Gott.

[38] Johann Friedrich König, Theologia positiva acroamatica, Rostock 1664, (lat.-dt. hg. von Andreas Stegmann, Tübingen 2006) 323 (Übersetzung nach Stegmann). König unterscheidet einen weiteren und einen engeren Begriff der ›*renovatio*‹: während der erste die wesentlichen Schritte des *ordo salutis* (Rechtfertigung und Wiedergeburt) mitbefasst, hebt der hier vorausgesetzte engere Begriff nur auf die ethische Erneuerung ab (ebd. 588, 321). Insgesamt ist die bei König vor allem bei den späten Altprotestanten - hier etwa bei David Hollaz - deutlich stärker als zuvor ausgebaute Lehre vom *ordo salutis* dadurch großartig, dass Hollaz die Schritte des *ordo salutis* so anordnet, dass sie lesbar sind als Beschreibung des ganz natürlichen und doch wundersamen Vorganges, dass ein Text einleuchtet - dazu Notger Slenczka, Die klassische Pneumatologie im Gespräch, in: Christian Danz (Hg.), Zwischen Geistvergessenheit und Geistversessenheit, Tübingen 2014, 109–129.

4. Das Neue in der Geschichte

Das Bisherige mag so klingen, als ob sich die Frage nach dem Neuen in der Geschichte zu allen Zeiten in gleicher Weise stellt. Es ist aber sinnvollerweise die Frage gestellt worden, ob die Zukunft und damit das Neue zu allen Zeiten in gleicher Weise wahrgenommen wurde. Dabei geht es nicht um die Bewertung des Neuen, sondern um die Frage nach der Wahrnehmung der Geschichte, die eine Wahrnehmung des Neuen ermöglicht. Dafür sind einige Gedankengänge Reinhart Kosellecks, Lucian Hölschers, Gotthold Ephraim Lessings und Ernst Troeltschs in die Diskussion einzubeziehen, in denen es um die Wahrnehmung der Gegenwart und Zukunft - des Neuen - im Verhältnis zur Vergangenheit - dem Alten - geht.

4.1. Reinhart Koselleck: Die Geschichte des Neuen. Mit der von Koselleck so genannten ›Sattelzeit‹[39] zwischen der Mitte des 18. und der zweiten Hälfte des 19. Jahrhunderts ändert sich die Orientierung auf die Gegenwart und Zukunft – auf das Neue. Reinhart Koselleck und Lucian Hölscher haben die »Geschichte der Zukunft« in semantischen Analysen nachgezeichnet.[40]

Reinhart Koselleck[41] hat gezeigt, dass und wie in dieser Zeit die Erfahrungswelt als zunehmend beschleunigte Bewegung wahrgenommen wird und sich damit eine semantische »Verzeitlichung« geschichtlicher Begriffe vollzieht. Darin spiegelt sich ab, dass die Geschichte als Einheit einer Bewegung oder als zielorientiertes Werden, als Entwicklung wahrgenommen und die Zukunft entsprechend gewertet wird:

> »Schließlich reißt die Kluft zwischen bisheriger Erfahrung und kommender Erwartung auf, die Differenz zwischen Vergangenheit und Zukunft wächst, so daß die erlebte Zeit als Bruch, als Übergangszeit erfahren wird, in der immer wieder Neues und Unerwartbares zutage tritt. Die Neuheit wächst dem Sinnbezirk der Zeit zu, und das um so mehr, als schon vor der Technifizierung von Verkehr und Information die Beschleunigung zu einer zeitspezifischen Grunderfahrung geworden war« (a. a. O. 336).

[39] Der Begriff stammt aus der Reitererfahrung in Kosellecks Jugendzeit und bezeichnet das Bereitmachen der Pferde vor einem Aufbruch. ; Bodo Mrozek, Die sogenannte Sattelzeit. Reinhart Kosellecks Geschichts-Metapher im Erfahrungsraum des Krieges, in: ZRGG 75 (2023), 133-153.

[40] Zur ›historischen Semantik‹ vgl. Dietrich Busse, Historische Semantik, Stuttgart 1987.

[41] Reinhart Koselleck, Vergangene Zukunft, Frankfurt (1989) [12]2022, daraus bes.: ›Neuzeit‹. Zur Semantik moderner Bewegungsbegriffe (1977), ebd. 300–348; Ders., ›Erfahrungsraum‹ und ›Erwartungshorizont‹ – zwei historische Kategorien (1976), in: Ders., ebd. 349–375; Ders., Vergangene Zukunft der frühen Neuzeit (1968), in: Ders., ebd. 17–37. Zur Methode: Ders., Begriffsgeschichte und Sozialgeschichte (1972), in: Ders., ebd. 107–129. Seitenverweise im Folgenden beziehen sich auf dieses Werk (Zukunft).

Die Verzeitlichung schlägt sich, so Koselleck, nieder in Bewegungsbegriffen, die pragmatischen Charakter gewinnen in dem Sinne, dass sie eine Stellungnahme in der als Bewegung wahrgenommenen Geschichte indizieren. Der Veränderung der Semantik der Begriffe liegt – das ist die Pointe Kosellecks – eine Veränderung der Erfahrung zugrunde, eine Wahrnehmung der Beschleunigung der erfahrenen Geschichte, die die Gegenwart zu einer streitigen Gestaltungsaufgabe im Übergang auf eine offene Zukunft hin macht:

> »Die Grunderfahrung der Bewegung, der Veränderung in eine offene Zukunft hinein teilten alle, nur über das Tempo und über die Richtung, die einzuschlagen sei, herrschte Streit. Dieser Streit, zunächst bloß der politisch Entscheidungsmächtigen, weitete sich im Gefolge der sozialen Umschichtungen aus und forderte schließlich, kraft der Parteibildung, jeden zur Entscheidung.« (Koselleck, Zukunft, 338).

Das ist begründet, so Koselleck, in einer spezifisch neuzeitlichen semantischen ›Verzeitlichung‹ der Geschichte, die »die gesamte Geschichte nach einer zeitlichen Struktur auszulegen« fordert – der Singularbegriff ›die Geschichte‹ und das Verständnis der Geschichte als Fortschritt und als Gestaltungsaufgabe ist nach Koselleck ein Produkt der Sattelzeit. Das hat zur Folge, so Koselleck, dass die Wahrnehmung und Deutung der Geschichte und die Stellungnahme in ihr als hermeneutisches Problem erfasst wird, da eine Gegenwart, die ein Übergang in eine noch nicht erschienene Zukunft ist, nur fassbar wird, wenn diese Zukunft prognostiziert wird. Die Zukunft und das Neue wird zu einem Wahrheitskriterium:

> »Die Lehre von der geschichtlichen Perspektive legitimiert den historischen Erkenntniswandel, indem sie der Zeitenfolge eine erkenntnisstiftende Funktion zuweist. Geschichtliche Wahrheiten wurden kraft ihrer Verzeitlichung zu überlegenen Wahrheiten.« (Koselleck, Zukunft, 336)

Diese Anspielung auf das berühmte Diktum Lessings (»Zufällige Geschichtswahrheiten können der Beweis für notwendige Vernunftwahrheiten nie werden.«) indiziert das Problem, das hier gelöst wird: der Geltungsanspruch allgemeiner und notwendiger und unveränderlicher Gesetzmäßigkeiten, die die Erfahrungswelt regieren, wird abgelöst durch das Kriterium der Zukunftsfähigkeit: im Werden ist das Künftige und damit das Neue das Gültige.

Der Ausgangspunkt der begriffsgeschichtlichen Analysen Kosellecks ist die Frage nach der Genese des positiv gewerteten Begriffs der ›Neuzeit‹, die sich in genau die skizzierten Kontexte einfügt. Er weist auf den doppelten Sinn hin, den die Erfahrung einer ›neuen Zeit‹ haben kann, indem das Wort entweder (ohne eine qualifizierende Wertung) das jeweilige ›Jetzt‹ meint, oder aber

> »einen qualitativen Anspruch anmelden [kann], nämlich neu zu sein in dem Sinne des ganz Anderen, gar Besseren gegenüber der Vorzeit. Dann indiziert die neue Zeit neue Erfahrungen, die so zuvor noch nie gemacht worden seien, er gewinnt eine Emphase, die dem Neuen einen epochalen Charakter zumißt.« (Koselleck, Zukunft, 310)

Dieser mit der ›Sattelzeit‹ eintretenden Deutung der Geschichte als nach Epochen ablaufende Bewegung liegt, wie gesagt, ein Wandel der Erfahrung zugrunde, den Koselleck durch seinen begriffsgeschichtlichen Niederschlag identifiziert. Auf diese Weise wird erkennbar, dass das Entstehen und die Semantik des Konzepts der Neuzeit eingebettet ist in einen Wandel der Weltwahrnehmung, in dessen Zusammenhang auch die hier relevante positive Qualifikation des ›Neuen‹ gehört.

4.2. Lucian Hölscher – die Entdeckung der Zukunft. Die ›Geschichte der Zukunft‹ ist auch Gegenstand der Untersuchung von Lucian Hölscher,[42] der die Stationen der Entdeckung der Zukunft als Zeitraum nachzeichnet, der sich in die Einheit der Geschichte als Verlauf einfügt und die Gegenwart mit einem in unterschiedlichen Epochen unterschiedlich erlebten Horizont umgibt. Auch er weist darauf hin, dass die Durchbrechung eines an Naturzyklen orientierten Verständnisses der Wirklichkeit hin zu einem Verständnis der Zukunft als eines offenen, bevorstehenden Zeitraumes, der zum Gegenstand menschlicher Gestaltung wird, der unter dem neuen Begriff des Fortschritts gefasst wird (Hölscher, Entdeckung 43), die auch die christliche Eschatologie erst modifiziert und dann einem Verständnis der Geschichte als einheitlicher Entwicklung auf eine Zukunft hin einordnet. Diese Einordnung der Eschatologie ist nicht einfach, so hält Hölscher fest, ein Vorgang der Säkularisierung, sondern zugleich ein Vorgang, der die Sicht auf das innerweltliche Geschehen ändert:

> »… zugleich erhielt das innerweltliche Geschehen, jenes graue Einerlei des ewig Gleichen, auch ein transzendentes Ziel jenseits dieser Welt. Die Frage nach dem Jenseits wurde also selbst zum Kompass einer diesseitig angelegten geschichtlichen Entwicklung.« (Hölscher, Entdeckung 52)

Das Stichwort der Entwicklung oder des Werdens ist es, was den in der ›Sattelzeit‹ sich ausbildenden Begriff der Zukunft oder des Neuen von der vorangehenden Rede vom ›modernus‹ unterscheidet. In dieser Entwicklung bildet sich etwas Neues aus, das als Künftiges das Kriterium seiner Wahrheit ist.

[42] Lucian Hölscher, Die Entdeckung der Zukunft, Göttingen (2016) ^{2}2022. Seitenverweise im folgenden Text beziehen sich auf dieses Werk.

Der hier relevante und entscheidende Punkt ist der, dass die Wahrnehmung der Geschichte als Entwicklung nach einer Identifikation des Ziels der Entwicklung und einer wertenden Stellungnahme verlangt, die eine Prognostik aus sich heraussetzt, die zunächst die Regierenden interessiert und sich – das zeigt insbesondere Koselleck[43] – in den entstehenden Parteien verallgemeinert.

4.3. Lessings ›Erziehung des Menschengeschlechts‹ ist hier theologiegeschichtlich einschlägig. Entstanden im Fragmentenstreit mit dem Hamburger Hauptpastor Johann Melchior Goeze um die Dignität der Schrift, plädiert Lessing mit der »Erziehung des Menschengeschlechts« für eine Vernunftreligion, deren Vehikel die religiösen Formen und kanonischen Dokumente der Vergangenheit seien. Im Sinne der Beschreibung Kosellecks ist dieser Text selbst ein Übergangsphänomen,[44] indem die Geschichte bereits als Fortschritt wahrgenommen wird.[45] Lessing geht von einem Geschichtsmodell aus, nach dem die Menschheit im Medium der Religionsgeschichte zur Vernunft geführt wird, die sich damit in der Gegenwart der Aufklärung eindeutiger und klarer darstellt als in den vorangehenden Epochen der Geschichte. Zugleich ist die zunehmende Einsicht in das Ziel der Religionsgeschichte das hermeneutische Kriterium der Wertschätzung der religiösen Überlieferung. Wie im Fortschreiten einer Erziehung ist das Gegenwärtige und Werdende vorzugswürdig gegenüber dem Alten; das leuchtet allerdings nur dem ein, der die Geschichte als Prozess der Erziehung zur Vernunft und somit einen Begriff der Vernunft erfasst hat. Das Wahre ist das Gegenwärtige und Werdende, das Neue – nicht das in der Vergangenheit liegende Dokument der Schrift. Vielmehr ist die Schrift nur dann und soweit wahr, als sie ein Schritt auf dem Weg zur Vernunft ist; das Neue – die Gegenwart und die Zukunft – ist das Kriterium für die Wahrheit des Vergangenen; und nicht mehr ist, wie noch Melchior Goeze, der Gegner Lessings, meint: das Dokument der Vergangenheit, das Alte, die Schrift das Kriterium der Beurteilung des Neuen. Das hat zur Folge, dass die Gegenwart die Vergangenheit – die Schrift im Prozess des Werdens zur Vernunft – besser versteht, als diese sich selbst verstanden hat; das ist die Pointe der Akkomodationstheorie.

[43] Koselleck, Zukunft (s. Anm. 41) 338.

[44] Koselleck, Zukunft (s. Anm. 41) 333.

[45] Koselleck, Zukunft (s. Anm. 41) 34; 58!; 362; vgl. Hölscher, Entdeckung (42) 55–57. Zum Folgenden auch: Notger Slenczka, Das Evangelium und die Schrift, in: Ders., Der Tod Gottes und das Leben des Menschen, Göttingen 2003, 39–64, hier 39–44. Vgl. die großartige Leistung des Lessing-Handbuchs: Monika Fick, Lessing-Handbuch (2000), Stuttgart/Heidelberg ⁴2016, hier zur Erziehungsschrift: 427–444 (https://link.springer.com/book/10.1007/978-3-476-05399-2?page=2#toc; zuletzt eingesehen 13.5.25).

Die Streitigkeiten weisen darauf hin, dass in dieser Übergangszeit die Auseinandersetzung zwischen der Orientierung am Alten und am Neuen und das von Lessing vorgetragene Geschichtsmodell eine Auseinandersetzung um normative Geltungsansprüche war. Der Geltungsanspruch der Vergangenheit wird unter den Vorbehalt der Vernunft gestellt. Das verbindet das Konzept mit dem reformatorischen Schriftprinzip und unterscheidet es vom Traditionalismus des Damaszeners und anderer.

Das Wesen der Vernunft steht dabei für Lessing fest; allerdings vollzieht sich die Erziehung zur Vernunft in einem fortschreitenden Prozess, an dessen Ende erst die volle Einsicht in das Wesen der Vernunft erreicht ist. Der Geltungsanspruch der Vernunft wird aber dadurch ausgewiesen, dass sie als das Gesetz der Geschichte identifiziert wird. Lessing beansprucht sozusagen, im Prozess des Werdens stehend bereits das Ziel absehen zu können und die Geschichte der Menschheit als Prozess der Bildung zur Vernunft beschreiben zu können. Die Einsicht in das Wesen der Vernunft ist der Schlüssel zum Verständnis der Religionsgeschichte.

4.4. Ernst Troeltsch – die Kontinuität der Geschichte und das Neue. Ich greife noch einmal zurück auf die Funktion des Wunders als Bedingung der Möglichkeit des Neuen in der Geschichte: dass diese Durchbrechung des geschichtlichen Zusammenhangs durch das Wunder das wesentliche Element der ›dogmatischen Methode‹ ist, die Troeltsch in seinem berühmten Aufsatz[46] einer Kritik unterzieht, ist bekannt.

4.4.1. Entsprechend stellt Troeltsch dem die ›historische Methode‹ entgegen, die, konzentriert auf die von ihm genannten drei Prinzipien des historischen Arbeitens, kurz in Erinnerung zu rufen ist: das Kriterium, das die Kritik (erstes Prinzip) der Quellen leitet, ist die Analogie, die davon ausgeht, dass die Gesetzmäßigkeiten, die gegenwärtig die Wirklichkeitserfahrung leiten, auch zur Zeit der Texte herrschten: »Die Analogie des vor unseren Augen Geschehenen und in uns sich Begebenden ist der Schlüssel zur Kritik« (Troeltsch, Methode 90). Es handelt sich um ein Prinzip des historischen Verstehens, das beispiel-

[46] Ernst Troeltsch, Über dogmatische und historische Methode (1908), in: Friedemann Voigt (Hg.), Ernst Troeltsch Lesebuch, Tübingen 2003, 2–25; die Seitenangaben im Folgenden beziehen sich auf diesen Text, zitiert wird nach der als Marginalie beigegebenen Paginierung der Erstveröffentlichung von 1900. Zur Zentralstellung des Wunders für die ›dogmatische Methode‹: ebd. 66–68. Dazu Friedemann Voigt, Historische und dogmatische Methode der Theologie. Der Absolutheitscharakter des religiösen Bewusstseins bei Troeltsch und Tillich, in: Ulrich Barth u. a. (Hgg.), Aufgeklärte Religion und ihre Probleme, Berlin/New York 2013, 213–228, hier zu Troeltsch: 216–219 und 225.

weise auch bei Dilthey[47] grundlegend ist für einen Ansatz, der Texte und historische Dokumente im weitesten Sinne als Ausdruck des Lebens fasst. Es ist die Identität der im je eigenen Lebensvollzug verstandenen Grundstrukturen des Lebens, die es möglich macht, dass in einer Gegenwart Zeugnisse der Vergangenheit als Ausdruck desselben Lebens verstehbar werden – so Dilthey, und so auch Troeltsch.[48]

Entscheidend für unseren Zusammenhang der Frage nach dem Neuen ist aber das Prinzip der Korrelation, das besagt, es könne

> »keine Veränderung an einem Punkte eintreten [...] ohne vorangegangene und folgende Änderung an einem anderen, so daß alles Geschehen in einem beständigen korrelativen Zusammenhänge steht und notwendig einen Fluß bilden muß, indem Alles und Jedes zusammenhängt und jeder Vorgang in Relation zu anderen steht« (Troeltsch, Methode 90–91).

Dieses Prinzip schließt das Auftreten von ›Neuem‹ im hier vorausgesetzten Sinn des ›ganz anderen‹, einer Durchbrechung des Zusammenhangs der Geschichte und des Eingreifens höherer Mächte aus. Es gibt keine Neuanfänge in der Geschichte, die sich nicht aus den in der jeweiligen Situation selbst wirksamen Kräften ergeben; jedes Ereignis der Religionsgeschichte ist eingebunden in historische, geographische und soziologische Zusammenhänge. Entsprechend ist auch das Auftreten Jesu und die Entstehung des Christentums kein wunderhafter Neueinsatz, sondern ein vielfach bedingtes Moment in der Entwicklung der Religionsgeschichte, die selbst ein vielfach bedingtes Moment der allgemeinen Geschichte ist.[49]

> »Damit sind aber die Principien der historischen Erklärung und Auffassung gegeben. An jedem Punkt tritt Eigenthümliches und Selbständiges hervor, das jedoch durch unsere Fähigkeit der Nachempfindung als zum Gemein-Menschlichen gehörig empfunden wird; aber diese eigenthümlichen Kräfte stehen in einem, das Gesammtgeschehen umfassenden correlativen Fluss und Zusammenhang, der uns Alles durch einander bedingt zeigt, keinen der gegenseitigen Beeinflussung und Verflechtung entzogenen Punkt kennt.« (Troeltsch, Methode, 90–91)

Es ist dabei entscheidend, festzuhalten, dass Troeltsch dieses ›Prinzip‹ der Korrelation nicht als eine Willkürentscheidung einführt, die Zeitgenossen ebenso willkürlich anders entscheiden können, sondern er betrachtet das historische

[47] Wilhelm Dilthey, Der Aufbau der geschichtlichen Welt in den Geisteswissenschaften, Frankfurt 1970, bes. 156–232, bes. 156–185.

[48] Troeltsch, Absolutheit (s. Anm. 49) B 55–57 – vgl. den Hinweis dort auf die Analogie: 56.

[49] Ernst Troeltsch, Die Absolutheit des Christentums (KGA 5), Berlin u. a. 1998. Seitenangaben im Folgenden nach der zweiten Auflage; Seitenverweise im folgenden Text beziehen sich auf diese Ausgabe.

Bewusstsein als ein die Gegenwartskultur prägendes, unentrinnbares, damit unverfügbares und unhintergehbares Geschick.[50] Es führt dazu, dass Wesensbestimmungen und Geltungsansprüche ebenso wie Theorien über den Sinn und das Ziel der Geschichte nicht a priori gewonnen und als Entwicklungsgesetz der Geschichte an sie herangetragen werden können – das ist eine Kritik der Erschließung der Geschichte als Verwirklichung einer Idee. Vielmehr müssen und können die im Verlauf der Geschichte realisierten Werte und Ziele nur im Durchgang durch die Vielfalt der Geschichte ausgewiesen werden – Troeltschs Arbeiten zur Absolutheit des Christentums und der großartige Aufsatz zum ›Wesen des Christentums‹[51] sind die materialen Probestücke, seine späten Arbeiten zum Problem des Historismus[52] die letztlich aporetische Reflexion der Frage nach dem Ausweis der das Verstehen der Geschichte leitenden Kategorien.

4.4.2. Konzentriert auf den Vortrag zur Absolutheit des Christentums: Troeltsch setzt sich hier mit zwei Gegenpositionen auseinander: einem Wertidealismus, der die Menschheitsgeschichte als Realisation einer jenseits von ihr zugänglichen Idee betrachtet,[53] und einem historischen Positivismus, der auch die höchsten Werte als individuelle Ereignisse historisch kontextualisiert, als Produkt einer vielfältig bedingenden historisch-soziologischen Situation einordnet und historisch relativiert:

> »Die Geschichte schließt die Normen nicht aus, sondern ihr wesentlichstes Werk ist gerade die Hervorbringung der Normen und der Kampf um Zusammenfassung dieser Normen. Aber diese Normen und ihre Vereinheitlichung selbst bleiben immer etwas Individuelles und temporär Bedingtes in jedem Moment ihrer Wirksamkeit, immer ein von der Lage mitgeformtes Streben nach einem vorschwebenden, noch nicht fertig verwirklichten, noch nicht absolut gewordenen Ziel. Nicht das Entweder-Oder von Relativismus und Absolutismus, sondern die Mischung von beidem, das Herauswachsen der Richtungen auf absolute Ziele aus dem Relativen ist das Problem der Geschichte.« (Troeltsch, Absolutheit, B 58)

Das heißt: in der Betrachtung der historischen Erscheinungsformen der Menschheit erfasst der Historiker Positionen, die sich als Ergebnis des Zusammenspiels vieler historischer Bedingungen ausbilden und in denen der Historiker Werte identifiziert, die ihm selbst nachvollziehbar sind – es gibt

50 Troeltsch, Methode (Anm. 46) 91–92; 94–95.

51 Ernst Troeltsch, Was heißt ›Wesen des Christentums‹?, in: Gesammelte Schriften 2, [Tübingen 1913] Aalen 1977, 386–451.

52 Ernst Troeltsch, Der Historismus und seine Überwindung (1924) (KGA 17), Berlin u. a. 2007, 67–132.

53 Etwa Troeltsch, Absolutheit (s. Anm. 49) B 29–30.

diese Identifikation von leitenden Werten nur unter der hermeneutischen Voraussetzung der Fähigkeit, sich in die Gestaltungen der Vergangenheit ›einzuleben‹. Es ist der Historiker als wertendes Wesen, der jeweils in einer bestimmten eigenen Situation in den zusammenhängenden historischen Situationen leitende Werte und entsprechend Ziele der Entwicklung identifiziert.

> »Geradesowenig ist die kausal-mechanische Ableitung und Erklärung, die Abhängigkeit alles Innern von herantretenden äußeren Einwirkungen, die Leugnung alles Neuen und Schöpferischen das Wesen historischer Denkweise. Das ist vielmehr nur die Uebertragung der nach allgemeinen Gesetzen suchenden naturwissenschaftlichen Methode auf die Historie, wobei gerade das verloren geht, was das Wesentliche der Historie ist: das in der Einwirkung der jedesmal gegebenen Kräfte entstehende Individuelle und Besondere, das eben gerade nicht ableitbar, sondern eine in der Relation mit dem Gegebenen sich vollziehende, aus den transzendenten Tiefen der Geschichte auftauchende Neuschöpfung ist.« (Troeltsch, Absolutheit, B 56)

Das impliziert, dass die Geschichte der Religionen untrennbar in diesen korrelativen Zusammenhang aller Geschehnisse und Gestaltungen der Geschichte eingebunden ist, sich aber gerade in diesem Zusammenhang je besondere Phänomene ergeben, die eine Neuschöpfung darstellen. An diesem Punkt bringt Troeltsch das Auftreten religiöser Stifter unter, deren schöpferische Leistung ein Ergebnis »der jedesmal gegebenen Kräfte« und somit kein den Geschehenszusammenhang durchbrechendes Wunder ist, in dem aber doch ein Betrachter ein Fortschreiten einer Entwicklung auf ein Ziel hin erkennt, das sich nirgends anders darstellt als im Zusammenhang der Geschichte und der in ihr wirkenden Kräfte, und das zu identifizieren selbst ein Beitrag zum Kampf der Ideen ist:

> »Er [der historische Interpret, N. Sl.] wird in einer geschichtlich-positiven Religion wurzeln müssen und durch die Vergleichung nur manches zurückstellen lernen, was in dieser ohne solche Vergleichung bisher im Vordergrunde stand und manches stärker betonen, was im Hintergrunde war. Ein solcher Maßstab ist dann freilich Sache der persönlichen Ueberzeugung und im letzten Grunde subjektiv. Allein anders kann ein Maßstab zur Entscheidung zwischen den kämpfenden historischen Werten überhaupt nicht beschaffen sein. Er ist eben selbst die im Vergleich und in der Abwägung gewonnene persönliche sittlich-religiöse Ueberzeugung. ... Sie hat ihren objektiven Grund in der sorgfältigen Umschau, in der parteilosen Anempfindung und in der gewissenhaften Abwägung; aber ihre letzte Entscheidung bleibt die subjektiv-persönliche innere Ueberführung.« (Troeltsch, Absolutheit B 65–66.

Das Auftreten des Neuen ist kein wundersames Eingreifen eines göttlichen Wesens, sondern ergibt sich durch das Berücksichtigen der Besonderheit, dass Menschen unbeschadet dessen, dass sie unverbrüchlich in einem Naturzusammenhang stehen und vielfach bedingt sind, doch wertend und deutend auf die Wirklichkeit zugreifen,[54] dabei in vielfältiger Weise in überindividuelle Deutungen und Wertungstraditionen eingebunden sind (B 34–37; 51–52), so aber, dass sich in diesen vielfältigen Bedingtheiten etwas individuell Neues einstellen und wirksam werden kann. Nichts an der Person Jesu ist ein unableitbarer Einbruch eines ganz Anderen in die Religionsgeschichte, und doch bringen die wirkenden Kräfte der Geschichte ein Individuum hervor, das sie angeeignet hat und den wirkenden Kräften eine neue Richtung gibt. Ein rückblickender Betrachter identifiziert diese Neuausrichtung, eignet sie an und deutet von ihr her und auf sie hin den Lauf und den Sinn der Geschichte.

5. Die Wirklichkeit des Neuen – ist das Auftreten Jesu/das Christentum etwas Neues in der Geschichte?

Damit ist deutlich: Das Neue in der Geschichte ist nicht etwas, was sich als Diagnose eines zeitlichen Verlaufs identifizieren lässt. Es ergibt sich aus einer Wertung, ist also untrennbar von einer subjektiv deutenden Perspektive. Das Neue und entsprechend das Alte gibt es nicht ›an sich‹ – das ergibt sich aus dem Vorangehenden. Im Folgenden werde ich im Durchgang durch einige neutestamentliche Texte zeigen, dass diese hermeneutische Voraussetzung auch in den Texten selbst präsent ist und das Verständnis der Kategorie des ›Neuen‹ komplex macht. Diese hermeneutische Voraussetzung meldet sich zweitens in Gestalt einer forschungsgeschichtlichen Bewertung, in der deutlich wird, dass das Verhältnis von ›alt‹ und ›neu‹ nicht an den Sachverhalten hängt, sondern eine Kategorie ihres Verstehens ist.

Zunächst aber: in der christlichen Tradition hängt der Anspruch des Neuen auf den ersten Blick mit der Person Jesu von Nazareth zusammen, die in den neutestamentlichen Texten und der im Hintergrund wirksamen Gemeinde als etwas ›Neues‹ profiliert wird – das πρὸς ἕν, das Erstbezeichnete des vielfältigen Neuen wäre dann diese Gestalt und der Neueinsatz in der Geschichte, den er darstellt und den Lukas durch das oben erinnerte Wunder der Geburt markiert. Hier ergibt sich aber nach meinem Eindruck ein sehr vielfältiges und damit aporetisches Bild, zunächst auf der Ebene der Texte, insbesondere aber dann, wenn man die ebenfalls mit dem Gegensatz von ›alt‹ und ›neu‹ operierenden positionellen Selbstverortungen in der Forschungsgeschichte berücksichtigt. Damit wird deutlich, dass ›das Neue‹ eine hermeneutische Kategorie

[54] Diese Zuordnung ist hier, wie in vielen entsprechenden Positionen des Neukantianismus eine modifizierende Aneignung der Lösung der Dritten Antinomie Kants – das führe ich hier nicht aus.

ist – was das ist, wird deutlich werden. Dies zu zeigen (und nicht ein Beitrag zur Exegese und erst recht nicht eine Stellungnahme zum christlich-jüdischen Verhältnis[55]) ist das Ziel und damit die Grenze des Folgenden.

5.1. Jesus Christus als Bestätigung des ›Alten‹ – und das neue Verstehen des Alten. Die Antworten auf die Frage, ob mit der Person Jesu ›etwas Neues‹ in die Religionsgeschichte eingetreten ist, sind ebenso vielfältig wie die Besetzungen des Begriffs ›neu‹, die oben aufgerufen wurden. Es ergibt sich bereits auf der Ebene der Texte ein uneinheitliches Verhältnis von ›alt‹ und ›neu‹. Wenn man auch die jüngere Forschungsgeschichte und die Rezeption der Texte berücksichtigt, wird das Verhältnis noch deutlich komplexer.

5.1.1. Betrachtet man nun erst einmal die Oberflächenevidenz der neutestamentlichen Texte und der folgenden Traditionen, dann zeichnen sie zunächst die Person Jesu ein in den von den alttestamentlichen Texten geprägten eschatologischen Erwartungshorizont des seinerzeitgenössischen Judentums. Dafür stehen beispielsweise die Erfüllungszitate insbesondere des Matthäusevangeliums,[56] aber auch des Johannesevangeliums (Joh 19,24.28.36) oder die Bezugnahmen des Lukas auf alttestamentliche Belege für das Geschick Jesu (Lk 24;[57] Apg 8 oder auch die Predigten der Jerusalemer Apostel in den ersten Kapiteln der Apostelgeschichte[58]). Gerade die Passionsberichte nehmen alttestamentliche Vorstellungsgehalte insbesondere aus den Psalmen auf und verwenden die dort implizierten Betersituationen (etwa Ps 22 oder 69 und natürlich Jes 52[59]) zur Beschreibung des Passionsgeschehens, das damit als in diesen Psalmen angekündigt erscheint. Hier ist die Person Jesu gerade nicht ein Neueinsatz in

[55] Ich notiere vorsichtshalber und nachdrücklich: Was ich im Folgenden zu diesem Thema sage, hat nicht den Zweck einer Stellungnahme im Verhältnis zum Judentum, sondern dient lediglich dazu, diese Verhältnisbestimmung in ihrer klassischen (alten) Gestalt und in ihrer Neubestimmung hermeneutisch zu reflektieren bzw. diese Reflexion für das Verständnis des ›Neuen‹ als hermeneutischer Kategorie durchsichtig zu machen. Dass sich die Kategorie des ›Neuen‹ im Christentum auch in seiner Selbstverortung im Verhältnis zum Judentum geltend macht, liegt nicht an mir, sondern an der Tradition, die ich referiere.

[56] Luz, Matthäus Teilband 1 (s. Anm. 68) 189–199, hier auch zum Überbietungsanspruch gegenüber Israel.

[57] Ulrike Mittmann-Richert, Der Sühnetod des Gottesknechts. Jesaja 53 im Lukasevangelium (WUNT 220), Tübingen 2008, hier bes. 210–249; dazu auch Bauspieß, Geschichte (s. Anm. 35) 249–303.

[58] Rouven Genz, Jesaja 53 als theologische Mitte der Apostelgeschichte Studien zu ihrer Christologie und Ekklesiologie im Anschluss an Apg 8,26–40 (WUNT 2/398), Tübingen 2015.

[59] Ps 22: Mk 15,24 // Ps 22,19; 15,29 // 22,8 und natürlich Mk 15,34 // Ps 22,2; zu Ps 69: 15,36 // Ps 69,22; Jes 53: Mk 15,5 // Jes 53,7; Mk 15,27 // Jes 53,12 u. ö. Dazu die Beiträge in: Dieter Sänger (Hg.), Psalm 22 in den Passionsgeschichten der Evangelien (BThS 88), Neukirchen-Vluyn 2007.

der Geschichte, sondern die Bestätigung und Erfüllung des in den alttestamentlichen Texten Vorgezeichneten.[60]

5.1.2. Auf der anderen Seite hat genau diese Inanspruchnahme der Hoheitstitel und der Hoffnungsbilder der alt- und zwischentestamentarischen Traditionen den Widerspruch von Teilen des Judentums geweckt – das ist jedenfalls das Bild, das die Evangelien an vielen Stellen vermitteln und das beispielsweise in Justins Dialogus und in der Ersten Apologie tradiert und in der Folgezeit in die Selbstdeutung des Christentums aufgenommen wird.[61] Damit ist deutlich, dass die Person Jesu, auch wenn seine Jünger die im Alten Testament gezeichnete Heilsgeschichte auf Jesus zulaufen sehen, doch *im Vergleich mit dem seinerzeit gängigen Verständnis* dieser alttestamentlichen Tradition etwas Neues darstellt.

5.1.3. Die Auseinandersetzung, die die Texte beschreiben, ist ein hermeneutischer Streit:[62] man hat es nicht nur mit dem Vorgang zu tun, dass die Person Jesu in die Verheißungsbilder der alttestamentlichen Tradition eingezeichnet und von daher gedeutet wird, sondern auch damit, dass die Verheißungsbilder der alttestamentlichen Tradition dadurch, dass sie auf die Person Jesu bezogen werden, ihrerseits einen Sinn gewinnen, den die beispielsweise von den Evangelisten apostrophierten Juden als Neuerung betrachten. Wenn ausgerechnet ein Gekreuzigter als der Messias bezeichnet wird, qualifiziert das nicht nur den Gekreuzigten, sondern auch den Titel des Messias, und wenn die Züge des Ps 22 in der Passion Jesu wiedererkannt und auf diese Person hin gedeutet werden, verändert das den gängigen Sinn dieser Texte. Für diese Konzentration der zeitgenössischen Erwartungsgestalten steht insbesondere Lukas, der den leidenden Gottesknecht von Jes 52–53 als das hermeneutische Zentrum und als

60 Dabei kann hier offen bleiben, ob es sich dabei um ein genuines Anliegen der Gemeinde oder um eine Reaktion auf externe Einwände gegen die Wertschätzung der Person Jesu in der Gemeinde handelt.

61 Justin, Dialogus cum Tryphone Judaeo, hg. von Philippe Bobichon, gr.-frz., 2 Bde., Fribourg 2003 (zugänglich im Ausgang von: https://folia.unifr.ch/unifr/documents/309109 [zuletzt eingesehen 8.6.2025]); Justin, Apologie I, MPG 6,327–440, vgl. hier Kap. 30ff. den Nachweis der Bezeugung Jesu im Alten Testament: MPG 6,373/4 B und ff. (MPG ist nicht zitierfähig, aber einfach zugänglich: https: // www.documentacatholicaomnia.eu/20vs/103_migne_gm/0100-0160,_Iustinus,_Apologia_Prima_(MPG_006_0327_0440),_GM.pdf, zuletzt eingesehen 8.6.2025).

62 Dazu mit Lit.: Notger Slenczka, Die Christologie als Reflex des frommen Selbstbewusstseins. »... darumb wirt die gottheyt Ihesu Christi … damit bekant, das wir ynn yhn … glauben« (Luther, WA 7,215,15), in: Jens Schröter (Hg.), Themen der Theologie: Christologie, Tübingen 2014, 182–241, hier 181–191.

den Schlüssel der alttestamentlichen Verheißungen betrachtet und sie von diesem Zentrum her liest.[63]

5.1.4. Dabei ist es für die hier leitende Frage unwesentlich, ob es bereits im Umfeld Jesu eine Tradition des leidenden Messias gegeben hat oder nicht, oder ob vielleicht diese Tradition vom zeitgenössischen Judentum aus dem Christentum wieder angeeignet wurde.[64] Die neutestamentlichen Autoren geben das nicht zu erkennen, sondern sind der Meinung, dass das Kreuz des Erwarteten bzw. seine Erniedrigung und sein Leiden das herkömmliche Verstehen des Erwartungshorizontes durchbricht – das Kreuz ist für die Heiden wie für die Juden ein Anstoß (1 Kor 1,18ff.). *Das Verhältnis von Altem und Neuem verschiebt sich dann auf die Ebene des Verstehens des Alten.* Das behaupten jedenfalls Paulus einerseits in 2 Kor 3,4–18, Markus mit seiner Integration des Leidens und Todes Jesu in das Messias- bzw. Gottessohnprädikat (Mk 8,27–30 und 15,39[65]) auf der anderen Seite, und drittens Lukas in der bereits angezogenen Erzählung von den Emmausjüngern. Dass Jesus von Nazareth die Erfüllung der Verheißungen der Schriften und damit nicht etwas Neues ist, sondern die bestätigende Erfüllung des Alten, erschließt sich nur dem, der das Alte von der Erfüllung her neu zu verstehen beginnt. Das Verhältnis von ›alt‹ und ›neu‹ wird hier hochkomplex: dass das Christusgeschehen, von dem die Gemeinde spricht, eine mit dem Alten inkompatible Neuerung sei, ist ein Schein, dem der erliegt, dem die ›Augen nicht geöffnet sind‹, und der sich für den auflöst, der von der Erfüllung her die Verheißungen liest: er versteht, dass das Neue lediglich die Erfüllung der Verheißung ist und soweit im Rahmen des ›Alten‹ bleibt. Das ›Neue‹ wird zur hermeneutischen Kategorie in dem Sinne, dass das Neusein das Verstehen der Texte betrifft.

5.1.5. Die Frage nach dem ›Neuen‹, das mit der Person Jesu aufgetreten ist, verbindet sich also aufs Engste mit dem Neuwerden des Verstehens. Das scheinbar (*sensu negativo*) Neue erweist sich in seiner Kontinuität mit dem Alten nur für denjenigen, dessen Verstehen der Heilsgeschichte bzw. der sie dokumentierenden Texte neu geworden ist. Die heilsgeschichtliche Kategorie des

[63] Mittmann-Richert, Sühnetod (s. Anm. 57). Vgl. bes. Genz, Jesaja (s. Anm. 58) 172–180.

[64] Gabrielle Oberhänsli-Widmer, Der leidende Messias in der jüdischen Literatur, in: Judaica 54 (1998) 132–143; Peter Schäfer, Der leidende Messias Efraim, in: Ders., Die Geburt des Judentums aus dem Christentum, Tübingen 2010, 133–178.

[65] Forschungsgeschichtlich: Johannes U. Beck, Die Messiasgeheimnis-Theorie als Zugang zum Markusevangelium. Ein umstrittenes Konzept im Wandel exegetischer Methoden, München 2010. Die hier vorausgesetzte Deutung: Slenczka, Christologie (s. Anm. 61) 188–189.

Alten und des Neuen verbindet sich mit der existentiell-biographischen Kategorie des Alten und des Neuen Menschen.

5.2. Die Person Jesu als Bruch mit dem ›Alten‹ – und das forschungsgeschichtlich Neue. Neben diesen Modellen der Einfügung der Person Jesu in die in den Schriften repräsentierte Tradition steht dann die antithetische Verhältnisbestimmung des christlichen Glaubens zur vorangehenden religiösen Tradition: Jesus erscheint dann als heilsgeschichtlicher Bruch und Neueinsatz.[66]

5.2.1. Hier hat man es mit unterschiedlichen und in der Auslegungsgeschichte mit unterschiedlich radikalen Verhältnisbestimmungen der Jesusbewegung zum zentralen *identity marker* des Gesetzes zu tun, die sich mit der Zuordnung von ›alt‹ und ›neu‹ verbinden.[67] Die Person Jesu kommt hier als heilsgeschichtlicher Neueinsatz zu stehen (Röm 8,1; Gal 3; Joh 1,14 u. ö.), durch das sich dann die vorangehende Manifestation des göttlichen Willens, auf die sich das zeitgenössische, nicht an Jesus glaubende Judentum beruft, als das Alte darstellt. Es handelt sich um die Verhältnisbestimmungen, die in der abendländischen Tradition unter dem mehr oder weniger scharfen Gegensatz von Gesetz und Gnade bzw. Gesetz und Evangelium rezipiert wurden. Zu erinnern sind die in den ›Antithesen‹ der Bergpredigt und 2 Kor 3 oder Gal 3 erscheinenden Deutungen des Gesetzes, die in der Rezeptionsgeschichte als gegen das Judentum gerichtete Polemik gedeutet wurden.[68] In der Wirkungs- und Auslegungsgeschichte der Texte wird dann in der Tat der Anspruch erhoben, dass das Auftreten Jesu einen Neueinsatz in der Geschichte Gottes mit den Menschen darstellt. Das bisher Gültige – das Gesetz – wird mit großer Radikalität von etwas Neuem abgelöst;[69] es sind diese Traditionen, die wirkungsgeschichtlich der Auslöser sind für die unterschiedlichen Ausprägungen des ›alten‹ und des ›neuen‹ Bundes und der Ausbildung des Gegensatzes von Synagoge und Kirche oder Judentum und Christentum, wobei auch hier das jeweils Jüngere oder Neue positiv gewertet und das Alte abgewertet wird. Während – jedenfalls nach der klassischen Lesart – die Antithesen der Bergpredigt einen Gegensatz

[66] Ich notiere vorsichtshalber, dass ich gleich anschließend berücksichtigen werde, dass die im Folgenden vorgestellte Antithetik eine Deutung der paulinischen bzw. matthäischen Theologie darstellt, der andere Modelle gegenüberstehen.

[67] Vgl. dazu bes. Luz, Matthäus (Anm. 68) 461–462.

[68] Zur jüdischen Identität der matthäischen Gemeinde vgl. Ulrich Luz, Das Evangelium nach Matthäus (EKK I), 1. Teilband, Neukirchen-Vluyn/Zürich [5]2002, hier 94–99, vgl. dort die Forschungsgeschichte (95–96); anders Matthias Konradt, Israel, Kirche und die Völker im Matthäusevangelium (WUNT 215) Tübingen 2007; Ders., Das Evangelium nach Matthäus (NTD I) Göttingen 2015, 5–11.

[69] Dass dies eine Lesart und dass sie streitig ist, wird gleich thematisiert.

zwischen Jesu Bergpredigt und dem mosaischen Gesetz aufmachen, geht in 2 Kor 3 der Gegensatz von ›altem‹ (Mose) und ›neuem Bund‹ (Jesus Christus) doch eher über in das oben apostrophierte Bild, dass das Verhältnis des Alten zum Neuen Bund untrennbar verbunden ist mit der Eröffnung eines neuen Verständnisses Gottes - der Schleier wird vom Angesicht der Gemeinde genommen.[70]

Dieser Gegensatz der mit Jesus Christus einsetzenden Heilsstufe und der vorangehenden Heilssetzung wird ausdrücklich in ein Verhältnis des ›Alten‹ und des ›Neuen‹ gesetzt in den Beispielerzählungen, in denen das Verhältnis des nicht sich zu Jesus haltenden und des christusgläubigen Judentums im Bild des Verhältnisses eines älteren und eines jüngeren Bruders aufgegriffen wird (Röm 9,7–10 - Jakob und Esau und andeutungsweise Ismael und Isaak); m. E. prägt das Verhältnis auch die oben in 3.3. angezogene Zuordnung von Johanneserzählung und Jesuserzählung in der Vorgeschichte des Lukas.

Die Wirkungsgeschichte der genannten und weiterer Texte führte zunächst in ein Verständnis des mit Christus erschienenen heilsgeschichtlich Neuen, nach dem sich eine Ablösung des Neuen Bundes vom Alten vollzieht, eine Ablösung des erwählten Volkes aus den Juden durch die Gemeinschaft der Jesusanhänger, die Kirche: das ›neue‹ Israel. Nach dieser Deutung würde Paulus davon ausgehen, dass sich mit Christus ein neuer Bund eingestellt hat, der an die Stelle des alten tritt.[71] Im Rahmen eines heils- und - in der Fortführung - eines religionsgeschichtlichen Ansatzes wird dieser Übergang vom Alten zum Neuen als Entwicklungsgeschichte der Religion gedeutet, in der das Judentum als das im Vergleich zum Christentum Alte und Überholte zu stehen kommt.

5.2.2. Die Verhältnisse von ›alt‹ und ›neu‹ werden noch komplexer und der implizierte hermeneutische Sinn eindeutiger, wenn man die Umbrüche in der Forschungsgeschichte einbezieht. Denn die abgrenzende Zuordnung erscheint in der neueren Exegese als mindestens ambivalent, wie Forschungsansätze zeigen, die sich selbst als ›neu‹ (*New Perspective on Paul*) gegen ein traditionelles Paulusbild profilieren,[72] und zwar dadurch, dass sie feststellen, dass der

[70] Das Bild und der paulinische Midrasch zu Ex 34,29ff. ist allerdings komplex - das muss hier nicht thematisiert werden; vgl. nur: Otfried Hofius, Gesetz und Evangelium bei Paulus nach 2. Korinther 3, in: Ders., Paulusstudien (I) (WUNT 51), Tübingen ^{2}1994, 75–120.

[71] Vgl. problematisierend Notger Slenczka, Vom Alten Testament und vom Neuen, Leipzig 2017, hier 79–82 und 183ff.

[72] Zu Paulus: zeitlich vor der Diskussion um die New Perspective: Ulrich Luz, Der alte und der neue Bund bei Paulus und im Hebräerbrief, in: EvTheol 27 (1967) 318–336; zur New Perspective: Christof Landmesser, Umstrittener Paulus. Die gegenwärtige Diskussion um die paulinische Theologie, in:

recht verstandene Paulus sich nicht gegen das Gesetz, sondern gegen ein bestimmtes Missverständnis des Gesetzes gerichtet habe, bei dem die Bedingungen des Bleibens im Bund zu Voraussetzungen der Zugehörigkeit zum Bund gedeutet werden[73] bzw. bei dem die spezifischen *identity marker* des Judentums als Bedingungen der Zugehörigkeit zu Gott neben den Glauben an Christus traten.[74] Das hat Folgen für die Deutung von 2 Kor 3.[75]

Ebenso ist in der jüngeren Forschung mit Bezug auf die Bergpredigt streitig, ob sich die Antithesen gegen das mosaische Gesetz selbst richten oder seinen ursprünglichen Sinn gegen eine alternative rabbinische Auslegungstradition zur Geltung bringen. Dann werden die traditionell als Bruch mit ›Mose‹ gedeuteten Antithesen der Bergpredigt und die entsprechenden Zuordnungen des Neuen zu etwas Altem nichtexklusiv als Widerspruch eines neuen Verständnisses gegen die bisherige *Auslegung* gelesen. D.h. es geht um das *Verständnis* der alttestamentlichen Tradition, nicht aber um einen Bruch mit der Mosetora selbst.[76]

Daran hängt die unter dem Stichwort der ›3rd quest‹ verhandelte Frage nach dem Selbstverständnis Jesu – ob man es hier mit einem Bruch mit dem Judentum zu tun hat oder annehmen muss, dass sich Jesus als Jude verstanden hat

ZThK 105 (2008) 387–410; Jens-Christian Maschmeier, Rechtfertigung bei Paulus. Eine Kritik alter und neuer Pauluspersperspektiven (BWANT 189), Stuttgart 2010; Notger Slenczka, Die neue Paulusperspektive und die Lutherische Theologie, in: LuJ 80 (2013) 184–196, dort die Arbeiten von Sanders, Dunn und die anschließende Diskussion; vgl. die dort nicht genannten Arbeiten von Daniel Boyarin, etwa: A Radical Jew. Paul and the Politics of Identity, Berkeley 1994. Ich habe dort in aller Kürze versucht, zu zeigen, dass die Grundannahmen der ›New perspective‹ forschungsgeschichtlich mitnichten neu sind. Daran hängt für das Folgende nichts, sondern das ist lediglich ein Indiz für das Fehlen eines forschungsgeschichtlichen Langzeitgedächtnisses und der mangelnden Wahrnehmung der Leistungen der Theologie des 19. und 20. Jahrhunderts.

[73] Ed Parish Sanders, Paul and Palestinian Judaism, London 1977.

[74] James D. G. Dunn, The New Perspective on Paul. Collected Essays, Tübingen 2005; vgl. auch: Slenczka, Testament (s. Anm. 71), hier 88–89, Lit. Anm. 100/101.

[75] Dazu nur: Thomas Schmeller, Der Zweite Brief an die Korinther (2 Kor 1,1–7,4) (EKK VIII/1), Neukirchen-Vluyn/Ostfildern 2010, hier 168–232, zusammenfassend 231–232, hier bes. 232, vgl. 199–211, bes. 210–11 Mein Verständnis ist noch immer geprägt durch: Hofius, Gesetz (s. Anm. 70); vgl. auch: Jens Schröter, Schriftauslegung und Hermeneutik in 2 Korinther 3, in: NT 40 (1998) 231–275.

[76] Ulrich Luz, Die Bergpredigt im Spiegel ihrer Wirkungsgeschichte. In: Jürgen Moltmann (Hg.), Nachfolge und Bergpredigt, München 1981, 37–72. Für die Deutung der Antithesen als Kritik an der Auslegungstradition votiert etwa Konradt, Matthäus (Anm. 68) 77–80, hier 79; anders Luz, Matthäus Teilband I (Anm. 68) 303–333; vgl. Georg Strecker, Die Bergpredigt, Göttingen ²1985.

und seine Lehre unter dem Vorzeichen eines ungebrochenen Selbstverständnisses als Jude zu lesen ist.[77]

Insgesamt die Frage nach dem parting of the ways: die Frage danach, wann sich die beiden Traditionen des Judentums als eigene Religionen und damit im Gegensatz zueinander definieren: ob es sich bei Jesus selbst oder bei der Jesusbewegung gerade nicht um einen Neueinsatz im Verhältnis zum Selbstverständnis des seinerzeitgenössischen Judentums gehandelt habe.[78]

5.2.3. Das ist darum eine komplexe Situation, weil hier meistens der Anspruch erhoben wird, das ursprüngliche (›alte‹) christliche Selbstverständnis, nach dem sich die Gemeinden der ersten Jahrhunderte als Modifikation des Judentums deuten, gegen eine spätere (›neue‹) Fehldeutung in Anschlag zu bringen. Das hat zur Folge, dass das Bild eines frühen Gegensatzes Jesu bzw. der Jesusbewegung gegen ›das‹ Judentum in der Perspektive der New perspective als depravierende Neuerung zu stehen kommt; zugleich stellt diese Deutung forschungsgeschichtlich aber das ›alte‹ Bild des Verhältnisses von Christentum und Judentum dar, gegen das sich die Neubewertung als ›*New* perspective on Paul‹ wendet. Entgegen dem üblichen ›alten‹ (im Sinne von ›überholten‹) Bild sei mit der Person Jesu, seiner Selbstdeutung und der Deutung dieser Person in den ersten Jahrhunderten kein Gegensatz zum Judentum intendiert gewesen – Jesus selbst und seine frühen Anhänger haben sich nicht als ein Neues im Gegensatz zum Alten verstanden. Das angeblich ›neue‹ Christentum ist keine gegen das ›andere‹ oder ›Alte‹ des Judentums festgezurrte Identität, sondern eine Modulation des angeblich ›Alten‹, des Judentums. Das Verständnis des Christentums als heils- oder religionsgeschichtlicher ›Neueinsatz‹ erscheint dann forschungsgeschichtlich als etwas ›Altes‹, das überholt wird von einer Interpretation, für die forschungsgeschichtlich bzw. -politisch der Charme des Neuen und des Bruchs mit den antiquierten Auslegungstraditionen in Anspruch genommen wird.

[77] Vgl. nur den Gegenpol der 3rd Quest: Käsemanns ›Differenzkriterium‹: Ernst Käsemann, Das Problem des historischen Jesus, in: Ders., Exegetische Versuche und Besinnungen I, Göttingen ³1964, 187–214, hier 205; wenige Texte aus der Diskussion: Gerbern S. Oegema, Der historische Jesus und das Judentum, in: Ulrich H. J. Körtner (Hg.), Jesus im 21. Jahrhundert, Neukirchen 2001, 63–90; Gerd Theißen u. a. (Hgg.), Der historische Jesus, Göttingen ³2001, bes. § 1: Die Geschichte der Leben-Jesu-Forschung, 21–30. Christian Danz, Der Jesus der Exegeten und der Christus der Dogmatiker, in: NZSTh 51 (2009) 186–205.

[78] Peter Schäfer, Anziehung und Abstoßung/Attraction and Repulsion, Tübingen 2015. Weiter vgl. Slenczka, Testament (s. Anm. 71) 89–91, Lit. in den Anm.

Das Verständnis des Christentums als etwas positiv Neues kommt forschungsgeschichtlich als das Alte, Herkömmliche und Überholte zu stehen; die Einordnung des Christentums als Modulation in das Judentum (›das Alte‹) als ein forschungsgeschichtlicher Neueinsatz im positiven Sinne.[79]

Ähnliche Ansprüche eines forschungsgeschichtlichen Neueinsatzes[80] gibt es übrigens in der Auseinandersetzung mit dem Anspruch bzw. der traditionellen Deutung der Reformation als Neueinsatz in der Kirchengeschichte, in der Auseinandersetzung um den Beginn der Neuzeit und in der Auseinandersetzung um das Selbstbild Barths und der Dialektischen Theologen, einen (freilich restaurativen) Neubeginn in der Theologiegeschichte der Neuzeit darzustellen. Jeweils wird der Charme des forschungsgeschichtlich Neuen in Anspruch genommen, indem das (angeblich) traditionelle, als Forschungsposition überholte Bild eines Neueinsatzes bestritten wird und das angeblich Neue als Modifikation in das (angeblich) Alte eingeordnet wird.

5.2.4. Damit wird deutlich: die Rede vom ›Neuen‹ und die dem entsprechende Rede vom ›Alten‹ ist hermeneutisch komplexer als es auf den ersten Blick aussieht; man hat es in der forschungsgeschichtlichen Zuordnung mit einem modernen Wiedergänger der Deutung des ›Neuen‹ als hermeneutischer Kategorie zu tun, die eben (in 5.1) auf der Ebene der Texte beobachtet wurde. Die Frage, ob etwas ›alt‹ oder ›neu‹ ist, hängt zusammen mit einer forschungsgeschichtlichen Deutungsperspektive, die diese Bewertungen als ›alt‹ oder ›neu‹ aus sich heraussetzt und selbst jeweils als ›alt‹ oder ›neu‹ zugeordnet und bewertet wird. Das Neue des Auftretens Jesu und des Glaubens an ihn ist nicht ›an sich‹ ein heilsgeschichtlicher Neueinsatz Gottes, sondern dieser Neueinsatz ergibt sich für eine traditionelle hermeneutische Perspektive, die dadurch ihre Gültigkeit verliert, dass ihr eine ›*New perspective*‹ gegenübertritt.

Dabei ist deutlich, dass auch die in der Forschungsgeschichte vollzogene Umwertung des Verhältnisses von Christentum und Judentum in den ersten Jahrhunderten nicht einfach eine historische Einsicht ist, sondern sie entspringt der Einsicht in die Folgen, die der in der herkömmlichen Zuordnung von Alt

[79] Es geht hier um die Beschreibung des Phänomens, nicht um die Entscheidung über das Recht der Deutungen; diese Frage interessiert mich hier nicht. Aber die Selbstdeutung der New perspective gewinnt unter der hier relevanten Frage nach dem ›Alten‹ und ›Neuen‹ zusätzliche Komplexität, wenn etwa James D. G. Dunn in einem Vortrag in Berlin den Anspruch erhob, dass die ›New perspective‹ gar nicht neu sei, weil sie dem Selbstbild des Paulus entspreche …

[80] Dazu Slenczka, Testament (s. Anm. 71) 250–276, bes. 257–261 und 273–274 (Altes und Neues. Bemerkungen zur Hermeneutik); 277–290 (›Lob der Religion als eines bildenden Sprachgeistes‹) und 326–330 (Was ist das Neue am ›Neuen Testament‹ und am Christentum?).

und Neu grundgelegte christliche Antijudaismus im Laufe der Christentumsgeschichte und insbesondere in der Gegenwart hatte. Die neue Sicht auf das Alte und das Neue in den biblischen Texten ist motiviert im gegenwärtigen Umdenken im Verhältnis zum Judentum. Das Geltendmachen eines ›Neuen‹ begründet sich durch die Deutung der Vorgängertradition als Geschichte einer antijudaistischen Depravation, die für die Verfolgung des Judentums im Lauf der Geschichte (mit)verantwortlich war. Das bedeutet nicht, dass im Rahmen des Neuaufbruchs Traditionen oder historische Zusammenhänge erfunden werden, sondern dass sich die Aufmerksamkeit auf Dokumente und historische Zeugnisse richtet, die die gegenwärtige, nichtexklusive Lesart des Verhältnisses beider Traditionen und die entsprechenden Zuordnungen von ›Neuem‹ zu einem ›Alten‹ stützen.

5.3. Das Neue als hermeneutische Kategorie. Jedenfalls ist macht die in 4. und 5. gezogene Linie deutlich, dass die Zuordnung von ›Altem‹ und ›Neuem‹ weder auf der Ebene der Texte noch auf der Ebene der Forschungsgeschichte einfach eine zeitliche Abfolge oder einen heilsgeschichtlichen Bruch beschreiben und zur Grundlage haben. Vielmehr ergibt sich die Zuordnung von Altem und Neuem aus einem deutenden Umgang mit dem geschichtlichen Ablauf. Das Verhältnis von Altem und Neuem ist eine Deutung und damit Reflex einer Deutungsperspektive. Und das heißt – darauf wollte ich mit den voranstehenden Beschreibungen (5.1. und 5.2.) hinaus: die Unterscheidung von alt und neu verschiebt sich in jeweils etwas anderer Weise auf die Ebene des Verstehens. Alt und neu werden zu hermeneutischen Kategorien.

6. Luthers Rezeption der Unterscheidung von Gesetz (alt) und Evangelium (neu) in der Antinomerdisputation

In die Geschichte der Rezeption des bei Paulus profilierten Neueinsatzes Gottes in der Heilsgeschichte gehört natürlich Luthers unter intensiver Verwendung der Kategorien von ›alt‹ und ›neu‹ gefasste Unterscheidung von Gesetz und Evangelium. Selbstverständlich ist diese bei Luther selbst je nach situativem Kontext nicht eindeutig und entsprechend in der Lutherexegese strittig; das kann hier nicht einmal ansatzweise nachgezeichnet werden. Ich konzentriere mich vielmehr auf Luthers Auseinandersetzung mit Johannes Agricola in der Gestalt, in der sie in den Antinomerdisputationen erkennbar ist. Der lang andauernde Streit brach aus mit einer Kritik Agricolas an einer Vorarbeit Melanchthons zum ›Unterricht der Visitatoren‹, in dem Melanchthon geschrieben hatte, dass der Sünder durch das Gesetz zur Buße zu treiben sei. Agricola vertrat schon dort die Position, dass das Mittel zur Weckung der Sündenerkenntnis das Kreuz Christi und nicht das Gesetz sei. Das Gesetz hingegen sei heilsgeschichtlich überholt und solle wie das Alte Testament insgesamt in der Kirche nicht mehr gepredigt werden.

6.1. Luthers Auseinandersetzung mit Agricola (den Antinomern): Das Evangelium ist kein Neuanfang in der Heilsgeschichte. Dass sich Luther in den genannten insgesamt 6 Disputationen und in einer aus einer Predigt hervorgegangenen Schrift mit Agricola ausführlich auseinandergesetzt hat, ist bekannt. Ich lasse die Auseinandersetzung im Einzelnen auf sich beruhen[81] und konzentriere mich auf den hier relevanten Hauptpunkt: Agricola hat offenbar die Abfolge von Gesetz und Evangelium als heilsgeschichtliche Abfolge verstanden und darauf abgehoben, dass mit dem Kommen Christi und dem Anbruch der Zeit des Evangeliums das Gesetz seine Bedeutung verloren habe. Das Neue ist verstanden als die Ablösung des Alten, das seine Relevanz und Dignität vollständig verloren hat und zum Verschwinden bestimmt ist.

Diese Position weist Luther aus zwei Gründen ab: zum einen geht es ihm um die Unterscheidung des Evangeliums als Zuspruch der Vergebung von der die Sünde aufdeckenden Funktion des Wortes Gottes: wenn Christus mit der den Sünder überführenden Funktion der Predigt verbunden wird und die Erkenntnis der Sünde, wie Agricola das wollte, aus dem Kreuz Christi gepredigt wird, sieht er die Gefahr, dass damit Christus in seiner Erlösungsfunktion uneindeutig wird.[82]

Weiterführend ist aber das andere Argument Luthers, das darauf abzielt, dass das Ende des Gesetzes und der Neueinsatz des Evangeliums kein heilsgeschichtliches, sondern ein auf die individuelle Existenz bezogenes Ereignis ist:[83] Das Ende des Gesetzes geschieht nicht irgendwann zur Zeit des Lebens Jesu, sondern das Ende des Gesetzes ereignet sich jeweils für die einzelne Exi-

81 Vgl. Martin Brecht, Martin Luther, 3 Bde, Stuttgart 1 ^{3}1990; 2 1986; 3 1987, hier 3, 158–173; Reinhard Schwarz, Martin Luther als Lehrer der christlichen Religion, Tübingen 22016, hier bes. 45–73 zum Schriftprinzip und zur Wertschätzung des AT; vgl. Christian Schulken, Lex efficax. Studien zur Sprachwerdung des Gesetzes bei Luther im Anschluß an seine Disputationen gegen die Antinomer (HUTh 48), Tübingen 2005.

82 Martin Luther, Die Thesen gegen die Antinomer, WA 39/1,[334]342–584, hier: Die Thesen der Antinomer: 342–345; 6 Thesenreihen Luthers: 345–358; die Mitschriften der Disputationen (zur 1. bis 3. Reihe): 359–584. Hier Disputation zur ersten Reihe, 21. Argument: WA 39/1, 394,9–399,6.

83 Vgl. die dritte Thesenreihe Th. 18–21: WA 39/1,348,20–23. Vgl. auch die Auseinandersetzung mit dem secundum argumentum der ersten Reihe nach A: WA 39/1, 365,9–368,2, hier die entscheidende Passage 367,3–18! Dazu Schulken, Lex, und Schwarz, Luther 235–237 (beides s. Anm. 81).

stenz, die so lange unter dem Gesetz bleibt, bis sie unter dem Zuspruch des Evangeliums zum Glauben kommt – und genaugenommen bleibt sie, da der Mensch auch als Glaubender Sünder bleibt, immer unter der Erfahrung des Gesetzes.[84]

6.2. Das Neue als Existenzbestimmung – und die Funktion des Alten. Dies wiederum setzt Luthers Grundüberzeugung voraus, dass das Gesetz auch im Sinne seiner den Sünder seiner Sünde überführenden Funktion nicht an die explizite Verkündigung des Sinaigesetzes gebunden ist; vielmehr meldet sich das Gesetz in jedes Menschen Gewissen, unbeschadet dessen, dass es zum Wesen der Sünde gehört, dieses Gesetz zu überhören oder zu verdrängen. Diese Feststellung ist darum in diesem Zusammenhang wichtig, weil die explizite Verkündigung des Gesetzes dieser im Gewissen immer schon gegebenen Stimme des Gesetzes zugeordnet ist:[85] das gepredigte Gesetz ist die Erinnerung und die Aktualisierung dessen, was der Mensch immer schon hört, aber überhört und verdrängt.

Wenn das Gesetz ohnehin im Gewissen laut wird, dann, so scheint es, ist überhaupt nicht mehr einsichtig, warum das Gesetz des Mose und damit die alttestamentlichen Passagen, die Gesetz darstellen, in der Kirche gepredigt werden sollten. Diese Predigt ist nun aber eben um dieser dem Evangelium vorauslaufenden Gotteserfahrung im Gewissen notwendig, die der Mensch eben auch dann erfährt, wenn das Gesetz nicht explizit gepredigt wird. Diesen Zusammenhang thematisiert Luther in der Antinomerpredigt;[86] hier stellt er fest, dass der Teufel – dessen Geschichte der Auseinandersetzung mit dem neuentdeckten Evangelium Luther in der genannten Antinomerpredigt beschreibt – auch hinter den Antinomern steckt, durch die er versucht, die Predigt des Gesetzes in der Kirche zu hintertreiben, und zwar mit dem Ziel, das pure Evangelium in der Kirche zu predigen und den Menschen in Sicherheit

[84] Vgl. das Argument in den Thesen der dritten Thesenreihe: Th. 1–14: a. a. O. 350,8–35. Ein ähnliches Argument trägt Luther in einer Predigt über die Höllenfahrt Christi vor – es wäre ausgesprochen lohnend, einmal diesem Gedanken bei Luther nachzugehen: Notger Slenczka, Theologie der reformatorischen Bekenntnisschriften, Leipzig 2020, 607.

[85] Diesen Zusammenhang von lex naturalis und lex Mosaica hat Martin Schloemann zu Recht herausgearbeitet: Martin Schloemann, Gesetz 124–129, hier bes. 129. Vgl. auch Gerhard Ebeling, Gott und Wort, in: Wort und Glaube 2, Tübingen 1969, 396–432.

[86] Martin Luther, Wider die Antinomer [1539], WA 50 (461) 468–477, hier zitiert nach: DDStA I, 633–655.

zu wiegen, so dass er an seinem Heil zweifelt, wenn ihm dann doch das Gesetz – spätestens im Angesicht des Todes[87] – überfällt:

> »Daraus erkennt man, dass der Teufel durch diese Geisterei nicht nur das Gesetz wegnehmen will, sondern Christus, den Erfüller des Gesetzes. Denn er weiß wohl, dass Christus rasch und leicht weggenommen werden kann; aber das Gesetz ist in des Herzens Grund geschrieben, so dass es nicht möglich ist, es wegzunehmen; … der Teufel zielt aber darauf ab, die Leute in Sicherheit zu wiegen und sie zu lehren, dass sie beides, Gesetz und Sünde, für nichts achten, damit sie, die bisher bloße Sicherheit gewohnt sind, ohne jede Hilfe zur Hölle sinken, wenn sie plötzlich sterben müssen oder das Gewissen sie überfällt; denn sie haben nichts anderes an Christus gelernt als süße Sicherheit und für sie wäre daher ein solcher Schrecken ein gewisses Zeichen, dass Christus – der ja, wie sie glauben, nichts als süße Sicherheit sein kann – sie verstoßen und verlassen hat. Das hätte und wollte der Teufel gern.«[88]

Das heißt: die regelmäßige Predigt des Gesetzes und des darauf folgenden Evangeliums in der Kirche ist eine Einübung in die Situation der Anfechtung. Die Predigt des Gesetzes weckt diese Situation, die den Menschen jäh überfallen kann, und leitet an zu einer Routine im Umgang mit dieser Anfechtung. Genau darum ist die explizite Predigt des Gesetzes notwendig.

Das bedeutet aber – und das ist die Pointe der Antinomerdisputationen: Der heilsgeschichtliche Gegensatz von Gesetz und Evangelium bzw. von ›alt‹ und ›neu‹ ist kein Gegensatz von (Heils-)Geschichtsepochen. Das Gesetz ist nicht mit dem Auftreten Jesu oder dem Kommen des Heiligen Geistes erledigt. Vielmehr verweist diese Deutung der Heilsgeschichte auf eine Differenz in einer Wirkung, die ein Subjekt erfährt: die Verkündigung von Christus ist nicht als gegenständliche Rede von einem menschgewordenen Gottessohn ›neu‹, sondern durch die befreiende Wirkung, die ein Subjekt durch sie erfährt; und das Gesetz ist nicht darum ›alt‹, weil es heilsgeschichtlich und seit einem bestimmten Datum abgelöst ist, sondern weil seine existentielle Wirkung zur Überwindung bestimmt ist. Luther übersetzt die heilsgeschichtliche Differenz von Altem und Neuem Bund in die existentielle Differenz von anklagendem und befreitem Gewissen, die durch die Verkündigung des Gesetzes und des Evangeliums moderiert wird.[89] Das ›Neue‹ hat seinen Charakter als solches

[87] Vgl. Martin Luther, Sermon von der Bereitung zum Sterben, in: DDStA I, 45–73, hier 50,21–54,29 und die dann folgende Bewältigung der Anfechtung durch das Betrachten des Erschreckenden im Bild Christi. Auch in diesem Sermon ist übrigens die dem Ernstfall vorauslaufende Einübung in diese Situation entscheidend: a. a. O. 50,40–52,1; 52,20f; 52,29 etc.

[88] Luther, Antinomer (s. Anm. 86) 641,35–643,14.

[89] Schulken, Lex (Anm. 81).

darin, dass sich durch das Evangelium eine befreiende Neubestimmung der menschlichen Existenz vollzieht. Das ›Neue‹ ist eine existentiale Kategorie.

Das heißt: die gegenständlich-zeitliche Abfolge von Altem und Neuem wird eingezeichnet in das Verhältnis von Wort (Gesetz und Evangelium) und seiner performativen Wirkung auf die Existenz (Urteil und Befreiung).

6.4. Folgerung. Nimmt man das ernst, dann wird man die Behauptung der biblischen Texte, man habe es in Jesus Christus mit einem heilsgeschichtlichen Neuanfang Gottes in der Geschichte zu tun, verstehen als Reflex einer Neubestimmung der Existenz der Autoren in der in der Verkündigung von Christus vermittelten Begegnung mit dieser Person. Anders: die Bekehrung des Paulus ist nicht nur die Voraussetzung der Einsicht in den Neueinsatz Gottes in der Geschichte, sondern alle Aussagen über einen Neueinsatz in der Geschichte haben ihren Ursprung in der Begegnung mit dem befreienden Wort von Christus. Der existentielle Gegensatz von Altem und Neuem ist das Fundament jeder heilsgeschichtlichen Antithese von altem und neuem Bund.

Die Texte werden als Ansage eines heilsgeschichtlich Neuen und dem Ende eines Alten verstanden und gedeutet von demjenigen, der die existentielle Wirkung der Texte und damit den existentiellen Übergang vom Alten zum Neuen erfahren hat.

7. Kontextualisierung: die Sprachtheologie Luthers

Diese Transformation eines heilsgeschichtlichen in ein existentiales ›Neuwerden‹ gehört bei Luther in den Zusammenhang der interessantesten Aufnahme des Verhältnisses von ›alt‹ und ›neu‹, die sich in seinem Denken findet, nämlich in seiner Rede von einer ›*nova lingua spiritus sancti*‹ bzw. genauer von der ›*grammatica spiritus sancti*‹,[90] mit der er den sprachlichen Niederschlag der Zweinaturen-Lehre in der *communicatio idiomatum* zusammenfasst, auch dies in zwei akademischen Disputationen von 1539 und natürlich in seinen Abendmahlschriften. Dieser Gedanke ist darum für das bisher profilierte Verhältnis von Altem und Neuem als hermeneutischer Kategorie interessant, weil Luther hier das ›Alte‹ und das ›Neue‹ als Ereignis in der Sprache und damit explizit als einen hermeneutischen Vorgang beschreibt.[91]

[90] Luther, De divinitate (s. Anm. 101), argumentum VII, WA 39/2, 104,22–23.

[91] Dazu vgl. auch: Joachim Ringleben, Gott im Wort. Luthers Theologie von der Sprache her (HUTh 57), Tübingen 2010; Thomas Wabel, Sprache als Grenze in Luthers theologischer Hermeneutik und Wittgensteins Sprachphilosophie, Berlin u. a. 1998. Weitere Lit. s. u. Anm. 100.

7.1. Idiomenkommunikation.[92] Ich darf den unter dem Begriff der Idiomenkommunikation verhandelten Gedanken als bekannt voraussetzen, erinnere daher lediglich an die Grundzüge, und zwar zunächst und vorläufig in der im höchsten Maße gegenständlichen Form ihres Verständnisses.

7.1.1. Die Idiomenkommunikation ergibt sich mit der *unitio naturarum*, der Vereinigung der göttlichen und der menschlichen Natur in der Person Christi:[93] es geht darum, dass (und in der Debatte darum, in welchem Sinne) in der Christologie die Wesensbegriffe ›Gott‹ und ›Mensch‹ miteinander identifiziert werden können (Gott ist dieser Mensch *et vice versa*) und daraufhin die menschlichen Eigenschaften (Nichtwissen, Schmerz, Leiden, Tod) von der göttlichen Person bzw. der göttlichen Natur ausgesagt werden, und umgekehrt: dass (und in welchem Sinne) die Eigenschaften der göttlichen Natur (Herrschaft über die Welt; Allgegenwart; Allmacht) von der menschlichen Natur bzw. der Person Jesu von Nazareth prädiziert werden können.[94] Luther geht davon aus, dass die in der Schrift vermittelten Zuweisungen göttlicher Prädikate an die menschliche Person (dieser Mensch sitzt zur Rechten Gottes und regiert die Welt, Mt 28,18) und die Zuweisung menschlicher Prädikate an die göttliche Person (der Herr der Herrlichkeit wird gekreuzigt, 1 Kor 2,8) ihren Grund in einem entsprechenden Tausch der Eigenschaften zwischen den in der Person Christi verbundenen Naturen hat.

Diese damit gebotene Erläuterung ist ein höchst gegenständliches und damit unangemessenes Vor-Verständnis; ich präzisiere das im Folgenden, so dass deutlich wird, unter welchem Aspekt ich diese Lehre von der wechselseitigen Mitteilung der Eigenschaften der Gottheit und der Menschheit in der Person Jesu Christi für weiterführend in der Frage nach dem Verhältnis von Altem und Neuem halte.[95]

7.1.2. Die zentrale Einsicht ist die, dass die Idiomenkommunikation kein Vorgang an gegenständlichen Naturen ist, zwischen denen (wie immer man sich das vorstellen will) gegenständliche Eigenschaften hin- und hergeschoben werden. Vielmehr handelt es sich wesentlich um ein Ereignis im Raum der

[92] Hier gibt es sachliche und wörtliche Überschneidungen mit meinem Beitrag im Christologieband (Problemgeschichte, s. Anm. 100).

[93] Etwa David Hollaz, Examen theologicum acroamaticum, [Stargard 1707] Leipzig ²1763, III–1 cap 3 q 37 und ff.

[94] Gute Darstellung der Frage in FC.SD 8, BSLKrev 1520,4–1526,27; dazu Notger Slenczka, Theologie der reformatorischen Bekenntnisschriften, Leipzig 2020, 489–495.

[95] Dazu: Jens Wolff, Metapher und Kreuz. Studien zu Luthers Christusbild, Tübingen 2005; und Albrecht Beutel, In dem Anfang war das Wort, Tübingen 1991.

Sprache.[96] So wird übrigens das Phänomen bereits vor Luther etwa bei Thomas von Aquin oder bei Gabriel Biel[97] oder auch bei Luthers Gegnern - etwa bei Zwingli - diskutiert: als Antwort auf die Frage, ob und wie die in Schrift und Tradition vorgefundene *Rede* von Christus sich in die vorgegebenen Sprachstrukturen einfügt.[98] Zur Debatte steht damit die Interpretation von sprachlichen Wendungen, die die vorneuzeitlichen Theologen in der Tradition oder der Schrift finden, in denen ungewöhnliche Zuordnungen von Subjekt und Prädikat erfolgen; das sind die später so genannten ›*locutiones inusitatae*‹, die die Väter der Konkordienformel dem Konkordienbuch als ›*Catalogus testimoniorum*‹ beifügen.[99] Diese *locutiones* sind dadurch ungewohnt, dass sie die Person Jesu Christi mit dem konkretiven Allgemeinbegriff ›Gott‹ oder ›Mensch‹ bezeichnen und von ›Gott‹ und ›Mensch‹ Aussagen machen, die im üblichen semantischen Hof des Begriffs Gott oder Mensch, der mit dem abstrakten Wesensbegriff (Gottheit oder Menschhaftigkeit) formuliert wird, nicht vorgesehen sind: dass der Mensch die Welt regiert oder sein Leib mindestens multipräsent ist auf allen Altären, auf denen die Eucharistie gefeiert wird, gehört zum Allgemeinbegriff der Menschhaftigkeit nicht hinzu und damit eben auch nicht zum Einzelexemplar Jesus von Nazareth; und andererseits gehört es sich für einen ordentlichen Gott nicht, dass er stirbt oder leidet: Veränderlichkeit, Beeinflussbarkeit oder Sterben ist im semantischen Hof von ›Gottheit‹ nicht vorgesehen.

7.1.3. Bekanntlich unterscheidet sich Luthers Umgang mit diesen Sätzen von der Deutung derselben durch Thomas, Gabriel Biel oder auch Zwingli: die drei zuletzt Genannten stellen die *locutiones inusitatae* unter den hermeneutischen Vorbehalt der Möglichkeiten, die der herkömmliche semantische Hof der Begriffe eröffnet.[100] So deutet etwa Zwingli diese *locutiones inusitatae* als ›*alloiosis*‹:

[96] Darauf hat insbesondere Eberhard Jüngel immer wieder hingewiesen.

[97] Reinhard Schwarz, Gott ist Mensch, in: ZThK 63 (1966) 289–351.

[98] Slenczka, Problemgeschichte (s. Anm. 100).

[99] BSLKrev 1611–1652.

[100] Zum Folgenden: Theodor Mahlmann, Das neue Dogma der Lutherischen Christologie, Gütersloh 1969; Reinhard Schwarz, Gott ist Mensch, in: ZThK 63 (1966), 289–351; Marc Lienhard, Martin Luthers christologisches Zeugnis, Göttingen 1980; Hans Christian Brandy, Die späte Christologie des Johannes Brenz, Tübingen 1991; Jörg Baur, Luther und seine klassischen Erben, Tübingen 1993; Johann Anselm Steiger, Die communicatio idiomatum als Achse und Motor der Theologie Luthers, in: NZSTh 38 (1996) 1–28; Johannes Hund, Das Wort ward Fleisch, Tübingen 2006; Ulrich Wiedenroth, Kenosis und Krypsis. Studien zu Thema und Genese der Tübinger Christologie im 17. Jahrhundert (BHTh 162) Tübingen 2011. Von mir selbst: Notger Slenczka; Jesus Christus, in: Albrecht Beutel (Hg.), Luther-Handbuch, Tübingen 2005, 381–392; Ders., Neubestimmte Wirklichkeit. Zum systematischen Zentrum

In diesen Wendungen geht es seiner Meinung nach darum, dass das mit dem Satzsubjekt Bezeichnete – die Person Jesu von Nazareth – über eine menschliche und über eine göttliche Natur verfügt und daher diese eine Person gleichermaßen mit dem Subjektbegriff ›Gott‹ und ›Mensch‹ bezeichnet werden kann. Das hat zur Folge, dass man ihm als Person alle zutreffenden Prädikate beider Naturen unter beiden Subjektbezeichnungen (Gott/Mensch) zuordnen kann: die Person Jesu ist allmächtig und sie stirbt am Kreuz. Damit kann man die Prädikate auch jeweils wechselseitig der Subjektbezeichnung zuordnen kann, zu der sie landläufig nicht passen: Gott stirbt, und der Mensch regiert die Welt. Aber – dieser Vorbehalt verbindet Zwingli mit der vorreformatorischen Tradition: diese Zuordnung ist uneigentlich und so zu deuten, dass sie unter den im normalen Sprachgebrauch vorgezeichneten Möglichkeiten bleibt: Es stirbt der Mensch Jesus von Nazareth. Dass Gott stirbt, kann man darum sagen, weil die mit seiner Person verbundene Menschheit stirbt und dieser Mensch – weil er zweier Naturen ist – auch als Gott bezeichnet werden kann. Der Tod betrifft aber nur die mit Gott verbundene Menschheit; die göttliche Natur selbst und damit eben auch das Einzelexemplar, soweit es Gott ist, behält das Prädikat der Unsterblichkeit und lässt die Zuweisung eines widersprechenden Prädikats nicht zu. Und man kann umgekehrt sagen, dass der Mensch die Welt regiert oder allgegenwärtig ist, sagt dies aber eben unter dem mentalen Vorbehalt, dass dies eigentlich nur für die Gottheit gilt, mit der der Mensch Jesus von Nazareth verbunden ist. Der Mensch bleibt schlechthin abhängig, wie es der Wesensbegriff vorgibt.

7.1.4. Zusammengefasst: die semantische Neubestimmung, die sich in den *locutiones inusitatae* vollzieht, wird unter den Vorbehalt der Fortgeltung der herkömmlichen, alten Semantik gedeutet.

Luther hingegen versteht genau diese ungewöhnlichen Redewendungen der Schrift und der christlichen Tradition als Indiz einer Erweiterung des semantischen Hofs der Begriffe über den durchschnittlichen Gebrauch hinaus. In diesem Sinne spricht Luther davon, dass die Worte in der Anwendung auf die Person Jesu Christi eine ›neue Bedeutung‹ erhalten: Die Worte ›Gott‹ und

der Lehre Luthers von der Gegenwart Christi unter Brot und Wein, in: Dietrich Korsch (Hg.), Die Gegenwart Jesu Christi im Abendmahl, Leipzig 2005, 79–98; Ders., Problemgeschichte der Christologie, in: Elisabeth Gräb-Schmidt u. a. (Hgg.), Christologie, MJTh XXIII, Leipzig 2011, 59–111; Ders., Die Christologie als Reflex des frommen Selbstbewusstseins (etc.), in: Jens Schröter (Hg.), Themen der Theologie: Christologie, Tübingen 2014, 182–241. Abschnitte des Folgenden sind aus den genannten Veröffentlichungen aus meiner Feder übernommen.

›Mensch‹ werden gegenüber dem herkömmlichen Sprachgebrauch neue Begriffe, die in der Bezeichnung von etwas – der Person Jesu von Nazareth – über ihren ursprünglichen semantischen Gehalt hinaus ihr Gegenteil einschließen und mitbezeichnen; in diesem Sinne gilt, dass Gott Mensch und dass dieser Mensch Gott ist. Und hier nimmt Luther eben die Unterscheidung eines neuen und eines alten Sprachgebrauchs, einer neuen und einer alten Sprache auf; ich beziehe mich auf eine Thesenabfolge aus der großen christologischen Disputation von 1539:[101]

> »24. Nicht, weil sie eine neue oder andere Sache, sondern weil sie diese neu und anders bezeichnen – wenn man das nicht eigentlich auch eine neue Sache nennen müsste.«[102]

Die Neubestimmung geht auch in diesem Zitat aus von dem Sprachgebrauch der Schrift und der kanonischen Tradition: die Erweiterung des semantischen Gehaltes, die die Begriffe dort in der Anwendung auf Christus erfahren, nötigt dazu, festzustellen, dass die Begriffe definiert werden unter Einschluss dessen, was nach dem durchschnittlichen Sprachgebrauch ihr Gegenteil ist: Der Begriff ›Mensch‹ schließt in seiner Anwendung auf Christus die Prädikate des Begriffes ›Gott‹ nicht aus, sondern ein; indem ich Christus als Mensch bezeichne, ist sein Gottsein und die in den Begriff der Gottheit eingeschlossenen Prädikate mitbezeichnet. Es ist ein semantischer Zugewinn, der im Unterschied zu der Deutung dieser Wendungen bei Zwingli und in der scholastischen Tradition nicht beständig zurückgenommen wird, sondern durch den neu erschlossen wird, was ›Gott‹ und was ›Mensch‹ bedeutet. Die Person Jesu wird zum Ort der Neudefinition des Sinnes der Begriff ›Gott‹ und ›Mensch‹.[103]

7.1.5. Luther überlässt sich gleichsam ohne ständig mitgeführten Vorbehalt des herkömmlichen Sinnes der Begriffe der in den biblischen Texten und in den ihnen entsprechenden Texten der Tradition präsenten Bewegung, die zu einer sprachlichen Neudefinition dessen, was jeweils Gott und was Mensch ist, führt. Während die scholastischen Traktate ebenso wie Zwingli die Sätze der

[101] Martin Luther, De divinitate et humanitate Christi, WA 39/II, 93[–96 Thesen]–121 [Disputationsmitschrift].

[102] Luther, De divinitate 94, 17–26 (Übers. N. Sl.). Dazu auch Dennis Bielfeldt, der diese Position Luthers mit Hilfe zeitgenössischer und rezenter Signifikationstheorien zur rekonstruieren versucht: Luther and the Strange Language of Theology: How »New« is the Nova Lingua? (https://www.academia.edu/12405440/Luther_and_the_Strange_Language_of_Theology_How_New_is_the_Nova_Lingua; zuletzt eingesehen 9.6.2025); weitere Beispiele: ebd. 17–24.

[103] Dass diese Neubestimmung komplexer ist und den semantischen Gehalt der göttlichen Natur nicht betrifft, sei hier am Rande notiert: FC.SD 8, BSLKrev 1524,22–1526,26.

Tradition verstehen unter der Bedingung, dass die herkömmlichen Regeln der alten Grammatik und dass vor allem die semantischen Grenzen der Begriffe nicht durchbrochen werden, geht Luther davon aus, dass ›der Heilige Geist seine [eigene] Grammatik hat‹: »*Spiritus sanctus habet suam grammaticam*«[104], die dem aufmerksamen Leser und Hörer in der neuen Zuordnung von Prädikaten einen ungewohnten Sinn der Begriffe erschließt – und das ist eigentlich das, was er unter ›Evangelium‹ versteht: die neue Sprache des Heiligen Geistes, die dazu nötigt, *novis linguis loqui*, wie er in der im gleichen Jahr entstandenen Thesen über Joh 1,14 sagt.[105]

7.1.6. Eine solche Neudefinition ist immer problematisch, wenn es sich um eine willkürliche und ungeordnete Zuweisung von Prädikaten an einen Begriff handelt; dann wird der Begriff äquivok.[106] Diese christologische Neudefinition aber erfolgt nicht wahllos, so daß sich ein Sprachgebrauch ergeben würde, in dem die ›alte‹ Sprache mit der ›neuen‹ nichts mehr zu tun hätte, sondern in präziser Weise so, daß der ›alte‹ Sprachgebrauch bestätigt, aufgenommen, und mit dem Gegenteil seiner selbst verbunden wird. Es gibt, so könnte man sagen, den ›neuen‹ Sprachgebrauch nicht an sich, sondern immer nur in der Bewegung über den alten Sprachgebrauch hinaus – christologisch gesprochen: es gibt die Person Jesu nicht an sich, sondern nur als den Vollzug der wechselseitigen Selbstmitteilung von Gottheit und Menschheit; in diesem Vollzug müssen Gottheit und Menschheit zugleich als unterschieden gedacht werden – das ist der ›alte‹ Sprachgebrauch; und als vereint – das ist der semantische Gewinn, der sich in diesem Vollzug ergibt. Es handelt sich immer um ein ›zugleich‹, die Integration des Alten (d. h. des außerchristologischen Gehaltes des Begriffen Gott und Mensch) in die Einheit mit seinem Gegenteil. Oder anders: Die Person Jesu ist der Prozess der wechselseitigen Selbstmitteilung von Gott und Mensch.

Interessant ist die eigentümlich zögernde Feststellung Luthers in der zitierten These 24: die christologischen Neubestimmungen seien ›neue Worte‹ »Nicht, weil sie eine neue oder andere Sache, sondern weil sie diese neu und anders bezeichnen – wenn man das nicht eigentlich auch eine neue Sache nennen müsste.« Die Frage, inwiefern die ›neuen Worte‹ eine ›neue Sache‹ sind, erschließt sich, wenn man erfasst, dass diese *locutiones inusitatae* nicht auf die

104 Luther, De divinitate, 104,21.

105 Luther, Die Disputatio de sententia: Verbum caro factum est (Joh 1,14), Th. 40 (WA 39/II5,35–36). Dazu Stefan Streiff, Novis linguis loqui, Göttingen 1993.

106 Dazu Luther, Über Joh. 1,14, WA 39/II 10,4–12,10 [A].

Christologie begrenzt sind, sondern die Grundstruktur des Verhältnisses von Gesetz und Evangelium sind.

7.1.7. Dass dies die Grundstruktur des ›Evangeliums‹ und insofern das Zentrum der Soteriologie ist, ergibt sich daraus, dass dieser Vorgang eines semantischen Zugewinns nicht auf die Christologie beschränkt bleibt, sondern Luther entdeckt sie eben auch in der Eucharistielehre, wo das Zerkauen, das eigentlich dem Brot zukommt, allen Ernstes vom Leib Christi prädiziert wird, und das ›Nehmen‹ des Brotes dem Leib Christi kommuniziert wird;[107] und er entdeckt dieselbe Struktur des semantischen Zugewinns in der Figur des fröhlichen Wechsels, wenn der Sünder mit den Prädikaten der Gerechtigkeit und der Heiligkeit ausstaffiert wird, die Christus eigen sind.[108] Was in der Christologie angesagt ist – die wechselseitige Erweiterung dessen, was Gott und was der Mensch ist – münzt sich durch das Abendmahl und in der Rechtfertigung des Sünders aus: in einer Neubestimmung des Brotes als des Ortes der Selbstmitteilung Christi; in der Neubestimmung Christi, dem die Gottesferne des Sünders zugesprochen wird; und der entsprechenden Neubestimmung des Sünders, der Subjekt der Prädikate Christi – seiner Gerechtigkeit – wird: das ist der Sinn des explizit nach dem Modell der Christologie strukturierten ›fröhlichen Wechsels‹.[109] Der Sünder ist gerecht und der Gerechte ein Sünder – hier wird verständlich, in welchem Sinne Luther im Kontext der christologischen Idiomenkommunikation zögert, das Neusein der Sprache auch der ›Sache‹ zuzuordnen (»24. Nicht, weil sie eine neue oder andere Sache, sondern weil sie diese neu und anders bezeichnen – wenn man das nicht eigentlich auch eine neue Sache nennen müsste.«[110]): Der Sünder ›ist‹ strenggenommen nicht gerecht. Ihm wird die Gerechtigkeit Christi zugesprochen, aber gerecht ist er durch das andere seiner selbst, durch den Zuspruch der Gerechtigkeit Christi, die er in sein Selbstverständnis integriert. So ist er neu und versteht sich als neu; das Neusein gibt es nur als Einstimmung in den sprachlichen Vollzug des ›Du bist gerecht‹, der sich in den sprachlichen Ausdruck eines Selbstverständnisses (›Ich bin gerecht‹) übersetzt.[111]

[107] Vgl. dazu den Abschnitt ›De praedicatione identica‹ in der Abendmahlsschrift von 1528.

[108] Lit. s. o. Anm. 100; Jörg Baur, Luther und seine klassischen Erben, Göttingen 1993, hier bes.: Lutherische Christologie im Streit um die neue Bestimmung von Gott und Mensch (145–163); Auf dem Weg zur klassischen Tübinger Christologie (204–276); Abendmahlslehre und Christologie der Konkordienformel als Bekenntnis zum menschlichen Gott (117–144).

[109] Slenczka, Christologie als Reflex (s. Anm. 100).

[110] Luther, De divinitate 94, 25–26 (Übers. N. Sl.).

[111] Notger Slenczka, Selbständigkeit und Kommunikation. Das Evangelium als Neubestimmung der

7.2. Das Neue in der Sprache. Es ist entscheidend, dass hier die Sprache die Wirklichkeit erschließt, dass es sich also um eine im Raum der Sprache und der Semantik verortete Neubestimmung handelt, die die lutherischen Theologen dann und folgeweise erst als real kennzeichnen, mit Wendungen wie ›... und ist auch also in der Wahrheit ...‹[112] Nur über die Repräsentanz in der Sprache erschließt sich die Wahrheit, das Neue spielt sich ab im Raum der Sprache, wie die Gerechtigkeit des Sünders nur im und durch das Wort ist. Das nach einem naiven Verständnis Abkünftige - die Sprache, die nach diesem naiven Verständnis die Wirklichkeit nur abschildert, indem sie darauf hinweist - ist der Ort des Neuwerdens der Wirklichkeit. Der Anspruch ist dabei nicht der, dass die neue Semantik eine davon unabhängige Wirklichkeit erschließt, in der Eigenschaften wie Wirklichkeitsklötzchen hin- und hergeschoben werden. Der fröhliche Wechsel ist weder christologisch noch soteriologisch ein Verschieben von Eigenschaften. Sondern der fröhliche Wechsel ist ein Zuspruchgeschehen, das abzielt auf ein sprachlich sich manifestierendes Selbstverständnis (»ich bin gerecht«). Und der Anspruch ist nicht der, dass diesem Zuspruchgeschehen eine Wirklichkeit entspricht, sondern dass diese neue Prädikation ein Wort Gottes ist *in dem Sinne*, dass es beansprucht, endgültig zu sein.

7.2.1. Ich versuche nun die von Luther nur angedeuteten Implikationen dieser Position auszuformulieren und deutlicher auf das Verhältnis von ›Altem‹ und ›Neuem‹ zu fokussieren; als Hintergrund, den ich nicht entfalte, habe ich die sprachphilosophische Position der Hermeneutik Schleiermachers und der seinerzeitgenössischen Sprachphilosophie einerseits[113] und deren direkte oder indirekte Fortwirkung beispielsweise in einer strukturalistischen Sprachtheorie.[114] Folgt man dem, dann wird verständlich und als sachgerecht erkennbar,

....

Wirklichkeit, in: Christian Danz (Hg.), Martin Luther im Widerstreit der Konfessionen, Freiburg 2018, 245–263

112 Etwa FC.SD 8, BSLKrev 1524,8–11.

113 Notger Slenczka, ›Lob der Religion als eines bildenden Sprachgeistes‹ – Theologische Implikationen der Hermeneutik Schleiermachers, in: Sarah Schmidt u. a. (Hgg.), Begriff und Interpretation im Zeichen der Moderne, Berlin u. a. 2015, 147–158; dazu und zum philosophiegeschichtlichen Kontext (v. Humboldt; Schelling): Manfred Frank, Einleitung, in: Ders. (Hg.), Schleiermacher, Hermeneutik und Kritik, Frankfurt/Main 1977, 7–67; Helmut Gipper/Peter Schmitter, Sprachwissenschaft und Sprachphilosophie im Zeitalter der Romantik, Tübingen 1979.

114 Vgl. zum Folgenden hier nur: Dietrich Busse, Frame Semantik, Berlin u. a. 2012. Von Ferdinand de Saussure nehme ich insbesondere die Kontextualisierung der Zeichenbedeutung und die Zuordnung von langue und parole auf: Ferdinand de Saussure, Cours de linguistique générale (1916), frz./dt., hg. von Peter Wunderli, Tübingen 2013; Gottlob Frege, Über Sinn und Bedeutung (1892), in: Funktion, Begriff, Bedeutung, hg. v. Günther Patzig, Göttingen 1962, 38–63. Vgl. auch Clemens Knobloch, Umfel-

warum Luther den ›neuen‹ Sprachgebrauch der Theologie gegen den ›alten‹ Sprachgebrauch der ›Philosophie‹ abgrenzt.[115]

7.2.2. Auszugehen ist davon, dass die Sprache kein System von Wortzeichen ist, die ihren Sinn durch ihre Bedeutung haben, also dadurch einen Sinn gewinnen, dass sie auf eine sprachunabhängige Wirklichkeit referieren, in die wir unabhängig und vor aller Sprache eingeführt wären. Das Wort Pferd ist kein Zeichen für ein Pferd. Vielmehr sind die Worte, aus denen eine Sprache besteht, zunächst untereinander verbunden, stellen ein variables Netz von Kombinationsmöglichkeiten und, interessanter fast noch, ein Gewebe ausgeschlossener Kombinationen dar. Denn die Sprache ist ein merkwürdiges Ding. Alle Begriffe stehen in einem Gefüge möglicher Kombinationen, die ihren Sinn (semantischen Gehalt) und ihre Bedeutung (Referenz auf einen Sachverhalt) definiert. Der Sinn von Begriffen wandelt sich – der Begriff ›Fräulein‹ hat heute nicht mehr die Bedeutung, die er in den Worten Gretchens (»Bin weder Fräulein, weder schön …«) in Faust I hatte. Das variiert auch nach Sprachfamilien und soziologischen Kontexten – während z. B. der Begriff ›Führer‹ im Deutschen sehr selten und fast nie als Allgemeinbegriff verwendet wird, stört man sich in den Vereinigten Staaten mit Bezug auf Donald Trump an vielem, nicht aber am exzessiven Gebrauch des Wortes ›leader‹ für auswärtige Staatsoberhäupter oder Leiter von Institutionen innerhalb der USA. Der semantische Gehalt von Begriffen ist, die Fregesche Unterscheidung vorausgesetzt, nicht ihrer Bedeutung, das heißt: dem, was sie gegenständlich bezeichnen, abgelauscht. Vielmehr repräsentiert der semantische Gehalt den Ort des Begriffs in einem Wortfeld, das ihre Semantik dadurch definiert, dass manche Kombinationen in diesem Wortfeld zulässig sind und andere nicht – es ist bedeutsam, dass in manchen Gebieten der Erde zuzeiten Personen als Objekte von besitzanzeigenden Verben auftreten können und dies in anderen Gebieten zu anderen Zeiten nicht einfach nur als ›Rechts‹verhältnis (Sklaverei) verboten, sondern semantisch so anstößig ist wie die Bezeichnung des Unrechts der Sklaverei als Rechtsverhältnis. Selbstverständlich deuten die Begriffe und deren Kombinationen auf soziale und natürliche Realitäten und haben so eine ›Bedeutung‹, aber sie referieren darauf so, dass sie Umfeldbegriffe aufrufen, die

der des Sprechens. Sprachtheoretische Versuche über das Gemeinte, Siegen 2020.

115 Zum Folgenden vgl. Notger Slenczka, Familie und Gendertheorie, in: Jantine Nierop, Gender im Disput, Hannover 2016, 216–237, hier 229–231; Slenczka, Problemgeschichte (s. Anm. 92). Ich werde diese Überlegungen, die ich schon in anderen Zusammenhängen vorgetragen habe, in einem für 2026 geplanten Text im Gespräch mit weiteren Diskussionskontexten ausführen und belegen.

unbeliebig zugeordnet sind und eine kollektive Vorgabe nicht einfach des Sinnes der Begriffe darstellen, sondern der dadurch geprägten Wahrnehmung der Welt. Mit der Sprache und den darin eröffneten, nicht unbegrenzten Kombinationsmöglichkeiten eignen wir uns eine Weltsicht an, die aber nicht einfach Sprachfamilien und Kulturräume unterscheidet, sondern auch Milieus innerhalb einer Sprachfamilie oder einer Nation mit gemeinsamer Sprache. Von Individuen gesprochene Worte und Sätze erheben sich vor dem Hintergrund dieses semantischen Raums (Saussures Verhältnis von *langue* und *parole*).

7.2.3. Worte haben im Rahmen einer solchen Sprache einen semantischen Hof, der durch andere Begriffe gebildet ist, denen sie zugeordnet sind; Worte sind dadurch Momente eines Netzes von Verbindungen und verbotenen Verbindungen, das sie mit anderen Begriffen bilden und das unsere Weltsicht leitet. Diese Kombinationsmöglichkeiten stehen nicht fest, sind aber auch nicht beliebig wandelbar, sondern dem Individuum durch eine Sprachgemeinschaft vorgegeben; es handelt sich um Korrelationen von relativer Stabilität - wie Schleiermacher sagt: »Das Wort hat eine Definition, aber immer nur eine vorläufige. Die Sprache bewegt sich.«[116]

7.2.4. Entscheidend ist dabei die weiterführende, hier nur anzudeutende Einsicht, dass die Sprache kein abstraktes System ist, sondern Menschen in sie eingelassen werden und durch sie bestimmt werden, indem sie sprechen. Die vorindividuellen semantischen Höfe von ›Mann‹ und ›Frau‹ und die semantischen Regeln der Zuordnung dieser Worte bestimmen unser Weltverhältnis und prägen den gesellschaftlich-kulturellen und den individuellen Umgang. Das Sprechen (*parole*) folgt einer vorindividuellen ›Sicht auf die Wirklichkeit‹, nimmt sie auf, modifiziert sie und prägt sie so. Das Wort lässt uns sehen. Ein Wort ist nicht einfach ein Zeichen für eine Wirklichkeit, sondern unser Blick auf die Wirklichkeit ist vom Netz der Sprache geführt.[117] ›Die Wirklichkeit‹, auf die sich das Wort bezieht, ist nicht einfach der Ursprung des semantischen Hofes, sondern die Sprache, in die das Wort eingelassen ist, reflektiert eine bestimmte Wahrnehmung der Wirklichkeit, eine Auswahl aus den Aspekten, die ein ›Sachverhalt‹ manifestiert.

116 Friedrich Daniel Ernst Schleiermacher, Vorlesungen zur Hermeneutik und Kritik, KGA II,4, hg. von Wolfgang Virmond, Berlin u. a. 2012, 238,35–36.

117 Hier hat Freges Unterscheidung von Sinn und Bedeutung ihren Ort: der Sinn eines Wortes ergibt sich im Eingelassensein des Wortes in das Netz der Sprache; die Bedeutung ist das immer schon sinnbestimmte Hindeuten auf eine Wirklichkeit, die nie anders als ›in diesem Sinn‹ erscheint.

7.2.5. Dabei kann es sein, dass der semantische Hof umfangreicher ist als seine in einem bestimmten Moment gerade aktualisierten semantischen Momente – mit dem Wort ›Hund‹ kann sich der Wortraum des treuen Gefährten, des drolligen Schoßhündchens und des furchterregenden Joggerschrecks verbinden. Das Wort ›Hund‹ stellt diese einander ausschließenden Konnotationshöfe als Möglichkeit bereit, und wir lassen im Sprechen und in der Wahrnehmung von Hunden unseren Blick von diesen Möglichkeiten leiten. Diese im Wort ›Hund‹ angelegten semantischen Höfe sind – im Rahmen eines Kulturraumes oder eines Milieus – relativ stabil und wohlstrukturiert, aber auch da sprecherabhängig plural: wenn unser Kind uns von einem Hund vorschwärmt, dann sehen wir ein knuffiges Tier von begrenzter Größe und gutem Charakter vor uns und erwarten von vornherein nicht, auf einen dauerhaft schlecht gelaunten Dobermann zu treffen. Die Sprache ist ein ›empirisches apriori‹, das nicht einfach *unseren*, sondern kollektiven Erfahrungen entspringt, und das nicht einfach unseren Erfahrungen *entspringt*, sondern sie leitet. In diesem apriori der Sprache finden wir daher unsere zuvor gemachten Erfahrungen mit der Wirklichkeit nicht *wieder*, sondern von ihr geleitet machen wir allererst Erfahrungen. Die Sprache ist ein überindividuelles Verstehen, dessen Teil wir immer schon sind.

7.3. Eine Neubestimmung der Sprache als Neubestimmung der Wirklichkeit. Eine Neubestimmung der Sprache ist eine Neubestimmung der Wirklichkeit, weil sie die Neubestimmung des apriori ist, unter dem Menschen die Wirklichkeit immer schon wahrnehmen. Ich breche das herunter auf die Grundzüge der lutherischen *theologia crucis*: die Neubestimmung Gottes durch das Geschick des Menschen Jesus von Nazareth impliziert die Zugehörigkeit des Todes des Gottverlassenen zu Gott. Diese Neubestimmung Gottes – des Wortes Gott! – und die Neubestimmung der Situation des Menschen am Kreuz ist nicht auf die Person Jesu von Nazareth beschränkt und ist somit keine Information, sondern hat performativen Charakter: wo sie sich im Raum der Sprache durchsetzt, unterscheidet sie einen alten von einem neuen Sprachgebrauch, und das heißt: sie lässt die Wirklichkeit neu sehen, indem sie den Menschen, der sich von Gott verlassen weiß, diese Situation kontrafaktisch neu sehen lässt als den Ort der Gottesnähe.

8. Die Person Jesu als Neubestimmung der Sprache

Damit komme ich zurück zu Luthers ›*nova lingua*‹. Die sprachbildende Kraft des christlichen Glaubens[118] erschließt sich hier die Möglichkeit, die im Gegensatz von Gesetz und Evangelium ausgesprochene Neubestimmung der menschlichen Subjektivität begründet zu sehen in einer christologischen Neubestimmung der Sprache.

8.1. Neubestimmung des Wortes ›Gott‹. Ich lasse mögliche komplexere Überlegungen weg und mache den Gedanken an zwei Texttraditionen fest, die ich oben bereits angesprochen habe: die Pointe des Markusevangeliums, die zugleich das Wahrheitsmoment der Wredeschen Rede vom ›Messiasgeheimnis‹ darstellt, scheint mir darin zu liegen, dass Markus das Messias- bzw. Gottessohnprädikat mit dem Leiden Jesu verbunden wissen will. Im Petrusbekenntnis Mk 8,27ff. prädiziert Petrus Jesus als den Messias, hält aber im Folgenden das Leiden für unvereinbar mit der Gottessohnschaft und wird dafür von Jesus gerügt. Der Erzählung geht nicht umsonst die eigentümliche Geschichte von der zweistufigen Blindenheilung voraus, in der ein Blinder in einem ersten Schritt ungenau und dann scharf sieht – das präludiert das Erkennen und zugleich Missverstehen der Person Jesu durch Petrus. Die volle Erkenntnis Jesu ergibt sich erst, wenn der Hauptmann unter dem Kreuz Jesus – ausdrücklich: als er sah, dass er so starb – als den Gottessohn bezeichnet. Damit wird nicht einfach ein wie immer verstandenes Prädikat auf Jesus übertragen, sondern zugleich dieses Prädikat neubestimmt: zur Messianität bzw. Gottessohnschaft gehört das Leiden dazu. Das ist eine semantische Neufiguration.

Oder mit den Worten Luthers: »Das Geschöpf ist in der alten Sprache [in veteri lingua] das, was der Schöpfer erschaffen und von sich unterschieden hat, aber diese Bedeutung hat keinen Raum im Geschöpf Christus. Hier ist der Schöpfer und das Geschöpf eins und dasselbe.«[119]

Damit ist – darauf haben die Rezipienten dieses Gedankens im Zuge der christlichen und reformatorischen Kreuzestheologie hingewiesen[120] – ein existentiell bedeutsames Neuwerden der Sprache vollzogen, das es ermöglicht und fordert, nicht nur über Gott und den Tod Jesu, sondern über Gott und den

118 Slenczka, Lob (Anm. 113).

119 Luther, De Divinitate (s. Anm. 101) VII. Argumentum: WA 39/2, 105,4–7.

120 Zum Folgenden könnte man auf so unterschiedliche Positionen wie die Jörg Baurs (Lutherische Christologie im Streit um die neue Bestimmung von Gott und Mensch, in: Ders., Luther und seine klassischen Erben, Tübingen 1998, 145–163) und Eberhard Jüngels (Vom Tod des lebendigen Gottes. Ein Plakat, in: Ders., Unterwegs zur Sache, München ²1988, 105–125) verweisen.

Tod im Allgemeinen neu zu sprechen. Diese Neubestimmung der Sprache eröffnet ein neues Verständnis der Todesverfallenheit der menschlichen Existenz, in dem der bevorstehende Tod nicht als Indiz der Trennung vom Leben, sondern als Ort der Gegenwart Gottes verstanden wird.

8.2. Die existenzbestimmenden Implikationen. Diese Neubestimmung ist - jedenfalls in der lutherischen Tradition - nicht in der Weise allgemein, dass sie in den allgemeinen Sprachgebrauch übergeht, der dann zu einem bestimmten Zeitpunkt neu würde und die Weltsicht einer Sprachgemeinschaft bestimmt. Vielmehr bleibt das ›alte‹ semantische Netzwerk und die davon geleitete Erschließung der Welt erhalten. Das Neue und das Neuwerden der Sprache vollzieht sich punktuell und in der Weise, dass es sich am Ort des nach wie vor dem Tod und der Endlichkeit ausgesetzten Subjekt als performativer Zuspruch der Zusammenhang von Gott und Leiden manifestiert und durchsetzt - und genau so wird die Sprache, die eine Verbindung von beidem nicht zulässt, zur ›alten‹ Sprache. Eben so deutet beispielsweise Paulus seine Leidensexistenz auf den Zuspruch von 2 Kor 12,9 hin als Gegenwart des Leidens Christi, und eben so sieht die Grundstruktur von Luthers *theologia crucis* aus: hier wird die christologisch angesagte semantische und im allgemeinen Sprachgebrauch ›neue‹ Verbindung von Gott und Tod als Zuspruch zum Grund eines neuen Selbstverständnisses: der Angefochtene hört im ›Wort von Christus‹ die neue Verbindung von Gott und Leiden und sieht daraufhin die eigene Wirklichkeit des Leidens als mit Gott verbundene Wirklichkeit.[121]

8.3. Die existenzerschließende Sprache als Gegenstand der Neubestimmung. Das Neuwerden und der Neueinsatz ist dann kein gegenständlicher, wunderhaft durchbrechender Neueinsatz in der Heilsgeschichte oder in der individuellen Biographie, sondern eine Neubestimmung der Sprache am Ort der Existenz: Und das heißt: es handelt sich um eine im Neuwerden der Sprache - durch die performative Kraft dieser Neubestimmung - eröffnete Neubestimmung des menschlichen Selbstverständnisses. Ausgeführt: Diese Neubestimmung wird eröffnet durch eine Neubestimmung der Sprache, in der durch die Begegnung mit der Person Jesu von Nazareth und dem Nachvollzug seines Sterbens das Wortfeld von ›Gott‹ und das Wortfeld von ›Mensch‹ sich neugestaltet. Wortfelder haben insgesamt eine performative Kraft, sie bestimmen Selbstverständnis. Die Transformation eines Wortfeldes eröffnet eine neue Sicht von Gott,

[121] Notger Slenczka, Das Kreuz mit dem Ich. Theologia crucis als Gestalt der Selbstdeutung, in: Klaus Grünwaldt u. a. (Hgg.), Kreuzestheologie - kontrovers und erhellend, Hannover 2007, 99–116.

Selbst und Welt - und das bedeutet: ein Neuwerdens der Existenz, denn: wir sind nichts anderes als unser Selbstverständnis.

8.4. Als Antwort auf die oben (1.3.) gestellte Frage: das ›Neue‹ πολλαχῶς λέγεται wird in vielfacher Weise verwendet. Das πρὸς ἕν ist die Sprache im Zusammenhang von *promissio* (performative Neustrukturierung des Wortfeldes von Gott und Mensch) und *fides* (die dadurch eröffnete neue Sicht des Selbst: Selbstverständnis).

Notger Slenczka

ABSCHIEDSVORLESUNG[1] – 12. FEBRUAR 2025
VORLESUNG CHRISTOLOGIE – LETZTE STUNDE: EXTRA NOS?

Herr Dekan, Herr Bischof, Kolleginnen und Kollegen, Studierende, Freunde, Familie, dies ist die letzte Vorlesungsstunde der Christologie-Vorlesung dieses Semesters. Als Abschluss der Vorlesung richtet sich das Folgende an die Teilnehmer dieser Vorlesung, als Abschluss einer institutionellen Laufbahn aber richtet sich ein solcher Vortrag an eine Hörerschaft, die diese Vorlesung nicht gehört hat und die teilweise keinen theologischen *background* hat – und alle sollen irgendwie etwas verstehen und sich nicht *nur* langweilen. Ich werde versuchen, Sie alle zu bedienen.

1. *Identität.* Lieber Herr Dekan Torsten Meireis, lieber Herr Bischof Dr. Stäblein, Ihre Würdigungen meiner Zeit hier in Berlin haben mich gefreut, markieren aber zugleich ein Problem, das ich im ersten von drei Teilen dieser Vorlesungsstunde knapp bedenken will: eine solche Würdigung für einen abtretenden Kollegen ist kein aufzählendes, möglichst vollständiges chronologisches Abschildern der Ereignisse der knapp 20 Jahre. Das ist nicht nur der zur Verfügung stehenden Zeit geschuldet, sondern eine solche Würdigung folgt den Gesetzmäßigkeiten der sinnstiftenden Erzählung, die Paul Ricoeur in ›Zeit und Erzählung‹[2] auf unterschiedlichen Ebenen als hermeneutischen Vorgang ana-

[1] Den Vortragsstil dieser Abschiedsvorlesung habe ich nicht oder nur an ganz wenigen Stellen geändert und nur wenige Anmerkungen angefügt; dabei wird man es mir, hoffe ich, nachsehen, wenn ich insbesondere auf eigene Texte verweise, in denen sich weiterführende Hinweise und die Auseinandersetzung mit weiterer Literatur finden; das liegt auch daran, dass diese letzte Vorlesung einem Thema gilt, dessen Aspekte mich über die Zeit hin in Forschung und Lehre umgetrieben haben.

[2] Paul Ricoeur, Temps et récit, 3 Bde., Paris 1983–1985, dt.: Zeit und Erzählung, 3 Bde., 1988–1991, hier zusammenfassend dt. III,392–400 (frz. 3,439–448); Inga Römer, Narrative Identität, in: Matías Martínez (Hg.), Erzählen, Stuttgart 2017, 263–269 (https://doi.org/10.1007/978-3-476-05364-0_40; zuletzt eingesehen 11.6.2025); einschlägig für die folgend entworfene Verbindung von Christuserzählung und Selbstidentität: die Verbindung von narrativer Identität und Intertextualitätshermeneutik bei Florian Huber, »Narrative Identität«. Durch Lesen sich selbst verstehen. Zum Verhältnis von Literatur und Identitätsbildung, Bielefeld 2008, hier 33–46. (https://doi.org/10.1515/9783839408278-003; zuletzt

lysiert hat. Es geht um das Bilden einer narrativen Identität. Solche Erzählungen stiften einen Sinnzusammenhang, sind geleitet von einer pragmatischen Absicht, etwa dem Ziel, einer schwierigen Aufgabe gerecht zu werden: einerseits den Slenczka erkennbar zu halten, andererseits dann doch lieber nicht alles zu sagen, was über ihn zu sagen wäre. Es entsteht ein Bild, das von einer freundschaftlichen Intention geleitet ist. Erzählungen stiften Identität. Biographische Erzählungen stiften individuelle Identität und die mir besonders am Herzen liegenden kanonischen Texte stiften eine kollektive – diese Gesetzmäßigkeiten hat Jan Assmann nachgezeichnet.[3]

In solchen Erzählungen geht es also um Identität, um die Frage, wer jemand ist, welche Erzählung sich mit dem deiktischen Eigennamen ›Notger Slenczka‹ verbindet. Diese Erzählung, das Bild ist nicht eindeutig. Das Bild, das Sie beide gezeichnet haben, verbindet sich mit den anderen Bildern und Erzählungen, die hier Anwesende unter meinem Namen vor sich sehen. Im Kontext funktional differenzierter Gesellschaften ergeben sich zudem vielfältige Identitäten je nach den Rollen und Berufsrollen, in die wir involviert sind – als Professor, als Prediger, als Betreuer einer Stipendiatengruppe, als Familienvater; Alois Hahn[4] hat das in besonderer Weise analysiert. Die Beschreibung, das Bild von ›Notger Slenczka‹ ist also komplex.

Zudem fügt sich das von Dir, Torsten, und von Ihnen, Herr Bischof, und von den Studierenden am Kaminabend am letzten Mittwoch entworfene Bild ein in die hochsensible Situation, in der ich selbst jetzt und hier bin. Denn selbstverständlich stellt sich mir heute die Frage nach der eigenen Identität, nach dem Wert oder Unwert meiner Tätigkeit, nach Gelingen oder Misslingen. Diese Frage stellt sich zum Abschluss der institutionellen Professorentätigkeit noch einmal ganz anders als während dieser Zeit. Während dieser Zeit ging es darum, ob einzelne Projekte gelungen oder misslungen sind, ob partielle Zeitpläne eingehalten und die externen Normen des Professorenberufs erfüllt wurden – immer unter dem Vorzeichen, dass man die Möglichkeit hat, es künftig besser zu machen. Jetzt, in diesem Übergangsritus der Verabschiedung, geht es um

eingesehen 11.6.2025); Wilhelm Schapp, In Geschichten verstrickt. Zum Sein von Mensch und Ding [1953], Frankfurt a. M. [4]2004. Dazu: Notger Slenczka, Vom Alten Testament und vom Neuen, Leipzig 2017, hier 233–249 (Intertextualität und Multiperspektivität).

[3] Jan Assmann, Das kulturelle Gedächtnis. Schrift, Erinnerung und politische Identität in den frühen Hochkulturen, München [1992] [7]2013; Ders., Fünf Stufen auf dem Weg zum Kanon, Münster 1999.

[4] Alois Hahn, Konstruktionen des Selbst, der Welt und der Geschichte. Aufsätze zur Kultursoziologie, Frankfurt a. M. [2000] [2]2017, hier bes. die beiden ersten Kapitel: 13–261. Dazu die Beiträge in: Ders. u. a. (Hgg.), Identität und Moderne, Frankfurt a. M. (1999) [2]2016.

den Rückblick auf das abgeschlossene Ganze. In dieser Situation fragt man, frage ich noch einmal in anderer Intensität nach der eigenen Identität, und zwar unter dem Gesichtspunkt der Wertung, der Beurteilung. Und ich merke, dass diese Frage eigentümlich offen ist, dass sich im expliziten Reflektieren dieses ›Me‹ im Sinne Meads[5] keine Eindeutigkeit einstellt. Das liegt natürlich daran, dass die Erzählung, die ich dann in der Erinnerung bilde, sich wandelt je nach den Erinnerungsstücken, die zum hermeneutischen Zentrum werden – das Bild wird heller oder dunkler. Und die Uneindeutigkeit liegt zweitens daran, dass diese schweigend vollzogene narrative Erinnerungsarbeit immer vom Wissen um die Bilder und Reaktionen einer sozialen Umgebung begleitet und durch kollektive kulturelle Muster geprägt ist – und damit ist angedeutet: wer wir für uns selbst sind, der Sinn, den die Erzählung stiftet, hängt in vieler Weise niemals nur an uns. Unsere Identität ist extern konstituiert.[6] Und das heißt: gerade wenn wir im Angesicht der Pensionierung oder im Angesicht des Todes nach dem Ganzen des Lebens fragen, ist unser Selbstbild uneindeutig, schillernd, fragwürdig, ungewiss.

Genau darum gibt es die gesellschaftliche Einrichtung der Verabschiedung; die freundlichen Worte haben durchaus eine Vergewisserungs- und Zuspruchfunktion. Aber die Erzählung eines anderen ist, selbst wenn es sich um den Dekan handelt – tut mir leid, Torsten! – von begrenzter Autorität und die vergewissernde und tröstende Wirkung ist, auch wenn es sich um den Bischof handelt – tut mir leid, Bruder Stäblein! – limitiert. Denn als Betroffener weiß ich genau, dass neben diesem Bild des Dekans, des Bischofs weitere Bilder anderer stehen; dass neben der Berufsidentität weitere Rollenidentitäten ste-

[5] George H. Mead, Geist, Identität und Gesellschaft (Mind, Self and Society, Chicago 1934), Frankfurt a. M. 1973, hier Teil III, hier bes. 207–271 und IV, 307–328.

[6] Notger Slenczka, ›Sich schämen‹. Zum Sinn und theologischen Ertrag einer Phänomenologie negativer Selbstverhältnisse, in: Cornelia Richter u. a. (Hg.), Dogmatik im Diskurs, FS Dietrich Korsch, Leipzig 2014, 241–261; Ders. Die Ehre des Menschen und die Ehre Gottes. Eine theologische Perspektive auf das Phänomen der Ehre. Schritte auf dem Weg zu einer phänomenologischen Theologie, in: Matthias Wüthrich u. a. (Hgg.), Ehre. Interdisziplinäre Zugänge zu einem prekären Phänomen, Tübingen 2021, 173–198; Ders., Neid. Vom theologischen Ertrag einer Phänomenologie negativer Selbstverhältnisse, in: Roderich Barth u. a. (Hgg.), Theologie der Gefühle, Berlin u. a. 2015, 157–189; Ders., Emotionales Selbstbewusstsein – theologische Implikationen eines phänomenologischen Ansatzes, in: Carla Danani u. a. (Hgg.), Die Irritation der Religion. Zum Spannungsverhältnis von Philosophie und Theologie, Göttingen 2017, 34–43; dazu: Axel Honneth, Das Ich im Wir. Studien zur Anerkennungstheorie, Frankfurt a. M. 2010; Paul Ricoeur: Soi-même comme un autre, Paris 1990, dt.: Das Selbst als ein anderer, München 1996. Dazu: Peter Welsen, Personale Identität als narrative Identität, in: PhäFo 1 (2001) 25–40 zur Diskussion mit Parfit.

hen: wer oder wie war ich als Kollege? Als Mitmensch? Als Ehemann und Familienvater? Als Freund? Wie integriert sich all dies in ein Bild meiner Person?

Mir als demjenigen, der in dieser Situation ist, hilft es wenig, dass ich mich wissenschaftlich mit genau diesem Problem intensiv beschäftigt habe und gerade auch die philosophischen Debatten darüber verfolgt habe.[7] Man kann sich dann vielleicht den Umstand, dass sich die eigene Identität entzieht, erklären; man weiß, dass jedes einzelne Wort der Frage, ›wer‹ ›ich‹ ›eigentlich‹ ›bin‹, klärungsbedürftig ist. Aber alle diese Auskünfte und Problematisierungen klären die *Frage*, die sich am Ende einer Lebenswegstrecke aufdrängt. Sie verhelfen aber nicht zu einer Antwort.

1.2. Erzählte *Wahrheit?* Wer mit dieser Frage umzugehen gezwungen ist, dem bestätigen sich zwei Einsichten, die ich persönlich als wichtige Einsichten der wissenschaftlichen Diskussion betrachte. Erstens: die Frage nach der eigenen Identität ist nicht beantwortbar unter Ausgriff auf eine Bestimmtheit oder eine Instanz jenseits der sinnstiftenden Erzählungen. Es gibt keine substantiale Persönlichkeit, ein apriori einer Lebensgeschichte. Vielmehr gibt es unsere Identität nur in den Erzählungen, nicht nur eigenen, sondern auch in den sinnstiftenden Narrationen anderer, die sich zu Bildern verdichten. Es gibt mich nicht jenseits davon. Unsere Identitätserzählung ist ein Konstrukt, dem keine Essenz als Kriterium zugrunde liegt. Jenseits der Deutungen ist kein ›Ich an sich.‹

Der zweite Punkt: Wir wissen, dass es das Bewusstsein der eigenen Identität nur im Zusammenspiel, in der Kon-Kurrenz uneindeutiger eigener und fremder Erzählungen gibt. Und von diesen Erzählungen und Bildern ist keines privilegiert, so schade ich das im Falle der einleitenden Würdigungen finde. Und dennoch frage ich, gerade in einer solchen Situation wie heute, nach einer – *einer!* – Antwort auf eben diese Frage: wer bin ich *eigentlich*? Das bedeutet: eine Phänomenologie der Frage nach der eigenen Identität zeigt, dass wir erwarten, dass es jenseits der Vielstimmigkeit und Uneindeutigkeit der Erzählungen *eine* Wahrheit über uns gibt, eine letzte und letztgültige Narration, in der alle anderen Erzählungen aufgehoben sind. Nicht, *dass* es diese Wahrheit über uns *gibt*, ist die These, sondern dass wir auf sie ausgreifen. Diese eine, wahre Narration ist in der sinnstiftenden Narration, und nur da, mitgesetzte regulative Idee. Und eigentümlicherweise zeigt sich genau in der Situation der Verunsicherung und der intensivierten Frage, in der ich jetzt bin, dass wir nicht fähig sind, oder jedenfalls ich nicht fähig bin, meine eigenen Narrationen und Selbstbilder mit dieser Wahrheit zu identifizieren, und natürlich auch nicht die Narrationen

[7] S. Anm. 6; 8; 24; 29.

anderer. Diese Frage ›Wer ich eigentlich bin‹ greift aus auf die Narration aller Narrationen. Den ›eigentlichen‹ Sinn meines Lebens.

1.3. *Das mitgesetzte Jüngste Gericht.* Mit dieser nur angedeuteten Beschreibung meiner Situation am Ende der Berufstätigkeit habe ich Aspekte der hermeneutischen Diskussion um die Konstitution menschlicher Identität nachvollzogen – das habe ich hier natürlich nur angedeutet. Alle diese wissenschaftlichen Diskurse haben ihre Wahrheit und ihre Grenze in der Erhellung dieser Situation. Aber wichtiger noch: mit dieser zuletzt gestellten Frage nach der gültigen Narration jenseits der vielen Erzählungen haben wir das Grund- und Hauptthema der christlichen Theologie und vieler anderer religiöser Traditionen nachvollzogen, nämlich: die Erwartung eines Jüngsten Gerichts.[8] Das mag jetzt eine überraschende Volte sein, und setzt voraus: Die Rede vom Jüngsten Gericht ist keine Information über künftige Ereignisse: der zusammenbrechende Sternenhimmel, das Kommen eines göttlichen Richters mit den Wolken des Himmels, die Auferstehung und die Versammlung aller Menschen in einem Tal in der Nähe von Jerusalem. Das Jüngste Gericht ist nicht das, was in den Bildern der Museen und auf den Altären der Kirchen dargestellt wird. Sondern im Symbol des ausstehenden Jüngsten Gerichts spricht sich die Frage nach dem endgültigen Urteil über uns aus. Der wichtigste Zug dieser Symbolisierung ist die Auskunft des Sehers Johannes (Apk 19,12–13): das gesamte Leben jedes Menschen ist in einem Buch verzeichnet – eine Biographie, die der Himmel geschrieben hat. Die erzählte Biographie und das Jüngste Gericht hängt zusammen. Die endgültige, die wahre Narration, das jüngste, nicht mehr überholbare Bild unserer selbst – das ist das hermeneutische Zentrum der Rede vom Jüngsten Gericht. Und über das Jüngste Gericht informiert uns nicht der Seher Johannes, sondern das Jüngste Gericht ist in unseren Identitätskonstruktionen mitgesetzt und leitet sie. Und möglicherweise erfahren wir in solchen Situationen der Frage nach uns selbst das Jüngste Gericht oder die Hölle episodisch oder lang andauernd in quälenden oder befreienden emotionalen Zuständen des Gewissens oder der Scham.[9]

Diese Frage, diese Erfahrung ist das Original der Rede vom Jüngsten Gericht, und in aller mythologischen Ausmalung bis hin zum Identifizieren der

[8] Notger Slenczka, Die Rechtfertigung des Sünders, in: Ders., Der Tod Gottes und das Leben des Menschen, Göttingen 2003, 210–226; Ders., Der endgültige Schrecken. Das Jüngste Gericht und die Angst in der Religion des Mittelalters, in: Das Mittelalter 12 (2007), S. 97–112; Ders., Gewissen und Gott. Überlegungen zur Phänomenologie der Gewissenserfahrung und ihrer Darstellung in der Rede vom Jüngsten Gericht, in: Stephan Schaede u. a. (Hgg.), Das Gewissen, Tübingen 2015, 235–283.

[9] Slenczka, Schämen (s. Anm. 6); Ders., Gewissen (Anm. 8).

Qualitäten eines göttlichen Richters spricht sich nichts anderes aus als diese Frage nach der Wahrheit über uns oder auch das Leiden unter der eigenen Vergangenheit. Alle gegenständlichen Beschreibungen des Jüngsten Gerichts haben ihr Recht, solange sie als Symbolisierungen dieser Erfahrung auslegbar sind. Und alle religiös-gegenständliche Rede vom letzten Gericht verliert ihr Recht, wenn wir in dieser Symbolisierung uns selbst nicht wiederfinden und nur noch eine existentiell irrelevante gegenständliche Wahrheitsüberzeugung zurückbleibt. Dann haben wir nur noch die Aussage des Apostolischen Glaubensbekenntnisses – von dort wird er kommen zu richten die Lebenden und die Toten – ohne jemanden, der *sich* in ihnen ausspricht, indem er sagt: ich glaube.

Der Streit um die eigene Identität und das Leiden unter der eignen Identität setzt das Symbol des Jüngsten Gerichts mit, und umgekehrt: die traditionelle Rede vom Jüngsten Gericht ruft diese Frage – wer bin ich eigentlich? – in Erinnerung und weist in sie ein. Wohlgemerkt: da ist nicht erst die Information, dass es ein Jüngstes Gericht gibt – sondern die Rede vom Jüngsten Gericht ist die vergegenständlichende Symbolisierung der regulativen Idee, die meine Frage nach der Wahrheit in allen Narrationen leitet. Um Augustin zu modifizieren: geh nicht nach da draußen oder in die Zukunft. Geh in dich selbst zurück. Im Innern des Menschen wohnt die Wahrheit der Rede vom Jüngsten Gericht.

2. *Christologie*. Damit komme ich endlich zum Thema der Vorlesung, der Christologie – zweiter Abschnitt von dreien.[10] Ich muss ein paar Dinge wiederholen, die ich auch in der Vorlesung vorgetragen habe, und setze mit dem Thema der Rückfrage nach dem historischen Jesus ein.

2.1. *Die Rückfrage nach dem historischen Jesus* ist ursprünglich ein dogmen- und theologiekritisches Unternehmen. Es ist der Versuch, auf dem Weg historischer Arbeit an den Evangelien ein Bild der Person Jesu zu gewinnen, das nicht von Überzeugungen der Gemeinde verfälscht ist und das möglicherweise anziehender und überzeugender ist als das Dogma von den zwei Naturen in einer

[10] Notger Slenczka, Die Christologie als Reflex des frommen Selbstbewusstseins, in: Jens Schröter (Hg.), Themen der Theologie: Christologie, Tübingen 2014, 182–241. Ich nenne ausdrücklich einen Ansatz, dem ich mich nah fühle: Christian Danz, Grundprobleme der Christologie, Tübingen 2013. Ferner die Beiträge in: Jens Herzer u. a. (Hgg.), Die Rede von Jesus Christus als Glaubensaussage, Tübingen 2018.

Person.[11] Dieses Unternehmen hat schon früh Kritik auf sich gezogen, etwa von Martin Kähler.[12] Wer den historischen Jesus selbst ohne die Deutung der Person durch die Gemeinde identifizieren will, der fragt, so Kähler, nach einem Abstraktum. Denn, so sagte er, zu einer geschichtlichen Person gehört die Wirkung auf die Zeitgenossen. Zu einer Politikerin, einem Sänger, einem Schauspieler gehört das, was er oder sie im Publikum auslöst und wie sie gesehen oder bewertet werden. Taylor Swift ohne die Wirkung auf ihre Fans ist nicht die wahre Taylor Swift, sondern eine Abstraktion.[13] Eine Person schließt ihre Wirkung auf die Fan- oder Gegnergemeinde ein.[14] Diese Erfahrung einer Wirkung spricht sich in deutenden Erzählungen aus, die wir in den Evangelien vorfinden. Diese Identitätserzählungen werden in vielfältigen, dem AT und dem zeitgenössischen Judentum entnommenen Hoheitsprädikaten zusammengefasst. Das sind sehr unterschiedliche und vieldeutige Hoheitsprädikate – Menschensohn, Messias, Davidsohn, Gottessohn, Logos.[15] Zu Jesus von Nazareth gehören damit die Erzählungen und der Christus-Glaube der Gemeinde. Auch die Frage, wer eigentlich Jesus Christus ist, ist nur in der Vielfalt der Narrationen und Bilder beantwortbar, die über ihn umlaufen, und auch die kanonischen Narrationen und Bilder sind eben nur dies: Narrationen und Bil-

[11] Dazu die Textsammlung: Werner Zager (Hg.), Jesusforschung in vier Jahrhunderten, Berlin/Boston 2014. Ferner: Reinhard Slenczka, Geschichtlichkeit und Personsein Jesu Christi, Göttingen 1967; Wolfhart Pannenberg, Grundzüge der Christologie, Gütersloh [6]1982, 18–31; 41–44; Jens Schröter, Der historische Jesus. Tendenzen und Perspektiven der gegenwärtigen Forschung (BZNW 114), Berlin 2002, dort Lit.). Ulrich H. J. Körtner (Hg.), Jesus im 21. Jahrhundert, Neukirchen-Vluyn [2]2006 (Wirkungsgeschichte von Bultmanns Konzept); Notger Slenczka, Die Bedeutung des historischen Jesus aus systematisch-theologischer Sicht, in: Paul Metzger (Hg.), Die Konfession Jesu (BensH 112) Göttingen 2012, 68–82; Ders., In which Sense has the Conviction that Jesus was Resurrected the ›Certainty of Fact‹? in: Jan v. d. Watt (Hg.), The Quest for the Real Jesus, Leiden 2013, 185–203.

[12] Martin Kähler, Der sogenannte historische Jesus und der geschichtliche, biblische Christus, 2. erw. Aufl. hg. v. Ernst Wolf, München 1961. Ich verwende den Text des Vortrags von 1892: neu hg. ebenfalls von Ernst Wolf, München 1953.

[13] Das damit verbundene, oft schmerzliche Problem, dass das Selbstbild und die öffentliche ›*persona*‹ differieren können und gerade der/die Betroffene selbst sich in seiner Wirksamkeit nicht wiedererkennen kann oder will, ist nicht eine Differenz zwischen Wahrheit und verzerrendem Bild, sondern fügt sich ein in die unter 1. diskutierte Problematik der Strittigkeit narrativer Identität.

[14] Kähler, Jesus (s. Anm. 12) 32–39. Vgl. Ulrich H. J. Körtner, Historischer Jesus – geschichtlicher Christus. Zum Ansatz einer rezeptionsästhetischen Christologie, in: Ders. u. a. (Hgg.), Lesen und Leben. Drei Essays zur Grundlegung einer Lesetheologie, Bielefeld 1997, 99–135.

[15] Immer noch gut: Ferdinand Hahn, Christologische Hoheitstitel, Göttingen [5]1985; Martin Karrer, Jesus Christus im Neuen Testament (GNT 11), Göttingen 1998; Ludger Schenke (Hg.), Jesus von Nazareth – Spuren und Konturen, Stuttgart 2004; Jens Schröter/Christine Jacobi (Hgg.), Jesus Handbuch, Tübingen 2017.

der, die sich in einer bestimmten Gemeinschaft oder in einem bestimmten Kulturkreis durchgesetzt haben. Und die Erzählungen der Evangelien zielen auch da, wo sie möglicherweise historische Erinnerungen vermitteln, nicht auf die Information über das, was da geschehen ist, ab, sondern darauf, die Wirkung, die die Erzählgemeinde erfahren hat, an Hörerinnen und Leser zu vermitteln. Die Erzählungen der Evangelien und die sonstigen Zeugnisse des NT wollen die Haltung tradieren, aus der heraus die Gemeinde von Jesus von Nazareth spricht. Sie sind in diesem Sinne Kerygma. Sie haben einen pragmatischen Sinn. Sie vermitteln die Wirkung der Person Jesu. Die Texte sind performativ, sie wollen das Selbstverständnis der Hörerinnen und Leser verändern. Das heißt: in diesen Texten begegnet der Leser der Wirkung und so der Person Jesu. Das ist der Sinn der Feststellung Bultmanns, dass Jesus in das Kerygma, in die Verkündigung der Gemeinde auferstanden sei. Dort erweist er sich als wirksam und so als lebendig. Auch die Rede von der Auferstehung Jesu ist ein Symbol, das diese Lebendigkeit der Erzählung von Jesus in Worte fasst, und das heißt: die Auferstehung Jesu ist nicht eine hinter allen Erzählungen stehende, quasihistorische Tatsache, sondern ein Reflex der lebendigen Wirkung der Texte.

2.2. *Narrative Identität Jesu.* Und Sie merken vielleicht: ich habe damit, Kähler weiterlesend,[16] die Frage nach der Person Jesu Christi eingezeichnet in das Thema der narrativen Identität, das ich zuvor entfaltet habe. Es gibt auch die Person Jesu nur in den Narrationen, nicht nur in den quasibiographischen Erzählungen der Evangelien, sondern auch in den christologischen Entfaltungen des Paulus oder in den Systematisierungen der großen, kanonischen Dogmen und deren vielstimmiger Auslegung in der christlichen Theologiegeschichte. All das ist der Vollzug identitätsstiftender Erzählung, und es gibt die Person Jesu Christi nicht jenseits davon. Zu einer geschichtlichen Person gehört ihre Deutung. Die Deutung der Person Christi ist Reflex einer Heilserfahrung. Und nun bemerken Sie vielleicht ein Muster. Theologie hat es nicht mit dem Feststellen von Fakten zu tun, die zweitens eine Wirkung haben – Gott, Auferstehung, Jesus Christus, Jüngstes Gericht. Sondern alle diese scheinbaren Fakten sind Hypostasierungen, Ausdruck subjektiver Erfahrung und der Veränderung subjektiver Erfahrung. In den Evangelien und ihrer Jesusnarration spricht sich der Glaube der Gemeinde aus und reflektiert die erfahrene Wirkung der Person Jesu.

[16] Dass ich damit Martin Kähler weit über seine Intentionen hinaus und gegen sie ausbeute, sei ausdrücklich notiert.

2.3. *Christologie als Funktion der Soteriologie.* Daran anknüpfend habe ich in der Vorlesung darauf aufmerksam gemacht, dass in der reformatorischen Tradition und in den neuzeitlichen Positionen seit dem 18. Jahrhundert die Christologie und die Soteriologie, die Rede von dem von Christus ausgehenden Heil, eng zusammenrücken. Natürlich gehört beides - die Rede von Christus und die Rede vom menschlichen Heil - schon zuvor und in der vorreformatorischen Theologie eng zusammen, aber eben so:[17] zuerst sprechen die Schultheologen von Christi Person - der Menschwerdung Gottes; dem Verhältnis der beiden Naturen in der einen Person; den Ämtern Christi. Dann von seinem Lebensvollzug, im Zentrum Kreuz und Auferstehung. Dann schließlich heißt es: dies alles führt dazu, dass Jesus von Gott eine gegenständliche Gnade erwirbt, die dann durch das Sakrament in die Seele des Menschen eingegossen werden kann und diese Seele des Empfängers verändert und auf Gott ausrichtet. Und das rettet uns schließlich, in der Zukunft, vor dem Urteil im Jüngsten Gericht. Das ist auch eine Verbindung von Christologie und Soteriologie, aber eben eine, die nach dem Modell von Ursache und Wirkung funktioniert. Erst die Person Christi. Dann die objektive Versöhnung am Kreuz. Dann die Auswirkung am frommen Subjekt.

Die Feststellung Kählers - zu einer geschichtlichen Person gehört die Wirkung auf die Zeitgenossen - kehrt diese Abfolge um. Die Erfahrung einer Wirkung geht voraus und spricht sich in den Hoheitsprädikaten aus. Die Hoheitsprädikate - angefangen von der Zwei-Naturen-Lehre - sind nicht die gegenständliche Voraussetzung der Soteriologie, sondern die Folge derselben: in diesen Prädikaten spricht sich eine soteriologische Erfahrung aus, und in ihnen und den entsprechenden Erzählungen vermittelt sie sich weiter. Mit Tillich: »Die Christologie ist eine Funktion der Soteriologie.«[18] Heißt: die Christologie

[17] Zum Folgenden vgl. z. B. David Hollaz, Examen theologicum acroamaticum (Stargard 1707), hier nach der unverändert von Romanus Teller hg. und annotierten Ausgabe Leipzig ²1763, der Aufbau von p III sect 1, in dem Hollaz die principia salutis im Rahmen einer trinitarisch gegliederten, großartigen Architektur darstellt: ausgehend von der allgemeinen und der erwählenden speziellen (Prädestination) *benevolentia Dei patris* (cap 1 und 2) über die *fraterna redemtio* des Sohnes (cap III: Person: Inkarnation und Zwei Naturen Lehre [cap III Membr. I], Ämter [ebd. Membr. II], Werk / *status* [ebd. Membr. III) hin zum Cap IV, der *gratia applicatrix* des Heiligen Geistes mit der Darstellung des *ordo salutis* in 9 Schritten von der *vocatio* bis zur *glorificatio* - der bei Weitem längste Abschnitt dieser pars.

[18] Paul Tillich, Systematic Theology vol 2, Chicago [1957] 1975, 150; Systematische Theologie, in zwei Bänden hg. v. Christian Danz, Berlin/Boston ⁹2017, I,444 [dreibändige Ausgabe Stuttgart 1955–1965: II,163]. Georg Neugebauer, Die Wirklichkeit des Christus, in: Christian Danz (Hg.), Paul Tillichs ›Systematische Theologie‹. Ein Werk- und problemgeschichtlicher Kommentar, Berlin/Boston 2017, 171–195, hier 188; ich entscheide mit dem Folgenden die bei Tillich oszillierende Verhältnisbestimmung von

ergibt sich aus der Soteriologie und auf sie hin. Oder wieder: die Christologie ist ein Ausdrucksphänomen.

2.4. *Die Zwei-Naturen-Lehre als Neubestimmung der Worte ›Gott‹ und ›Mensch‹.* Gehen wir dem zwei Schritte nach: Wir haben uns in der Vorlesung – natürlich – mit der bereits genannten Zwei-Naturen-Lehre befasst, vor allem mit der Wiederaufnahme der altkirchlichen Auseinandersetzung im Streit zwischen Zwingli und Luther.[19] Zwei Naturen in einer Person, unvermischt und ungetrennt. Wir haben nachvollzogen, wie Luther diese Aussagen interpretiert: als eine semantische Neubestimmung Gottes einerseits und des Menschen andererseits. Eine Bewegung, in der ein Verständnis Gottes, das durchschnittliche Verständnis Gottes, der semantische Gehalt, den das Wort in unserer Sprache hat, einerseits festgehalten wird – unvermischt. Und andererseits – ungetrennt – wird der Sinn des Wortes Gott neubestimmt: Alles, was von Jesus von Nazareth auszusagen ist, gilt von dem inkarnierten Gott: »den aller Welt Kreis nie beschloss, der liegt in Marien Schoß« (EG 23,3), und »Gott's Sohn liegt tot« (EG 80,2). Gott leidet. Gott stirbt. Gott wird begraben. Dass Gott tot ist, steht nicht zuerst bei Nietzsche, sondern bei Hegel. Und Hegel hat es bei Luther gelesen.[20] Die Biographie Jesu von Nazareth gehört zum Wesen Gottes – das ist der eine Sinn der Zwei-Naturen-Lehre.

Und nun zur Neubestimmung des Menschen: Jesus von Nazareth ist ein Mensch, sterblich, endlich, beschränkt auf einen Raum- und Zeitpunkt – unvermischt. Und doch gilt von diesem Menschen mehr als dieses durchschnittliche Verständnis. Der semantische Hof, die durchschnittliche Erzählung des Menschseins wird aufgebrochen. Von *diesem* Menschen Jesus von Nazareth gilt, dass ihm alle Gewalt im Himmel und auf Erden gegeben ist, dass die Rechte des Vaters mit und durch ihn die Welt regiert, dass sein Leib und sein Blut allgegenwärtig ist, dass »ehe denn Abraham war, bin ich.« Gott bleibt Gott und Mensch bleibt Mensch, aber beide werden in eine Bewegung der Kommunikation hineingezogen, in der die Worte ›Gott‹ und ›Mensch‹ einen neuen Sinn gewinnen.

Faktum und Fiktion (Neugebauer, Wirklichkeit, 178–183, vgl. den Schlusssatz, vgl. 174–178) zugunsten der Fiktion, so aber, dass die als Faktenfeststellung daherkommenden Aussagen als unentrinnbares Moment der Fiktion ihr Recht erhalten.

19 Zum Folgenden s. den Beitrag oben in diesem Band: Novis linguis loqui (etc.), 7. und 8., dort Lit.

20 Eberhard Jüngel, Gott als Geheimnis der Welt. Zur Begründung der Theologie des Gekreuzigten im Streit zwischen Theismus und Atheismus, Tübingen ^{4}1982, hier 55–137.

2.5. *Die Anthropologie als Geheimnis der Christologie – David Friedrich Strauß.* Wir sind in der Vorlesung an der Kritik an dieser Zwei Naturen Lehre vorbeigekommen, die durchweg nicht einfach die Vorstellung kritisiert, sondern die interne Widersprüchlichkeit, die entsteht, wenn man davon ausgeht, dass die Gottheit, so David Friedrich Strauß, sich in ein Menschenexemplar ergießt und gegen alle anderen geizt.[21] Die Anthropologie ist das Geheimnis des Christentums, so führt Feuerbach den Gedanken weiter.[22] Das ist nicht so gemeint, dass das in Christus wie auch immer liegende Heil zunächst festgestellt wird in einer Lehre von der Person und dem Werk Christi, und dann gesagt wird, dass diese Person und ihr Werk die übrigen Menschen heilsam beeinflusst. Vielmehr zielt Feuerbach darauf, dass die Aussagen über Christus und die Aussagen über religiöse Gegenstände überhaupt selbst Aussagen über den Menschen sind und in anthropologische Aussagen übersetzt werden müssen.

Das ist nun kein Fündlein eines Vertreters des linken Flügels der Hegelschule, sondern das ist eine Einsicht, für die Feuerbach bekanntlich Luther in Anspruch nimmt: der habe das anthropologische Geheimnis des christlichen Glaubens ausgeplaudert, beispielsweise in den Gebotsauslegungen des Katechismus, in denen er die gegenständlichen Aussagen des christlichen Glaubens übersetzt in eine Art und Weise des Menschen, sich selbst zu verstehen.[23] Und damit hat Feuerbach nicht ganz Unrecht. Luther betrachtet in der Tat die Geschichte des Jesus von Nazareth als die Geschichte des Menschen überhaupt – wenn auch nicht ganz im Sinne Feuerbachs – dem gehe ich nun nach.

2.6. *Narrative Identität durch die Erzählung von Jesus von Nazareth.* Kurze Erläuterung: die Christologie hat ihren Grund in der Soteriologie. Das Heil des Men-

[21] »Das ist ja gar nicht die Art, wie die Idee sich realisirt, in Ein Exemplar ihre ganze Fülle auszuschütten, und gegen alle andern zu geizen, sondern in einer Manchfaltigkeit von Exemplaren, die sich gegenseitig ergänzen, im Wechsel sich setzender und wiederaufhebender Individuen, liebt sie ihren Reichtum auszubreiten.« (David F. Strauß, Das Leben Jesu, kritisch bearbeitet, 2 Bde., Tübingen 1835/36, II,734). Das ließe sich auch an der großartigen ›Glaubenslehre‹ darstellen: David F. Strauß, Die christliche Glaubenslehre in ihrer Entwicklung und im Kampfe mit der modernen Wissenschaft, Tübingen/Stuttgart 1840, Nachdruck Darmstadt 1973. Dazu Dietz Lange, Historischer Jesus oder mythischer Christus. Untersuchungen zu dem Gegensatz zwischen Friedrich Schleiermacher und David Friedrich Strauß, Gütersloh 1975.

[22] Ludwig Feuerbach, Das Wesen des Christentums, Leipzig 1841, gut zugänglich Stuttgart 1969. Dazu: Matthias Petzoldt, Gottmensch und Gattung Mensch. Studien zur Christologie und Christologiekritik Ludwig Feuerbachs, Berlin 1989.

[23] Ludwig Feuerbach, Das Wesen des Glaubens im Sinne Luthers [1844], Werke 4, Frankfurt 1975, 7–68, hier bes. 8–9: Luther habe das anthropologische Geheimnis des christlichen Glaubens »ausgeplaudert«.

schen wiederum liegt in der Rechtfertigung des Sünders aus dem Gericht, allein durch den Glauben an Christus, so Luther, steißtrommlerisch auf einen gegenständlichen Satz zum Auswendiglernen gebracht. Und weiter, wieder flach vergegenständlichend: die Gerechtigkeit des Menschen vor Gottes Gericht ist nicht die eigene, erworbene Eigenschaft des Menschen, sondern die ihm zugerechnete Gerechtigkeit Christi. Schon dies übrigens ist ein antiessentialistisches Motiv: wir haben unsere Gerechtigkeit ausschließlich in einem Zurechnungsakt, den wir in unsere Identitätskonstruktion übernehmen – genau das ist Glaube: sich verstehen (als gerecht) auf der Grundlage einer zugesprochenen Erzählung von Jesus Christus.[24] Kontrafaktisch. Luther fügt das nun in eine weitergehende Deutung der Evangelien ein. Dort geht es, sagt er, nicht einfach um eine Biographie Jesu, sondern es geht darum, dass im Erzählen diese ganze Biographie, alles, was Jesus getan und erlitten hat, dem Hörer oder der Leserin zugesprochen wird als Grundlage ihrer Identitätserzählung. Rechtfertigung durch Christus ist eine Bearbeitung der Frage, wer ich bin, und zwar so, dass meine Identität eingezeichnet wird in die Narration des Lebens Jesu von Nazareth.[25] Was das bedeutet, lässt sich an den Briefen des Paulus beobachten. Im Streit des Paulus mit der Korinthischen Gemeinde geht es um die Identität des Paulus – die Korinthischen Gegner bilden eine Identitätserzählung, in der die Krankheit des Paulus, seine mangelnde Redebegabung, die Tatsache, dass er ein Christenverfolger war, zu einem Bild zusammengefasst wird. Paulus dagegen nimmt in Anspruch, dass sein Leben nach dem zugesprochenen Leben Christ zu beurteilen ist: Christus lebt in mir. Und das bedeutet, dass genau die unvorteilhaften Momente seines Lebens eine neue Bewertung erfahren, weil sie dem Leiden und dem Tod Jesu entsprechen. Gerade sie sind Indizien der Wahrheit seiner Zugehörigkeit zu Christus, Manifestation des Leidens Christi und genau so Vorschein der Auferstehung. Paulus zeichnet in seine narrative Identität das ihm zugesprochene Leben Christi ein. Dafür

[24] Notger Slenczka, Selbständigkeit und Kommunikation. Das Evangelium als Neubestimmung der Wirklichkeit, in: Christian Danz (Hg.), Martin Luther im Widerstreit der Konfessionen, Freiburg 2018, 245–263.

[25] Vgl. mein Lieblingszitat: »Das Hauptstück und Grund des Evangeliums ist, dass du Christus, ehe du ihn als Exempel fasst, aufnimmst und erkennst als eine Gabe und ein Geschenk, das dir von Gott gegeben und dein eigen sei, so dass, wenn du ihm zusiehst oder hörst, dass er etwas tut oder leidet, dass du nicht daran zweifelst, er selbst Christus mit solchem Tun und Leiden sei dein, worauf du dich nicht weniger verlassen sollst, als hättest du es selbst getan, ja als wärest du derselbe Christus.« (Martin Luther, Kirchenpostille, WA 10/I,1, 11,12–18; übertr. von N. Sl.). Dazu: Notger Slenczka, Extern begründete Identität. Das ›Simul‹ als Denkangebot für die Gegenwart, in: Christian Neddens u. a. (Hgg.), Simul-Existenz. Spuren reformatorischer Anthropologie, Leipzig 2019, 28–55.

stehen die Peristasenkataloge der Korintherbriefe und die dort entfaltete *theologia crucis*.

In der Frage nach der Rechtfertigung im Jüngsten Gericht allein durch den Glauben an Christus geht es unter dem Stichwort des Jüngsten Gerichts um die Frage nach unserer Identität, die spannungsvolle Frage, in die die regulative Idee der Wahrheit unserer Identität eingeschrieben ist. Und es geht unter dem Stichwort ›Jesus Christus‹ um die erzählte Identität Jesu Christi, insgesamt darum, dass wir die Geschichte unseres Lebens als Moment der Geschichte des Lebens Jesu von Nazareth verstehen, dass diese Narration unsere Lebensnarrationen so bestimmt wie das Identitätsbewusstsein Israels von den kanonischen Narrationen der Befreiung aus Ägypten bestimmt ist: durch einen Akt der Identifikation.[26] Und es geht unter dem Stichwort ›Glauben‹ um das Verstehen unserer selbst, um die Frage nach dem Verstehenszentrum unserer Selbstbilder: Glauben an Jesus Christus heißt: die eigene Identität als Manifestation der Christuserzählung zu lesen. Ich habe damit diesen bei Luther etwas anders begründeten Vorgang nun in einer kreativen Interpretation so aufgenommen, dass das Theologumenon der Rechtfertigung durch den Glauben an Christus so zu verstehen ist:[27] das Lebensbild Jesu, das in den Evangelien präsentiert wird, zeichnet sich in die identitätsstiftende Erzählung des eigenen Lebens so ein, dass die biographischen Momente ihren Sinnzusammenhang von dieser Narration des Lebens Jesu her gewinnen und ein Mensch sich und sein Leben als Manifestation des erzählten Lebens Jesu versteht. Die Wahrheit meiner Identität ist die Erzählung des Lebens Jesu Christi. Glauben an Jesus Christus bedeutet: sich in der Uneindeutigkeit der eigenen Identität aus der Erzählung von Christus zu verstehen.

2.7. *Die existentiale Wahrheit der Christologie.* Im Kerygma ist Christus gegenwärtig, so Bultmann; im Glauben ist Christus gegenwärtig, so Luther.[28] Keine gegenständliche Anwesenheit. Sondern: Wenn und sofern diese Erzählungen zum Fundament meiner Identität werden, dann und genau so erweist sich Jesus von Nazareth als lebendig in diesen Erzählungen und von dort aus im Glauben der Christen. Das ist aber, wieder, nicht so zu verstehen, dass sozusa-

[26] Slenczka, Selbständigkeit (s. Anm. 24); Ders., Identität (Anm. 25).

[27] Notger Slenczka, Problemgeschichte der Christologie, in: Elisabeth Gräb-Schmidt u. a. (Hgg.), Christologie, MJTh XXIII, Leipzig 2011, 59–111.

[28] Martin Luther, Große Galatervorlesung (1531/35), WA 40/I und II, hier I,228–229. Dazu: Notger Slenczka, »In ipsa fide Christus adest – im Glauben selbst ist Christus da« (Luther) als Grundlage einer evangelischen Lehre vom Abendmahl und von der Realpräsenz Christi, in: Helmut Löhr (Hg.), Abendmahl, Tübingen 2012, 137-193.

gen das substantiale Individuum Christi in den Texten und im Glaubenden irgendwie drinsteckt. Es ist vielmehr umgekehrt: Am Anfang steht der Vorgang, dass ein Mensch sich erzählt und versteht von dieser fremden Biographie her, die sich ihm in den kanonischen Texten vermittelt. Und die Wendung, dass Jesus Christus in diesen Texten und im Glauben der Christen gegenwärtig ist, spricht genau dieses ›Sich-Verstehen‹ aus.

Sie merken: ein Muster – alle Aussagen des christlichen Glaubens haben ihre Wahrheit nicht darin, dass ihnen ein Gegenstand entspricht, dessen Verfassung in den Bestandteilen der Aussage abgebildet ist, wie immer man das feststellen wollte. Sondern die Aussagen des christlichen Glaubens haben ihre Wahrheit darin, dass sie ein Umgang mit der Frage sind, die sich in der menschlichen Existenz stellt: die Frage, wer ich bin bzw. wer der jeweilige Mensch ist. Alle Aussagen über das in Christus liegende Heil finden ihre Wahrheit nicht darin, dass diese oder jene Aussagen einen gleichsam objektiv-gegenständlichen Sachverhalt beschreiben, der zweitens auf die menschliche Existenz bezogen wäre. Die Wahrheit der Aussagen des christlichen Glaubens liegt darin, dass sie erstens menschliche Existenz in ihrer Fraglichkeit zur Sprache bringen – Gericht – und zweitens mit dieser Fraglichkeit umgehen – Rechtfertigung. Die christliche Anthropologie, die Hamartiologie, die Rede von Christus und vom Heil ist die Folge, nicht die Voraussetzung der Neubestimmung des Selbstverständnisses. Das Original ist die Erfahrung, dass die Narrationen von Christus das menschliche Identitätsbewusstsein neu bestimmen. Die Rede davon, dass Jesus Christus lebt, ist die Folge des Bestimmtwerdens des Identitätsbewusstseins. Die Aussage, dass er in seiner menschlichen Biographie Gott ist, reflektiert die Erfahrung, dass die Biographie Jesu, die dem Menschen zugesprochen wird, sich jemandem als der Grund seiner Identität erwiesen hat. Denn: woher wir uns unserer Identität versehen, das ist recht eigentlich unser Gott. Die traditionelle Aussage: dieser ist Gott, reflektiert die Erfahrung, dass diese Biographie zum Grund eines Selbstverständnisses geworden ist.

Oder anders: es gibt keinen Ausgang aus dem Kreis der narrativen Konstruktionen und keine Begründung des Selbstverständnisses in einem ›an sich‹. Wer beginnt, sich auf diese Existenzhermeneutik einzulassen, wird dessen ansichtig, dass alle gegenstandsbezogenen christlich-religiösen Aussagen Reflex und Selbstaussprache des Subjekts sind.

3. *Extra nos.* Einwand – dritter und letzter Punkt: Luther hat großen Wert darauf gelegt, dass die Gewissheit der christlichen Aussagen darin liegt, dass sie

uns außerhalb unserer selbst begründen und nicht umgekehrt: das Selbstverständnis die Grundlage der Aussagen über ein Außerhalb darstellt. Wenn Luther nach dem Grund des menschlichen Selbstverhältnisses fragt, dann verweist er auf das ›*baptisatus sum* – ich bin getauft‹ als ein jedem Selbstverständnis vorausgegangenes Ereignis. Und er verweist auf die Realpräsenz und legt Wert darauf, dass Christus auch von dem, der nicht glaubt, unter Brot und Wein gegessen wird. Er sagt zwar, dass der Glaube, die *fides* ›*creatrix divinitatis* – Schöpfer der Gottheit‹ ist, fügt aber hinzu: ›*non in substantia Dei, sed in nobis* – der Glaube schafft Gott nicht in seiner Substanz, sondern in uns‹. Aber Gott ist ›an sich‹ jenseits des Glaubens.[29]

3.1. *Das ist der Einwand*, den viele Studierende im Laufe der Jahre, die ich gelehrt habe, erhoben haben – und nicht nur sie: was ist mit dem ›*extra nos*‹, der Wirklichkeit außerhalb des Glaubens, die den Glauben trägt? Setzt wirklich der Glaube seinen Grund, indem er eine Selbsterfahrung ausspricht? Und in der Tat: als Theologinnen und Theologen werden wir dessen ansichtig, dass am Grunde aller gegenständlichen Aussagen des Glaubens ein frommes Subjekt steht, das sich in diesen Aussagen ausspricht. Aber warum spricht dieses Subjekt nicht einfachhin über sich selbst? Warum spricht es über Gott, über den Schöpfer, über das Gericht im beschriebenen Sinne, über die Person und das Werk Jesu Christi und seine Auferstehung, seine Gegenwart im Glauben? Warum sind wir nicht mit unserem Selbstverständnis und dessen Neuausrichtung zufrieden, unterhalten uns darüber? Warum verzichten wir nicht darauf, jeden Sonntag unseren Glauben durch die gegenständlichen Aussagen des Apostolischen Bekenntnisses auszusprechen?

3.2. *Setzen Gottes als ›sich-voraus-Setzen‹*. Alle Aussagen des Glaubens sind Aussprache des frommen Bewusstseins, habe ich Schleiermacher nachgesprochen, dessen Todestag der 12. Februar war; der Immanuel Kants übrigens auch. Nun ausdrücklich und konzentriert auf die Rede von Gott: in der gegenständlichen Rede von Gott spricht sich das das Leben jedes Menschen begleitende Bewusstsein schlechthinniger Abhängigkeit aus. Schleiermacher sagt aber eben gerade nicht: der Glaube ist das Bewusstsein, Gott zu setzen. Sondern Gott wird gesetzt, indem wir unser Bewusstsein der schlechtinnigen Abhängigkeit aussprechen, und das können wir nur, indem wir etwas als Grund unserer

[29] Zur Deutung dieser Passage, die auch dem Folgenden zugrunde liegt: Notger Slenczka, Fides creatrix divinitatis. Zu einer These Luthers und zugleich zum Verhältnis von Theologie und Glaube, in: Johannes v. Lüpke u. a. (Hgg.), Denkraum Katechismus. Festgabe für Oswald Bayer zum 70. Geburtstag, Tübingen 2009, 171–195.

selbst von uns unterscheiden. Mit Bezug auf unsere Identitätsnarrationen: Indem wir die Erzählung von Jesus Christus als den Grund unserer Identität erfahren setzen wir ihn als lebendig, als auferstanden, als Gott und wissen uns bestimmt von diesem Grund.[30]

3.3. *Ein Missverständnis.* Das könnte man jetzt natürlich so verstehen, dass man sagt: nun ist ja klar, dass diesem Bestimmtwerden des frommen Bewusstseins eine externe aktive Wirklichkeit entsprechen muss, die eben in den Aussagen der Tradition beschrieben wird. Dann werden aus den Aussagen, die ich eben als Ausdruck des Glaubens beschrieben habe, Beschreibungen von Gegenständen. Wir erschließen deren Existenz als Ursache unseres Bewusstseins der Abhängigkeit und stellen Behauptungen über Dinge auf, deren Existenz und Verfasstheit die Kirche 2000 Jahre lang mit schwindender Kraft dem abnehmend interessierten und zunehmend angenervten Publikum in den anderen Fakultäten anzudemonstrieren versuchte.[31] Solche Denkfiguren – das Bewusstsein der Abhängigkeit zu übersetzten in eine Abhängigkeit des Bewusstseins – sind geleitet von dem religiösen Anliegen, das ›*extra nos*‹ des Glaubens zu wahren. Sie sind aber überflüssig. Denn natürlich weiß das fromme Bewusstsein, das im Bewusstsein seiner Abhängigkeit einen Ursprung seiner selbst setzt, sich nicht als Setzer dieses Ursprungs. Wenn wir beten, wenn wir danken, begleiten wir diese religiösen Akte nicht mit dem Bewusstsein, dass wir den Adressaten dieser Akte gesetzt haben. Denn dem ›Setzen‹, das der Glaube vollzieht, indem er sich ausspricht, wird man nur dann gerecht, wenn man unter Aufnahme einer Wendung aus der Wesenslogik Hegels[32] sagt: das fromme Bewusstsein setzt in der Rede von Gott nicht einfach seinen Grund, sondern es setzt ihn *als* seinen Grund und damit ›sich voraus‹. Es setzt, gewiss, das ist die Einsicht der theologischen Reflexion, die die Rede von Gott als Ausdrucksakt des Glaubens

[30] Das wäre in ein Gespräch zu bringen mit der anders gelagerten Rezeption dieses Hegelschen Motivs durch Joachim Ringleben, Jesus. Ein Versuch zu begreifen, Tübingen 2008, hier als Zusammenfassung 652–663, hier 655. Die von Ringleben vorgeschlagene Deutung der Lebensgeschichte Jesu als Sich-Hervorbringen Gottes in uns begründet die (auch hier herausgestellte) für Ringleben konstitutive soteriologische Pointe der Christologie in dem dort sich setzenden Gott.

[31] Mit solchen Argumentationsfiguren habe ich mich in meiner Dissertation und Habilitation befasst – fasziniert durch dies Angebot eines ›Schlusses‹ auf ein substantiales Fundament des christlichen Selbstverständnisses, aber eben auch mit der Einsicht, dass dies wünschenswert wäre, aber nicht funktioniert: Notger Slenczka, Realpräsenz und Ontologie, Göttingen 1993, hier 580–582; Ders., Der Glaube und sein Grund, Göttingen 1997, 188–216, hier bes. 215–216.

[32] Georg W. F. Hegel, Wissenschaft der Logik, 2 Bde., Frankfurt a. M. 1986, hier II,27–28. Zum Sinn der Wendung über die hier vorgenommene Aneignung hinaus: Alfred Schäfer, Setzen und Voraussetzen in der Wesenslogik Hegels, in: Hegel-Studien 13 (1978), 85–117.

identifiziert. Der im frommen Bewusstsein mitgesetzte Grund – christologisch: der Grund der eigenen Identität und die Wahrheit meiner selbst – ist aber eben *als Grund* gesetzt, und damit eben: voraus-gesetzt. Der Glaube, den das theologische Denken reflektiert, der Glaube selbst reflektiert sich nicht. Er spricht sich aus. Er spricht *sich* aus, *indem* er über ein anderes *als Grund seiner selbst* spricht. Dessen, dass er darin selbst setzend aktiv ist, wird der Glaube nicht, sondern wird nur die Reflexion des Glaubens ansichtig.

3.4. *Glaube und Theologie.* Das bedeutet: Wer Theologie treibt, wird auf den subjektiven Grund aller Aussagegehalte des christlichen Glaubens aufmerksam. Aber er wird auch darauf aufmerksam, dass der Glaube, das fromme Bewusstsein selbst, ein solches nur ist, wenn es nicht auf sich selbst reflektiert, sondern ernsthaft über den *Grund* seiner selbst spricht. Alle Sprech- und Ausdrucksakte des Glaubens mit allen inhaltlichen Implikationen bleiben gültig, weil der Glaube über den Grund seiner selbst spricht und das in gegenständlichen Aussagen tut.[33] Nicht der Vollzug des Glaubens, sondern die theologische Reflexion wird dessen ansichtig, dass der gegenständlichen Rede der Ausdrucksakt des frommen Bewusstseins zugrunde liegt. Ich habe es immer auf die doppeldeutige Wendung gebracht: der Glaube spricht sich über Gegenstände aus. Also: der Glaube redet im Vollzug *über Gegenstände* – Gott Christus etc., die Inhalte des Glaubensbekenntnisses. Das ist die *Selbstvergessenheit des religiösen Bewusstseins*, das an seinem Grund interessiert ist und mit ihm und über ihn spricht. Die *theologische Reflexion* wird dessen ansichtig, dass der Glaube *sich* über Gegenstände ausspricht, das heißt: durch das Medium von gegenständlichen Aussagen über sich selbst redet. Die theologische Reflexion sieht, dass die gegenständliche Rede des Glaubens Aussprache des Selbst ist. *Die Reflexion hebt den Glaubensvollzug nicht auf, sondern versteht ihn.* Glaube und Theologie sind etwas Unterschiedliches. Der Glaube vollzieht selbstvergessen sich selbst und redet daher über und mit seinem Grund. Vom *Extra nos* spricht *der Glaube. Die Theologie* reflektiert den Vollzug des Glaubens und wird der setzenden Aktivität ansichtig: dass der Glaube in diesen Aussagen *sich* ausspricht und seinen Grund nicht einfach setzt, sondern ›sich voraus‹ setzt.

3.5. *Schluss.* Wer beides nicht unterscheidet und die Perspektive des Glaubensvollzugs für die Theologie verbindlich machen und ihr die Aufgabe der Ver-

[33] Diese Unterscheidung von Vollzug und Reflexion entnehme ich letztlich der transzendentalen Phänomenologie Edmund Husserls, seiner Unterscheidung von natürlichem intentionalen Vollzug und dessen Reflexion in der ›transzendentalen Einstellung‹; dazu Slenczka, Realpräsenz (s. Anm. 31) 347–387, hier 356–362.

teidigung eines *extra nos* aufbürden will, der irrt genauso wie eine Theologin, die dem Glauben aufreden will, dass es den Gegenstand des Glaubens nicht gibt. Der eine ruiniert die Theologie, die andere den Glauben. Vom *Extra nos* spricht der Glaube. Vom Voraus-Setzen die theologische Reflexion. Das wollte ich noch einmal sagen - zum Schluss.

REZENSION

Andreas Merkt, Die religiöse Verwandlung der Welt. Die Anfänge »moderner« Religion in der Spätantike, Freiburg u. a.: Herder 2024, 826 S., ISBN 978-3-451-39635-8, € 48,–

Peter Gemeinhardt

1. Ist die Zeit der großen Erzählungen vorbei? Auf den ersten Blick scheint es so. Die Klage über die grassierende Spezialisierung, ja über die Atomisierung von Forschungsdiskursen und -erträgen in literarischen Kleingattungen wie Beiträgen zu Sammelbänden und ›peer-reviewed‹ Aufsätzen in Zeitschriften ist wohlfeil, gleich über welches Fach oder über welche Themen eine solche Klage geführt wird. Sie hat Anhalt an der bemerkenswerten Häufigkeit von Titelbegriffen wie »Überlegungen«, »Beobachtungen« oder »Erwägungen« zu diesem oder jedem Thema in entsprechend stark fokussierten und vorsichtig argumentierenden Aufsätzen. Andererseits ist es eine Binsenweisheit, dass es die kleinen Mosaiksteinchen sind, aus denen sich erst die großen Bilder zusammensetzen lassen – wie alle wissen, die schon einmal die spätantike Bildkunst in den Kirchen von Ravenna oder in S. Maria Maggiore in Rom bewundert haben. Ohne Sorgfalt im Detail geht es nicht: Es wäre leicht möglich, aus allen theologischen Fächern (und darüber hinaus) Bücher zu nennen, die große Panoramen entwerfen, die sich aber bei näherem Hinsehen als allzu grob gepixelt entpuppen. Die Kunst besteht also darin, auf der Basis profunder Detailkenntnis eben doch (ab und an) eine umfassende Geschichte zu erzählen, und wenn das gelingt, gibt diese einen plausiblen Rahmen ab, der weiteres Forschen im Kleinen und Großen anregt. ›Groß‹ wäre eine solche Geschichte dann, wenn sie zum Widerspruch provoziert, freilich in der Weise, dass sie gesprächsweise kreativ fortgeschrieben wird, aber nicht, weil einzelne Details überholt wären – das passiert ständig –, sondern weil die Geschichte selbst in Bezug auf ihre übergreifende Perspektive Fragen anstößt. Nicht die spezialisierte Forschung im Einzelnen ist also das Problem, sondern die vielfach un-

terbleibende Einbindung in einen Deutungsrahmen, innerhalb dessen sie als Teil eines Ganzen erscheinen.

Dann stellt sich allerdings die Frage, wie eine solche Leitperspektive aussehen kann, unter der ›große‹ Erzählungen entstehen. Es ist offensichtlich, dass das Vorstellen von theoretischen ›approaches‹ oder das Ausrufen von methodologischen ›turns‹ für sich genommen noch keine Geschichte ergibt, sondern dass diese auch tatsächlich erzählt werden muss. Und genau das scheint in jüngerer Zeit wieder im Kommen zu sein, jedenfalls was den Gegenstandsbereich angeht, aus dem das hier zu besprechende Buch stammt: die spätantike Religionsgeschichte.

Dies sei kurz mit einigen vom Partikularen zum Allgemeinen voranschreitenden Bemerkungen erläutert, bevor es *in medias res* geht: ›Das‹ spätantike Christentum mit seiner suggestiven Doppelpoligkeit von ›Ost‹ und ›West‹ oder von ›Rom‹ und ›Konstantinopel‹, das die Lehrbuchliteratur des 20. Jahrhunderts und (dieser sowohl zugrundeliegend als auch von ihr geprägt) die Examensordnungen und -praktiken in theologischen Studiengängen dominiert hat, ist in seiner Konsistenz fraglich geworden: Anstelle der Vorstellung von einer einheitlich strukturierten Kirche wird angesichts der zu beobachtenden Vielfalt von Glaubens- und Lebensweisen und dem Wechselspiel von Institutionalisierungen und Disruptionen mancherorts von »Christentümern« (»Christianities«) gesprochen.[1] Christliche Kirchen, Gemeinschaften und Individuen findet man nicht nur im circummediterranen Raum, also im Imperium Romanum, sondern auch und gerade jenseits von dessen Grenzen, wenn man nach Norden und Süden sowie vor allem nach Osten bis nach Zentral- und Ostasien blickt. Anschließend an den in der Geschichtswissenschaft florierenden Trend zu ›Globalgeschichten‹ der Frühen Neuzeit oder des Mittelalters[2] stellt sich die Frage, ob solche ›globalen‹ Perspektiven auch für die Spätantike fruchtbar gemacht werden könnten und wie ein solches Vorhaben aussehen müsste.[3]

Man würde dabei – so viel steht fest – nicht nur auf viele Spielarten des Christlichen stoßen, sondern auch auf eine analoge Pluralität in jüdischen und seit dem 7. Jahrhundert in muslimischen Gemeinschaften und vor allem auf

[1] Vgl. dazu – die neuesten Trends der US-amerikanischen Erforschung der Christentumsgeschichte spiegelnd – Paula Fredriksen, Ancient Christianities. The First Five Hundred Years, Princeton/Oxford 2024.

[2] Vgl. pars pro toto Michael Borgolte, Die Welten des Mittelalters. Globalgeschichte eines Jahrtausends, München 2022.

[3] Vgl. Peter Gemeinhardt, »Hinterm Horizont geht's weiter«: Globalgeschichte des Christentums in der Spätantike?, in: ZKG 134 (2023), 291–307.

zahlreiche Überschneidungen religiöser Affiliationen: Denn es ist nicht erst ein modernes Phänomen, dass Glaubensbekenntnisse und kirchliche Verhaltensnormen einerseits und religiöse Praxis andererseits divergieren, und dies nicht, weil es die ›einfachen Leute‹ eben nicht besser wüssten, sondern weil es auch in institutionalisierten religiösen Gemeinschaften signifikante Spielräume für individuelle ›agency‹ gab und gibt. Dies ernst zu nehmen muss nicht unbedingt zur Auflösung religiöser Großbegriffe führen[4], kann aber die Bevorzugung weniger auf Institutionen denn auf Praktiken zielender Terminologien als hilfreich erscheinen lassen; so spricht Hartmut Leppin für die ersten Jahrhunderte von »Christusgläubigen«.[5] Das kann dann nach sich ziehen, dass in jüngeren ›großen‹ oder auch kleineren Geschichten Dinge wie ›Kirche‹ oder ›Theologie‹ lieber in den Hintergrund gerückt werden. Und schließlich ist verschiedentlich betont worden, dass man mit dem Konzept ›Religion‹ am besten gar nicht der Vormoderne zu Leibe rücken solle, weil es sich um ein modernes, protestantisch inspiriertes Konzept handele[6] und weil sich ein historisches Analogat dazu überhaupt erst in der römischen Kaiserzeit herausbildete, indem der klassische römische Begriff *religio* auf dem Weg von Cicero zu Tertullian allmählich eine (im modernen Sinne) »religiöse« Konnotation erhielt.[7] Damit wären wir allerdings in der Spätantike angelangt, in der sowohl eine große Vielfalt von religiösen Praktiken, Akteuren (und Akteurinnen) und Begriffsbildungen als auch wirkmächtige Versuche der Institutionalisierung und Systematisierung von Religionen – oder Religionskulturen – zu beobachten sind. Die Betonung solcher Vielfalt ist wichtig und hat mittlerweile auch bereits projektförmige Gestalt gefunden.[8] Aber gibt es Faktoren, die ein derart komplexes Geschehen im Innersten zusammenhalten? Ja – das behauptet und belegt ein neues Buch, das unzweifelhaft eine ›große‹ Geschichte im o. g. Sinne zu erzählen beansprucht.

4 Diese Lösung wird allerdings vertreten durch Kocku von Stuckrad, »Christen« und »Nichtchristen« in der Antike. Von religiös konstruierten Grenzen zur diskursorientierten Religionswissenschaft, in: Manfred Hutter u. a. (Hgg.), Hairesis. FS Karl Hoheisel (JbAC.E 34), Münster 2002, 184–202.

5 Hartmut Leppin, Die frühen Christen. Von den Anfängen bis Konstantin, München 2018.

6 So etwa Brent Nongbri, Before Religion. A History of a Modern Concept, New Haven CT/London 2013.

7 Vgl. Carlin A. Barton/Daniel Boyarin, Imagine No Religion: How Modern Abstractions Hide Ancient Realities, New York 2016.

8 Insbesondere in der DFG-geförderten Forschungsgruppe »POLY – Polycentricity and Plurality of Premodern Christianities (circa 700–1800 CE)« an der Goethe-Universität Frankfurt (https://www.poly-unifrankfurt.de/ last access: 21.02.2025).

2. In der Regel erkennt man ein *opus magnum*, wenn es vor einem liegt. Zumindest im Fall des hier zu besprechenden Buches des Regensburger Kirchenhistorikers und Patrologen Andreas Merkt (= M.) steht dies unmittelbar vor Augen. Das liegt nicht nur am beträchtlichen Umfang der Darstellung (knapp 700 Seiten) oder an den mehr als 80 Seiten dicht gedrängter Endnoten.[9] Schon der erste Blick ins Inhaltsverzeichnis macht klar, dass unter dem Titel »Die religiöse Verwandlung der Welt« eine wirklich große Erzählung geboten werden soll, die die Entstehung der abrahamitischen Trias von Religionen (Judentum, Christentum, Islam) umfasst, aber auch die Kulte der griechisch-römischen Welt, die philosophische Religion der Neuplatoniker, den Zoroastrismus und den Manichäismus im Blick hat. Allerdings stehen die drei erstgenannten Religionen im Fokus, und zwar nicht nur deshalb, weil sie die Spätantike überdauert haben, sondern auch und vor allem, weil sie heute unter der Hinsicht diskutiert werden, ob sie das ›Humanum‹ befördern oder behindern. Es geht M. ausweislich seines Untertitels um »Die Anfänge ›moderner‹ Religion in der Spätantike«. Er operiert damit ausdrücklich mit dem Begriff ›Religion‹, ohne sich von dessen neuzeitlicher Geschichte irritieren zu lassen – im Gegenteil: Die Rede von ›Religion‹ dient gerade dem Brückenschlag zwischen damals und heute. Denn M. zielt auf eine klare These: »Gott ist gut, das ist die Botschaft der Kinder Abrahams, seien sie Juden, Muslime oder Christen« (S. 704). Das aber gilt nicht erst heute, sondern von Anfang an. Wenn man in der Moderne den sich auf Abraham zurückführenden (oder vorsichtiger: dessen Figur besondere Bedeutung zuschreibenden) Religionen und so ›der‹ Religion überhaupt ein humanisierendes Potenzial abgewinnen will, sollte man in die Spätantike blicken: »Religion im modernen Sinne – das zeigt dieses Buch – entsteht in den ersten Jahrhunderten unserer Zeitrechnung« (S. 8).

Der Gegenstandsbereich ist zeitlich allerdings gewollt diffus. Die titelgebende »Spätantike« ist in jüngerer Zeit in der althistorischen Forschung immer länger geworden, bisweilen reicht sie im Anschluss an Peter Brown vom 2. bis 8. Jahrhundert n. Chr.[10] Zurecht weist M. darauf hin, dass religiöse Transformationen schon in der späten römischen Republik begannen und spätere charakteristische Strukturen sich im Judentum schon lange vor der Tempelzerstö-

[9] Auf das eigentlich geplante, weitere 100 Seiten umfassende Literaturverzeichnis musste M. auf Verlangen des Verlags verzichten, wie auf S. 711 erläutert wird. – In den Abschnitten 2.–5. wird Material verwendet, das auch einer in der Zeitschrift für Kirchengeschichte erscheinenden Rezension desselben Werks zugrunde liegt.

[10] Vgl. Mischa Meier, Die Spätantike, zeitlich und räumlich neu gefasst. Eine Zwischenbilanz aktueller Suchbewegungen, in: HZ 304 (2017), 686–704.

rung ausbildeten (und auch auf das Christentum, den Manichäismus und die Gnosis einwirkten). Hingegen weitet sich durch den Einbezug des Islams der Untersuchungszeitraum mit innerer Notwendigkeit auf das »First Millennium« (Garth Fowden) aus.[11] Hier schließt sich M. ausdrücklich der neueren islamwissenschaftlichen Sicht an, der Islam sei eine Religion der Spätantike, wie es mit besonderem Nachdruck Angelika Neuwirth vertritt.[12] M. ergänzt die Spätantike aber durch »breitere Rahmenbereiche mit unscharfen Grenzen und fließenden Übergängen« (S. 31), was die Überschneidungen zwischen orientalischem Christentum und frühem Islam in den Blick rückt. Besonders eindrücklich ist diesbezüglich die Beschreibung der theologischen Konflikte zwischen Christentum und Islam am Leitfaden des Religionsgesprächs zwischen dem ostsyrischen Katholikos Timotheus und dem Kalifen al Mahdi im Jahr 782/83 (S. 630–657), woran nicht nur das theologische Niveau solcher Gespräche deutlich wird, sondern auch die Bedeutung der Kirche des Ostens in frühislamischer Zeit: Für den Kalifen war Timotheus, Bischof der viel zu lange als ›Nestorianer‹ diffamierten strikten Dyophysiten, der Repräsentant ›der‹ Kirche in seinem Herrschaftsbereich und als solcher intellektuell satisfaktionsfähig.

Jedoch ist bei M. das erste Jahrtausend bei näherem Hinsehen etwas kurz geraten: Dass um 800 stetige Kontakte zwischen Christen, Juden und Muslimen bestanden, und zwar über direkte Nachbarschaften hinaus, zeigt M. an der bekannten Geschichte des Elefanten Abul Abbas am Hof Karls des Großen (S. 32), doch weder das Karolingerreich noch Byzanz mit den Stürmen des Bilderstreits spielen in M.s Narrativ eine Rolle. So unvermeidlich die zeitlich ausfransenden Ränder sind,[13] so bleibt doch die Frage nach dem Ende der mit großer Liebe zum Detail beschriebenen »Anfänge« offen. Das ist deshalb misslich, weil nicht ganz klar wird, wann und wodurch sich die religions- und kulturspezifischen Transformationen einstellten, die von den thematisierten spätantiken »Modernisierungen« zu mittelalterlichen »Rearchaisierungen« überleiteten (S. 692). Die Rede vom »Mittelalter« vermeidet M. übrigens weitgehend, und dies zurecht, ist sie doch außer für eine vom abendländischen Christen-

[11] Garth Fowden, Before and After Muḥammad: The First Millennium Refocused, Princeton NJ 2014.

[12] Angelika Neuwirth, Der Koran als Text der Spätantike. Ein europäischer Zugang, Berlin 2010.

[13] Für einen Vorschlag, aus dieser Not eine Tugend zu machen, vgl. Peter Gemeinhardt, »Multiple Spätantiken«? Denkräume und Ungleichzeitigkeiten in der Geschichte des Christentums, in: Nora Schmidt/Nora K. Schmid/Angelika Neuwirth (Hgg.), Denkraum Spätantike. Reflexionen von Antiken im Umfeld des Koran (Episteme in Bewegung. Beiträge zu einer transdiziplinären Wissensgeschichte 5), Wiesbaden 2016, 533–563.

tum herrührende Leitperspektive nicht von heuristischem Nutzen[14]; genau diese eurozentrische Engführung soll ja vermieden werden (und wird es auch).[15]

3. Die Architektur des Buches ergibt sich, von Einleitung und Epilog abgesehen, aus jeweils acht »Gängen« (ereignis- und entwicklungsgeschichtlichen Darstellungen) und »Stationen« (Reflexionen). Je zwei Gänge und Stationen sind einem der vier Hauptteile zugeordnet, von denen sich der erste (»Mose und Jesus. Spaltung einer Familie«) mit der Entstehung von Judentum und Christentum als auf dieselbe Tradition bezogenen Religionen befasst, deren Wege sich auch und gerade am Bezug auf heilige Schriften und deren Interpretation trennten. Der zweite Hauptteil ist betitelt »Der eine Gott und die vielen Götter. Die alten Kulte und der Monotheismus im Mittelmeerraum«, worin neben dem (von christlicher Seite so genannten) »Heidentum« auch die Frage von Religion und Politik behandelt wird. Der dritte Hauptteil widmet sich »Zarathustra, Mani und [der] religiöse[n] Vielfalt Westasiens«, worunter auch die Gnosis sowie Diskurse über Wissenschaft und Bildung fallen, während der vierte und letzte Hauptteil »Mohammed und die Religionen Abrahams« in den Blick nimmt und mit der letzten Station »Humane Religion« bei der Leitthese des Buches anlangt: Alle drei Weltreligionen, welche die Spätantike überdauerten, haben schon damals ein humanisierendes Potenzial entwickelt, das heute fruchtbar gemacht werden kann und soll.

M. verschweigt keineswegs die Herausforderungen, die sich für die intra- und interreligiöse Verständigung und für den Diskurs mit anderen modernen Deutungsparadigmen daraus ergeben. Die Spätantike wird von ihm nicht zur Quelle von Patentrezepten verklärt – wohl aber findet sich dort die Entstehung eines bestimmten Typs von Religion, der auch heute noch existiert und den man am besten von seinen Ursprüngen her versteht. Das gilt insbesondere für die Reflexion von Glauben und Praxis: M. betont nachdrücklich, die von dem jüdischen Philosophen und Exegeten Philon von Alexandrien und den christlichen Apologeten seit Justin dem Märtyrer, aber auch im islamischen *kalam* geleisteten Beiträge zu Themen und Methoden der Wissenschaft stünden am

[14] Für eine entsprechende islamwissenschaftliche Sichtweise vgl. Thomas Bauer, Warum es kein islamisches Mittelalter gab. Das Erbe der Antike und der Orient, München 2018.

[15] Hingegen ist es wenig überzeugend, für Europa selbst auf den Begriff »Mittelalter« zu verzichten, jedenfalls solange man nicht eine überzeugende Alternative anbieten kann – dies wäre kritisch anzumerken zur Dekonstruktion der Rede vom Mittelalter durch den Mediävisten (sic!) Bernhard Jussen, Das Geschenk des Orest. Eine Geschichte des nachrömischen Europa 526–1535, München 2023.

Anfang der Geschichte der Theologie bzw. der jeweiligen Theologien, die heute noch in den Universitäten eine wichtige Rolle spielen (sollten), weil und sofern sie einen »unverzichtbaren Beitrag zur Rationalisierung, Aufklärung und Läuterung der Gesellschaft« leisteten (S. 685). Dem ist im Grundsatz natürlich zuzustimmen, doch sollte man dann nicht (um nur auf die Geschichte des Christentums zu blicken) auch die Impulse der Scholastik, der Reformation und der Aufklärungstheologie(n) erwähnen, die in Zeiten entstanden, als es überhaupt erst die Aufgabe religiöser Reflexion wurde, »den ›Eigensinn‹ von Religion zu erläutern« (ebd.)? Und müsste man nicht eingehender reflektieren, seit wann jüdische und islamische Theologie im modernen (deutschen) Hochschulwesen eine Rolle spielen und wo die Differenzen zur christlichen Theologie liegen, die seit achthundert Jahren an Universitäten präsent ist? Auf diese Unterschiede zwischen Spätantike und Spätmoderne hinzuweisen bedeutet selbstverständlich nicht, M. zu unterstellen, ihm seien diese nicht klar. Aber man könnte doch den Eindruck gewinnen, dass – pointiert gesagt – der garstige Graben zwischen der Modernität der Spätantike und der gegenwärtigen Moderne etwas zu schnell übersprungen wird. Dies fällt gerade bei der Rede von Theologie(n) auf, während andernorts chronologisch und religionskulturell signifikant differierende Zuordnungen von Glauben und Wissen klar benannt werden (S. 593).

Anregend ist wiederum M.s Überlegung, dass es ausgerechnet die gegen »die gnostische Weltsicht, aber auch… gegen den Kosmotheismus der antiken Kulte« zielende Weltbejahung war, die christliches Bildungsinteresse förderte, da sie auf eine »Entzauberung der Welt und insofern auf eine gewisse Säkularisierung« hinauslief (S. 614). M. führt dies ganz konkret auf die strikte ostsyrische Unterscheidungschristologie zurück, in deren Kontext – in der Schule von Nisibis – sich »das blühendste christliche Bildungssystem« der Spätantike entwickelte (S. 613) – darauf hinzuweisen ist ebenso zutreffend wie nötig, weil die klassische ›imperiale‹ Sicht der frühen Geschichte des Christentums gerne übersieht, dass in Syrien und Mesopotamien ein (wenn nicht das) Kraftzentrum der spätantiken christlichen Theologie lag. Der Entzauberung der Welt stehe jedoch, so M., zugleich auch eine »Verzauberung« der Welt gegenüber,[16] nämlich als »Schöpfung… eines kreativen göttlichen Geistes«. Daraus folge einerseits eine »Haltung der Freiheit, Furchtlosigkeit und Unbefangenheit«,

[16] Vgl. hierzu die zehn Jahre ältere, ebenfalls ›große‹ Erzählung von Jörg Lauster, Die Verzauberung der Welt. Eine Kulturgeschichte des Christentums, München 2014.

andererseits eine »Mahnung zu achtsamem und verantwortungsvollem Handeln« (S. 614).

Den Inhalt von M.s Buch im Rahmen einer Rezension zusammenzufassen ist schlechterdings unmöglich, nicht nur aufgrund des stupenden Kenntnisreichtums des Autors, sondern auch im Blick auf die gewählte Darstellungsform. Denn gezeigt werden soll ja gerade, wie eng die drei zentralen und die weiteren im Blick befindlichen Religionen aufeinander bezogen sind. Das führt dazu, dass etwa in Abschnitt 4 (»Das Zeitalter der Heiligen Schriften«) in drei aufeinander folgenden Kapiteln zunächst »Die Heiligen Schriften: Von der Tora zum Koran«, sodann »Bibeln der ›Heiden‹?« (d. h. mystische, prophetische und nachträglich sakralisierte Texte) und schließlich »Die Nag Hammadi-Codices« behandelt werden. Gerahmt werden diese auf konkrete Texte fokussierten Kapitel wiederum durch Erwägungen zur Medialität und Sakralität von Schriften sowie zu deren Kanonizität, Materialität und Performativität, bevor sich die beiden abschließenden Kapitel einerseits den »Ambivalenzen des Schriftmediums« und andererseits unter dem Titel »Der gelesene Gott« der »Bedeutung der Schrift als Medium religiöser Kommunikation« widmen. All das bildet zusammen die »Zweite Station: Mediale, kulturelle und religiösen Revolutionen« (S. 110–224) und damit quasi ein Buch im Buche, in dem man über sämtliche denkbaren Aspekte vormoderner Schriftlichkeit umfassend informiert wird.[17] Inmitten dieser Darstellung werden immer wieder auch theoretische Konzepte diskutiert, wie der Begriff der »Heterotopie« für »kanonfremde und zugleich kanonbezogene Orte religiöser Autorität, die gegen den Kanon als Widerlager fungieren, die ihm entgegenwirken können, ihn aber auch auszubalancieren und zu stützen vermögen« (S. 164) – ein Gedanke aus dem Regensburger Forschungszentrum »Beyond Canon«, dessen Mitbegründer M. ist. Dabei wird gebührend berücksichtigt, dass es weniger die Lektüre der Schriften selbst als andere »Massenmedien«, insbesondere die Predigt im Rahmen der Liturgie, waren, die die Bibel unters Volk brachten (S. 183, ähnlich S. 192; generell ist das Buch nicht frei von vermeidbaren Doppelungen). Am Ende des Abschnitts steht nicht zufällig eine These, die erneut auf die generelle Stoßrichtung der Argumentation M.s Bezug nimmt: »Die Schrift als religiöses Leitmedium ermöglicht somit in mehrfacher Hinsicht jene reflexive

[17] Insofern schreibt M. gewissermaßen die neueste Darstellung der Genese der Bibel in religionsgeschichtlicher Perspektive fort: Konrad Schmid/Jens Schröter, Die Entstehung der Bibel. Von den ersten Texten zu den heiligen Schriften, München 2019.

und intersubjektive Gestaltung des Gottesverhältnisses, ohne die eine rational verantwortete und humane Religiosität nicht möglich ist« (S. 217).

4. Eine der Stärken des vorliegenden Buches besteht darin, sich nicht auf die ›abrahamitischen‹ Religionen zu beschränken, sondern auch andere Optionen spätantiker religiöser Existenz einzubeziehen. Dabei wird mitunter eine zusammenhängende Darstellung geboten, die man bei der skizzierten Anlage des Buches gar nicht unbedingt erwartet hätte: So ist z. B. der Abschnitt über den Manichäismus (S. 468–495) eine ebenso kompakte wie pointierte Einführung in diese Religion, die in kirchengeschichtlichen Lehrbüchern meist nur aus der Perspektive ihrer Gegner (insbesondere als vorübergehende intellektuelle Heimat Augustins) behandelt wird. M. weist dagegen dem Manichäismus sogar eine zentrale Stellung für sein Verständnis von ›moderner‹ spätantiker Religion zu: »Mehr noch als alle anderen Religionen der Spätantike repräsentiert er den neuen, sozusagen ›modernen‹ Religionstyp einer auf individuelle Entscheidung gründenden, Rationalität beanspruchenden, hierarchisch strukturierten und durchorganisierten Gemeinschaft globalen Maßstabs« (S. 494).[18] Allerdings fehle dem Manichäismus die Idee einer Orthodoxie und deren giftige Schwester, die Häresiologie. Im selben Zusammenhang fragt M., ob nicht die mit der Gnosis zutage tretende »asketische Revolution« ein »verbreitetes, geradezu ›modernes‹ Lebensgefühl« anzeige (S. 497). Einige Seiten weiter legt M. dann aber dar, dass die christlicherseits betonte Auferstehungshoffnung dazu führte, den Körper dezidiert zu schätzen, was wiederum auf »moderne[] Vorstellungen menschlicher Individualität« vorausverweise (S. 517). Angesichts der Vielfalt gegenwärtiger Körperkonzepte muss sich das nicht widersprechen, aber das asketische Moment scheint nicht definierend für die in der Spätantike entstehende ›moderne‹ Religiosität zu sein, sondern eher deren divergierende, ja zentrifugale Aspekte zu repräsentieren.

M.s Buch bietet eine Fülle von Thesen, die die Lesenden im besten Sinne ins Denken bringen. Dazu gehört auch die beherzte Adaption von Terminologien aus anderen Bereichen der historischen Forschungen: So bezeichnet er die »religiösen Profilbildungen« der Spätantike mit einem aus der Erforschung der Frühen Neuzeit bekannten Begriff (bzw. Begriffsfeld) als »Konfessionalisierungen« (S. 36). Gelegentlich ist dann von einer »konfessionalisierenden Abgren-

[18] Zum kennzeichnenden Moment der Entscheidung vgl. Helmut Zander, »Europäische« Religionsgeschichte. Religiöse Zugehörigkeit durch Entscheidung – Konsequenzen im interkulturellen Vergleich, Berlin/Boston 2016.

zung« jüdischer und christlicher Festtage (S. 105), vom »ausgeprägten konfessionellen Selbstbewusstsein« des frühen römischen Christentums (S. 273) oder gar vom »konfessionell religiösen Charakter [des] Heidentums« eines Jamblich, Julian oder Proclus die Rede, dem das »Kulturheidentum« (Jan Stenger, zit. 333) eines Symmachus oder Praetextatus gegenüberstehe. Spätestens wenn von der (leider ausgebliebenen) »Wiedervereinigung der getrennten Konfessionen« in Nordafrika (Donatisten und Katholiken) die Rede ist (S. 359), fragt sich allerdings, ob das Begriffsfeld den beschriebenen Sachverhalten wirklich angemessen ist, denn von *confessio* im Sinne eines den Glauben orientierenden Bekenntnisses ist in all den genannten Fällen gar nicht die Rede. Anders liegt dies im Fall Kaiser Justinians, für dessen Zeit M. feststellt: »Religion und Konfession wurden zum Hauptkriterium für die Zugehörigkeit zum Gemeinwesen« (S. 385), was nun schon mehr an frühneuzeitliche Verhältnisse erinnert. Von den Sunniten als der (heute) »größten islamischen Konfession« zu sprechen (S. 626) wirkt hingegen mindestens ungewöhnlich. Insgesamt fällt – zumal im Jubiläumsjahr des Konzils von Nizäa (325 – 2025) auf, dass Bekenntnisse im Besonderen und die christliche Dogmengeschichte im Allgemeinen eine eher zurückhaltende Rolle spielen. Dafür mag es gute Gründe geben, beginnend mit der Frage, ob solche Aushandlungen fein ziselierter theologischer Formeln nicht viel zu lange im Fokus der patristischen Forschung gestanden haben und ob es nicht an der Zeit ist, sich dem zu widmen, »was die Menschen wirklich glaubten« – eine Frage, die freilich auch nur *cum grano salis* gestellt und beantwortet werden kann.[19] Aber gehört christlicherseits zu der oben hervorgehobenen Rationalität neben der methodischen Reflexion des Glaubens nicht auch dessen materiale Sedimentierung in Formeln, hinter die dann (bis auf Weiteres) nicht zurückgefallen werden darf? Zumindest würde man für die Konfessionskulturen der Frühen Neuzeit diesen Aspekt nicht unterschätzen dürfen – dann sollte er aber auch für die Spätantike bedacht werden, wenn die Rede von »konfessionell« nicht allzu idiosynkratisch sein soll. (Es sei allerdings zugestanden, dass auch die frühneuzeitliche Sicht auf »Konfessionen« zwischen dem römisch-katholischen Autor und dem evangelischen Rezensenten strittig sein mag.)

Für die Rede von »modern« gilt Ähnliches wie für »konfessionell«: Das Begriffsfeld begegnet über die schon en passant genannten Stellen hinaus z. B.

[19] Dies zeigen schon die Anführungszeichen in folgendem Aufsatztitel an: Klaus Fitschen, Was die Menschen damals »wirklich« glaubten. Christusbilder und antike Volksfrömmigkeit, in: ZThK 98 (2001) 59–80.

dort, wo M. spätantike »Konversionsnarrative« mit ihrer Betonung der Diskontinuität (S. 284) oder den Neuplatoniker Jamblich als »Vorläufer der Moderne« bezeichnet (S. 331, mit Daniel King). Beim alten Augustin sieht M. eine »Ambivalenz der Moderne« heraufziehen (S. 367), die selbstbewusst als Heilsgeschichten angelegten regionalen Historiographien seit dem 6. Jahrhundert ordnet er in eine Langzeitentwicklung »bis hin zu modernen Ideologien der USA als ›God's own country‹« ein (S. 376 – hier möchte man sich die gepfefferte Erwiderung des streitbaren und meinungsfreudigen Historiker-Bischofs Gregor von Tours vorstellen!). Wenn M. die Polemik der Christen gegen die von ihnen so genannten »Heiden« und ihre Lebensweise als »Aufklärung im modernen Sinne« charakterisiert (S. 407), zeigt sich allerdings die Schwierigkeit, die entsteht, wenn man mit solchen Begriffen operieren möchte: Werden die christlichen Apologeten, um die es in diesem Kontext geht, nicht in ein Deutungsschema gezwängt, das weder ihnen selbst noch den neuzeitlichen philosophischen und theologischen Aufklärern gerecht wird?

Es wäre selbstverständlich unfair und unnötig, M. zu unterstellen, er sei sich der Unterschiede zwischen Aufklärung(en) damals und heute nicht bewusst. Aber wenn ›moderne‹ Religion auf die Güte Gottes und ein ihr entsprechendes Handeln des Menschen abzielt (s. o.), wird man die Ambivalenzen vielleicht mehr herausstellen müssen, als es M. da tut, wo er das modernefähige Potenzial spätantiker Religionen aufweist. Dass es solches Potenzial gibt und dass es sich lohnt, es religionsvergleichend auszuloten, leidet keinen Zweifel, und angesichts des Umstandes, dass in der älteren und auch in der jüngeren römisch-katholischen Patrologie die Kirchenväter schon einmal als ›Antimodernisten‹ *ante litteram* aufgeboten worden sind[20], ist M.s Argumentation aus der Sicht des Rezensenten demgegenüber erheblich anregender und anschlussfähiger für die Frage, was die Beschäftigung mit spätantiken Religionen für gegenwärtige kirchliche und gesellschaftliche Orientierung austragen kann – einschließlich ökumenischer, interkultureller und interreligiöser Dialoge. Im Übrigen werden Negativentwicklungen keineswegs ausgeblendet – der Blick auf die »Ideologie der Gottesstaaten«, die der Rebellenführer Bar Kochba aus jüdischer, der byzantinische Kaiser Justinian aus christlicher und der Kalif Abd al-Malik aus islamischer (sowie Robespierre aus aufklärerisch-atheistischer) Motivation errichten wollten, führt M. zu der Folgerung: »Die ›säkulare‹ Moderne und die religiöse Spätantike weisen erstaunlich ähnliche pathologische Befunde auf«

[20] So bei Michael Fiedrowicz, Theologie der Kirchenväter. Grundlagen frühchristlicher Glaubensreflexion, Freiburg u. a. 2007.

(S. 683). Dass dieser Gedankengang mit einer Dialogszene aus der Fantasy-Saga »Game of Thrones« präludiert wird, macht nochmals den literarischen Pfiff des Buches deutlich.

5. Es ist nicht zu viel behauptet, dass M. sich mit seiner Hauptthese weit aus dem Fenster lehnt. Dass man die Rede von »modern« vielleicht weniger als die Lösung denn als den Indikator für ein wissenschaftlich zu bearbeitendes Problem verstehen sollte, zeigt sich schon an dem Detail, dass im Buchtitel dieser Begriff in Anführungszeichen gesetzt wird. Das heißt aber nicht, dass M. seine These nicht ernst meinen würde. Er hat sie nicht freihändig formuliert, sondern aus dem Forschungsumfeld, welches das oben erwähnte Projekt »Beyond Canon« bietet, ein interdisziplinäres Fundament generiert, auf dem seine vergleichende Untersuchung spätantiker Religion(en) sicher ruht; die im Nachwort gebotene Liste von Gesprächspartnerinnen und -partnern liest sich wie ein »Who's who« der Erforschung vormoderner Religionskulturen. Es wird damit aber – wie die Endnoten ausweisen – nicht einfach nur eine »Wolke von Zeugen« aufgeboten, sondern ein vielstimmiger Diskurs dokumentiert, aus dem dieses Buch mit seiner Grundthese hervorgegangen ist. Dabei ist im oben beschriebenen Sinne nicht entscheidend, ob die Teilnehmenden an diesem Diskurs (seien es die Gäste im Forschungszentrum »Beyond Canon«, die Fachkolleginnen und -kollegen im akademischen Betrieb oder die Leserinnen und Leser, die »nur« Interesse an der Sache mitbringen) abweichende Meinungen zu Details haben – alles andere wäre erstaunlich. Auf die wissenschaftliche Provokation, mit der Entstehung von modernen Religionen schon in der Vormoderne zu rechnen, wird nun aber mit ebenso fundierten Entgegnungen zu reagieren sein – sei es mit Widerspruch oder mit Zustimmung.

6. Es dürfte allerdings reine Koinzidenz sein, dass eine solche Entgegnung praktisch zeitgleich mit dem Erscheinen von M.s Buch auf den Markt kam. Ebenfalls im Sommer 2024 publizierte die Berliner Religionsgeschichtlerin Dorothea Weltecke (= W.) unter dem Titel »Die drei Ringe« eine andere ›große‹ Erzählung. Der Untertitel benennt in gut scholastischer Diktion die These: »Warum die Religionen erst im Mittelalter entstanden sind«.[21] W. nimmt nicht nur den (wie oben angedeutet) umstrittenen Begriff ›Mittelalter‹ im Sinne eines »globalen Mittelalters« (S. 14) auf, sondern auch den Begriff ›Religion‹, verortet

[21] Dorothea Weltecke, Die drei Ringe. Warum die Religionen erst im Mittelalter entstanden sind, München 2024; hiernach die folgenden Seitenzahlen im Text.

seine Genese aber anders: Man könne zwar seit der Ur- und Frühgeschichte Kulte und Riten beschreiben, von ›Religion‹ sei aber erst da zu sprechen, wo eine »theologische und soziale Systematisierung« zu beobachten sei (S. 12), die sich als langgestreckter Prozess über ein Jahrtausend hinweg vollzogen habe, woraus »nicht eine Sache, ein System oder ein Feld namens ›Religion‹« entstanden sei, »sondern verschiedene diskursive und soziale Praktiken, die auf unterschiedlichen Feldern angesiedelt waren«, unter dem wissenschaftlichen Leitbegriff ›Religion‹ zusammengefasst werden könnten (S. 68), was aber letztlich nicht durch Definitionen, sondern durch Erzählungen zu leisten sei. Die Entstehung von Religion(en) habe jedenfalls nicht primär mit dem Sammeln heiliger Schriften oder auf kleine Eliten beschränkten intellektuellen Diskursen zu tun (S. 16). Es bleibt allerdings unklar, was genau mit der »approbierten lateinischen Theologie« gemeint ist (S. 244) – die Polyphonie der Kloster- und Universitätstheologie war jedenfalls notorisch. W. stützt sich vornehmlich auf »Quellen der Unterhaltungskulturen, der allgemeinen Bildung und der Erbauung«, denn diese eröffneten »einen besseren Zugang zu den Vorstellungen der breiteren Bevölkerung als die gelehrte Theologie« (S. 15).[22] Vor allem aber zeichnet sie ein religiöses Gesamtpanorama, innerhalb dessen sich Zentrum und Peripherie anders verteilen, als eurozentrische Darstellungen es üblicherweise tun (die entsprechenden Gegner bzw. Gesprächspartner werden freilich nur punktuell identifiziert). W. zeigt, dass in zeitgenössischen Reiseberichten »die großen topischen Gegensätze der mittelalterlichen Geschichtsschreibung zwischen der Welt des Islam, der Welt von Byzanz und dem lateinischen Wesen vollständig« fehlten (S. 35) und sich – wie bei M. – »die Kirche des Ostens« als »Sand im Getriebe der eurozentrischen Kirchengeschichte« entpuppt (S. 38). Entsprechend »müsste das lateinische Christentum der mittelalterlichen Jahrhunderte… konsequent provinzialisiert werden« (S. 39). Jedoch scheint die Behauptung übertrieben: »Jerusalem und die Grabeskirche, nicht Rom, sind das Symbol für die Kirchen der mittelalterlichen Christen. In dieser Welt der Kirchen gab es niemanden, der das letzte Wort hatte« (S. 176). Das war *de facto* auch im Abendland noch nicht der Fall, doch war »Rom« für Kirchen und Christen durchaus von Bedeutung – was W. zugunsten des orientalischen und asiatischen Raumes in den Hintergrund rückt. Zurecht weist sie auf Konver-

[22] W. erläutert nicht, wie sich dieser Ansatz zu dem Konzept einer »Vorstellungsgeschichte« des Mittelalters verhält: Hans-Werner Goetz, Gott und die Welt. Religiöse Vorstellungen des frühen und hohen Mittelalters, Bd. I/1–2 (Orbis mediaevalis 13/1–2), Berlin 2011/12; Bd. I/3 (Orbis mediaevalis 16), Göttingen 2016.

genzen hin, die sich ganz handfest erkennen lassen: Heilige Orte, an denen alle drei Religionen teilgehabt hätten, seien »Brennpunkte einer gemeinsamen Geschichte« (S. 109), ohne dass daraus eine »Idealisierung und Romantisierung der gemeinsamen Verehrung« abgeleitet werden dürfte (S. 127). Religiöse Kulturen seien nicht nur »Orthodoxien«, sondern auch »Orthopraxien« (S. 84) und »historisch voneinander abhängig« (S. 93) gewesen. Ihre Gemeinsamkeit zeige sich nicht zuletzt an der Vielzahl von Ringparabeln in allen behandelten Kulturkreisen: Diese seien zwar weit weniger aufklärerisch oder tolerant als oftmals angenommen werde, dokumentierten aber ein kulturübergreifendes Bedürfnis, die Möglichkeit zu verhandeln, die Wahrheit zu finden, und die Unsicherheit zu bewältigen, zu keiner definitiven Lösung zu finden (vgl. S. 238). Man könnte von einer *performativen* Strategie sprechen: »Die Methode als solche, Wissen mit Erzählungen zu vermitteln, gehört über alle sprachlichen und theologischen Grenzen hinweg zum gemeinsamen kulturellen Erbe« (S. 287–288). Eine *normative* Strategie, nämlich Absolutheitsansprüche zu formulieren, hatte hingegen weniger Erfolg (S. 298). Zweifel - methodischen und existenziellen - gab es auch im Mittelalter, teils auch mit didaktischer Funktion, und zwar wiederum in der »unterweisenden Literatur«: »Die darin auftauchenden Zweifler (sind) konkret und nah am Leben. Sie boten Identifikationsmodelle und zeigten Lösungswege. Die Vorstellung vom Mittelalter als Zeitalter eines naiven Glaubens, der von engstirnigen Dogmatikern eingebläut wird, ist ein moderner Mythos« (S. 324–325).[23]

Ich breche die Skizze von W.s Argumentation hier ab, denn nicht dieses Buch ist Gegenstand der vorliegenden Rezension. W. hält summierend fest: »Der Exklusivitätsanspruch der drei Glaubenstraditionen war ein Produkt ihrer gemeinsamen Geschichte und nicht der Offenbarungstexte. Die Offenheit der Kulte und Kultgemeinden in der Spätantike verschwand erst allmählich durch soziale Praktiken, die Menschen eindeutigen Kategorien zuordneten. Geschlossene Formationen entstanden durch die Definition sozial und rechtlich ungleicher Gruppen, die der Verbreitung theologischer Systeme vorausging« (S. 483). Religion(en) entstand(en) nach W. also nicht schon in der Spätantike, sondern in einem ein Jahrtausend währenden Prozess: »Durch die Rivalität zwischen Juden, Christen und Muslimen und durch die Rezeption philo-

[23] Dazu erfolgt ein Verweis auf Dorothea Weltecke, »Der Narr spricht: Es ist kein Gott«. Atheismus, Unglauben und Glaubenszweifel vom 12. Jahrhundert bis zur Neuzeit (Campus Historische Studien 57), Frankfurt/New York 2010. Wo der genannte Mythos in der wissenschaftlichen Literatur der Gegenwart erzählt wird, bleibt allerdings offen.

sophischer Methoden wurden die Lehren systematisiert«; es entstanden zunächst »kultische Gravitationskerne mit eigenen Lehrbegründungen« (S. 485), die sich zu »Herkunftsgemeinden und ›Gesetze[n]‹« verfestigten (S. 490), und zwar durch »Privilegieren, Separieren und Diskriminieren« (S. 491). Diese Entwicklung kam nach W. erst im Spätmittelalter zum Abschluss, und selbst dann noch nicht vollständig, da den Religionen noch »ihre theoretische Herauslösung und die Ontologisierung des Begriffes ›Religion‹« fehlte (S. 494). W. schließt in bedauerndem Ton: »Juden, Christen und Muslime hätten Geschwister sein können; ihre Geschichte hat das verhindert«, doch bleibe die Möglichkeit erhalten, einander »von ihrem Weg zu erzählen« (S. 495). Dass eine ›große‹ Erzählung so endet, ist treffend – dass sie die Genese von Religion(en) im Grunde als Verhärtungs- und Erstarrungsgeschichte erzählt, ist schade.

7. Welches Licht fällt durch die Lektüre von Welteckes Buch auf dasjenige von Merkt? Sollte man die Entstehung von Religionen besser doch dem zweiten Jahrtausend zuschreiben – müsste dann aber auch auf das Postulat einer spezifischen Modernität (und Modernekompatibilität) der spätantiken Religionen verzichten? Der Vergleich beider Bücher macht jedenfalls deutlich, dass es ›die‹ Geschichte der Religion nicht gibt und vielleicht auch nicht geben kann, nicht nur weil der Gegenstand ›Religion‹ so flüchtig ist, sondern weil es auch im Auge der Betrachterin und des Betrachters zu liegen scheint, wie man diese Geschichte konstruiert. Während Weltecke normativen Texten in dieser Hinsicht weitgehend misstraut – »Macht belegt Wahrheit« (S. 324) – und ganz auf Praktiken setzt (die aber im konkreten Fall auch oft literarischer Natur sind), geht Merkt mit dem ›praxeologischen‹ Ansatz in gewisser Weise konform[24], fragt aber auch und gerade nach den inhaltlichen Leitideen über Gott, Welt und Mensch, die in den Religionen der Spätantike übereinstimmen. Gemein ist beiden Ansätzen, dass sie teils unbekannte, teils unerwartete textliche, bildliche und materielle Quellen in den Vordergrund stellen und von hier aus die religiöse Welt der Spätantike bzw. des Mittelalters erschließen wollen. Und ebenso zielen beide darauf ab, Konstellationen des religiösen Miteinanders zu beschreiben, die vielleicht nicht als »friedlich« oder »aufgeklärt«, jedenfalls aber als »ambiguitätstolerant« gelten können – im Übergang zum Mittelalter respektive zur Frühen Neuzeit aber von konfliktuösen, kompetitiven und gewaltträchtigen Entwicklungen überrollt wurden. Dabei wird bei Weltecke das

[24] Vgl. hierzu auch Peter Gemeinhardt, Praktische Patristik, in: Elisabeth Gräb-Schmidt/Martina Kumlehn (Hgg.), Praxis (MJTh XXXIV = MThSt 142), Leipzig 2023, 34–64.

Potenzial der geschichtlichen Bestandsaufnahme von Religion für die Gegenwart eher angedeutet, während Merkt ausdrücklich darauf zielt, aus dem Blick in die Geschichte eine Perspektive für heute zu generieren. Religion in der Spätantike erscheint in einer Form, die sie heute (wieder) haben sollte - oder vorsichtiger gesagt: Sie repräsentiert eine den ›abrahamitischen‹ Weltreligionen gemeinsame Botschaft, die auch heute gehört zu werden verdient.

Unabhängig davon, in welchem Maße man M. zuzustimmen oder zu widersprechen geneigt ist, muss man dem Autor großen Respekt zollen, dass er sich in einer Zeit höchster Spezialisierung der Forschung nicht mit Einzeluntersuchungen aus eigener Feder oder mit dem Herausgeben eines Sammelbandes mit mehr oder weniger stark miteinander vernetzten Studien verschiedener Autorinnen und Autoren begnügt, sondern es vielmehr gewagt hat, die höchst komplexe Welt der spätantiken Religiosität unter einer übergreifenden Leitperspektive und aus einer Hand darzustellen. Dass dies die Hand eines Experten für die christliche Religion ist und darum dem Christentum eine prominente, das gesamte Narrativ orientierende Rolle zugeschrieben wird, verschweigt M. nicht (S. 83). Wer meint, dies sei eine positionelle Herangehensweise, trifft sicher etwas Richtiges, möge dann aber auch eine Alternative aufzeigen, wie man eine nicht-positionelle, quasi interesselose Religionsgeschichte der Spätantike schreiben kann - also eine alternative ›große‹ Erzählung, die sich dann aber mindestens so gut lesen lassen möge wie M.s Werk.

MARBURGER THEOLOGISCHE STUDIEN

begründet von
Hans Graß und Werner Georg Kümmel

ab Band 19 herausgegeben von
Wilfried Härle und Dieter Lührmann

ab Band 100 herausgegeben von
Friedhelm Hartenstein und Michael Moxter

AUSGEWÄHLTE TITEL

Band 145:	Marburger Jahrbuch Theologie XXXVI., „Das Neue", Hrsg. von Elisabeth Gräb-Schmidt und Martina Kumlehn, 2025.
Band 144:	Smith, Anna: Wahrnehmung und Darstellung des Unendlichen. Schleiermachers Individualitätsdenken im Kontext der Frühromantik, 2024.
Band 143:	Marburger Jahrbuch Theologie XXXV., „Das Böse", Hrsg. von Elisabeth Gräb-Schmidt und Martina Kumlehn, 2024.
Band 142:	Marburger Jahrbuch Theologie XXXIV., „Praxis", Hrsg. von Elisabeth Gräb-Schmidt und Martina Kumlehn, 2023.
Band 141:	Marburger Jahrbuch Theologie XXXIII., „Medium und Botschaft ", Hrsg. von Elisabeth Gräb-Schmidt und Volker Leppin, 2022.
Band 140:	Preul, Reiner: Reformatorische Predigt in der Gegenwart, 2022.
Band 139:	Christentum im Werden, Hrsg. von André Munzinger und Bernd Harbeck-Pingel, 2021.
Band 138:	Pumperla, Anne: Innen und Außen. Differenztheoretische Alternativen einer Religionstheologie, 2020.
Band 137:	Marburger Jahrbuch Theologie XXXII. „Geschichte als Thema der Theologie". Hrsg. von Elisabeth Gräb-Schmidt und Volker Leppin, 2020.

Band 136:	Goertz, Harald: Allgemeines Priestertum und ordiniertes Amt bei Luther, 2020.
Band 135:	Ugi, Dorothea: Den Tod vor Augen. Systematisch-theologische Blicke auf thanatologische Entwürfe, 2021.
Band 134:	Vernunft – Fiktion – Glaube, Hrsg. von Michael Moxter und Markus Firchow, 2020.
Band 133:	Firchow, Markus: Das freie Spiel der Bilder. Vernunft und Fantasie bei Schleiermacher, 2023.
Band 132:	Transzendenz und Rationalität. Hrsg. von Elisabeth Gräb-Schmidt, Benjamin Häfele, Christian P. Hölzchen, 2019.
Band 131:	Marburger Jahrbuch Theologie XXXI. „Kanon". Hrsg. von Elisabeth Gräb-Schmidt und Volker Leppin, 2019.
Band 130:	Marburger Jahrbuch Theologie XXX. „Gottesdienst". Hrsg. von Elisabeth Gräb-Schmidt und Reiner Preul, 2018.
Band 129:	Relationale Erkenntnishorizonte zwischen Exegese und Systematischer Theologie. Hrsg. von Walter Bührer, Raphaela J. Meyer zu Hörste-Bührer, 2017.
Band 128:	Marburger Jahrbuch Theologie XXIX. „Anthropologie". Hrsg. von Elisabeth Gräb-Schmidt und Reiner Preul, 2017.
Band 127:	Sparn, Walter: Gott, Tugend und Unsterblichkeit. Theologische Aufsätze II: Protestantisches Christentum und die Herausforderung „Aufklärung", 2016.
Band 126:	Rationalität im Gespräch – Rationality in Conversation. Philosophische und theologische Perspektiven – Philosophical and Theological Perspectives. Hrsg. von Markus Mühling in Gemeinschaft mit Christina Drobe, Dirk-Martin Grube, Alexander Kupsch, Paul Peterson und Martin Wendte, 2016.
Band 125:	Marburger Jahrbuch Theologie XXVIII. „Wunder". Hrsg. von Elisabeth Gräb-Schmidt und Reiner Preul, 2016.
Band 124:	Fickert, Valerie: Erfahrung und Offenbarung, Ingolf U. Dalferths Beitrag zur Debatte, 2016.

Band 123: Leibhaftes Personsein, Theologische und interdisziplinäre Perspektiven. Hrsg. von Elisabeth Gräb-Schmidt, Matthias Haesch, Friedrich Lohmann, Dorothee Schlenke, Christoph Seibert, 2016.

Band 122: Marburger Jahrbuch Theologie XXVII. „Natur". Hrsg. von Elisabeth Gräb-Schmidt und Reiner Preul, 2015.

Band 121: Marburger Jahrbuch Theologie XXVI. „Gemeinwohl". Hrsg. von Elisabeth Gräb-Schmidt und Reiner Preul, 2014.

Band 120: Lührmann, Dieter: Theologische Exegese im Horizont von Text und Geschichte. Gesammelte Aufsätze. Hrsg. von Egbert Schlarb, 2014.

Band 119: Marburger Jahrbuch Theologie XXV. „Das Alte Testament in der Theologie". Hrsg. von Elisabeth Gräb-Schmidt und Reiner Preul, 2013.

Band 118: Mätzke, Verena: Gerechtigkeit als „fromkeit". Luthers Übersetzung von *iustitia dei* und ihre Bedeutung für die Rechtfertigung heute, 2013.

Band 117: Feindschaft. Theologische und philosophische Perspektiven. Hrsg. von Markus Firchow und Michael Moxter, 2013.

Band 116: Marburger Jahrbuch Theologie XXIV. „Auferstehung". Hrsg. von Elisabeth Gräb-Schmidt und Reiner Preul, 2012.

Band 115: Werries, Holger: Alles Handeln ein Handeln der Kirche. Schleiermachers Ekklesiologie als Christologie, 2012.

Band 114: Tippmann, Cornelia: Die Bestimmung des Menschen bei Johann Joachim Spalding, 2011.

Band 113: Marburger Jahrbuch Theologie XXIII. „Christologie". Hrsg. von Elisabeth Gräb-Schmidt und Reiner Preul, 2011.

Band 112: Selbstbestimmung in der Perspektive theologischer Ethik. Hrsg. von Frank Martin Brunn und Alexander Dietz, 2011.

Band 111: Marburger Jahrbuch Theologie XXII. „Ästhetik". Hrsg. von Elisabeth Gräb-Schmidt und Reiner Preul, 2010.

Band 110: Anknüpfung und Aufbruch. Hermeneutische, ästhetische und politische Perspektiven der Theologie. Hrsg. von Cornelia Richter, 2011.

Band 109: Warnemann, Alexander: Der Marburger Theologe Hans Graß. Die entmythologisierte Dogmatik, 2012.

Band 108: Zerrath, Martin: Vollendung und Neuzeit. Transformation der Eschatologie bei Blumenberg und Hirsch, 2011.

Band 107: Marburger Jahrbuch Theologie XXI. „Wahrheit". Hrsg. von Wilfried Härle und Reiner Preul, 2009.

Band 106: Riede, Peter: Schöpfung und Lebenswelt. Studien zur Theologie und Anthropologie des Alte Testaments, 2009.

Band 105: Marburger Jahrbuch Theologie XX. „Sünde". Hrsg. von Wilfried Härle und Reiner Preul, 2008.

Band 104: Dahnelt, Reiner: Funktion und Gottesbegriff. Der Einfluss der Religionssoziologie auf die Theologie am Beispiel von Niklas Luhmann und Falk Wagner, 2009.

Band 103: Sparn, Walter: Frömmigkeit, Bildung, Kultur. Theologische Aufsätze I: Lutherische Orthodoxie und christliche Aufklärung in der frühen Neuzeit, 2012.

Band 102: Preul, Reiner: Die soziale Gestalt des Glaubens. Aufsätze zur Kirchentheorie, 2008.

Band 101: Marburger Jahrbuch Theologie XIX. „Personalität Gottes". Hrsg. von Wilfried Härle und Reiner Preul, 2007.

Band 100: Menschenbild und Theologie: Beiträge zum interdisziplinären Gespräch. Hrsg. von Frank Martin Brunn, Alexander Dietz, Christian Polke, Sibylle Rolf und Anja Siebert, 2007.

Band 99: Härle, Wilfried: Willensfreiheit und Prädestination, 2009. *vergriffen*

Band 98: Haigis, Peter: Pluralismusfähige Ekklesiologie. Zum Selbstverständnis der evangelischen Kirche in einer pluralistischen Gesellschaft, 2008. *vergriffen*

Band 97: Ethik im Kontinuum: Beiträge zur relationalen Erkenntnistheorie und Ontologie. Hrsg. von Wilfried Härle, 2008.

Band 96: Stock, Konrad: Die Gegenwart des Guten. Schriften zur Theologie, 2006.

Band 94: Marburger Jahrbuch Theologie XVIII. „Verstehen über Grenzen hinweg". Hrsg. von Wilfried Härle und Reiner Preul, 2006.

Band 93: Bäder-Butschle, Ivo: Interpretation der moralischen Welt. Michael Walzers Philosophie der moralischen Praxis als Impuls für die theologische Ethik, 2006.

Band 92: Lehmeier, Karin: Oikos und Oikonomia. Antike Konzepte der Haushaltsführung und der Bau der Gemeinde bei Paulus, 2006. *vergriffen*

Band 91: Künstliche Intelligenz und menschliche Person, Hrsg. von Wolfgang Achtner, Johannes Dittmer, Anja Haag, Christoph Keil, Martin Jung, Heike Preising, Axel Schumann-Luck und Vladislav Soskin, 2006.

Band 90: Theologie zwischen Pragmatismus und Existenzdenken. Festschrift für Hermann Deuser. Hrsg. von Gesche Linde, Richard Purkarthofer, Heiko Schulz, und Peter Steinacker, 2006.

Band 89: Marburger Jahrbuch Theologie XVII. „Menschenwürde". Hrsg. von Wilfried Härle und Reiner Preul, 2005.

Band 88: Spengler, Franziska Friederike: Kindsein als Menschsein. Beitrag zu einer integrativen theologischen Anthropologie, 2005. *vergriffen*

Band 87: Holtmann, Thomas: Die Magier vom Osten und der Stern. Mt 2,1–12 im Kontext frühchristlicher Tradition, 2005. *vergriffen*

Band 86: Russische Religionsphilosophie und Theologie um 1900. Hrsg. von Karl Pinggéra, 2005.

Band 85: Patristica et Oecumenica. Festschrift für Wolfgang A. Bienert, Hrsg. von Peter Gemeinhardt und Uwe Kühneweg, 2004.

Band 84: Marburger Jahrbuch Theologie XVI. „Das Selbst in der Evolution". Hrsg. von Wilfried Härle und Reiner Preul, 2004.

Band 83: Latzel, Thorsten: Theologische Grundzüge des Heidelberger Katechismus. Eine fundamentaltheologische Untersuchung seines Ansatzes zur Glaubenskommunikation, 2004.

Band 82: Kutting, Dirk: Gesinnungsbildung: Die humanistische Schul- und Bildungstheorie Hartmut von Hentings in theologischer Sicht, 2004.

Band 81: Volkmann, Stephan: Der Zorn Gottes. Studien zur Rede vom Zorn Gottes in der evangelischen Theologie, 2004.

Band 80: Systematisch praktisch. Festschrift für Reiner Preul. Hrsg. von Wilfried Härle, Bernd-Michael Haese, Kai Hansen und Eilert Herms, 2005.

Band 79: Janssen, Bernd Holger: Die Inkarnation und das Werden der Menschheit. Eine Interpretation der Weihnachtspredigten Friedrich Schleiermachers im Zusammenhang mit seinem philosophisch-theologischen System, 2003.

Band 78: Schwöbel, Marlene: Kirche auf dem Prüfstand: Eine Untersuchung zu den theologischen Orientierungen kirchlicher Strukturplanung, 2003.

Band 77: Charbonnier, Ralph: Technik und Theologie. Ein theologischer Beitrag zum interdisziplinären Technikdiskurs unter besonderer Berücksichtigung der Theologie F.D.E. Schleiermachers, 2003.

Band 76: Die bleibende Gegenwart des Evangeliums. Festschrift für Otto Merk. Hrsg. von Roland Gebauer und Martin Meiser, 2003.

Band 75: Theologie und Kirchenleitung. Festschrift für Peter Steinacker. Hrsg. von Hermann Deuser, Gesche Linde und Sigurd Rink, 2003.

Band 74: Marburger Jahrbuch Theologie XV. „Religion“. Hrsg. von Wilfried Härle und Reiner Preul, 2003. *vergriffen*

Band 73: Harbeck-Pingel, Bernd: Gesellschaft und Reich Gottes. Studien zu Alterität, Kommunikation und Haltung, 2003.

Band 72: Reinhardt, Ursula: Religion und moderne Kunst in geistiger Verwandtschaft. Robert Musils Roman „Der Mann ohne Eigenschaften“ im Spiegel christlicher Mystik, 2003.

Band 71: Marburger Jahrbuch Theologie XIV. „Ethik und Recht". Hrsg. von Wilfried Härle und Reiner Preul, 2002.

Band 70: Leben und Kirche. Festschrift für Wilfried Härle. Hrsg. von Uta Andrée, Frank Miege und Christoph Schwöbel, 2001.

Band 69: Gebhardt, Rüdiger: Heil als Kommunikationsgeschehen. Analysen zu dem in Luthers Rechtfertigungslehre implizierten Wirklichkeitsverständnis, 2002.

Band 68: Herms, Eilert: Von der Glaubenseinheit zur Kirchengemeinschaft II, 2003.

Band 67: Marburger Jahrbuch Theologie XIII. „Woran orientiert sich Ethik". Hrsg. von Wilfried Härle und Reiner Preul, 2001.

Band 66: Beiner, Melanie: Intentionalität und Geschöpflichkeit. Die Bedeutung von Martin Luthers Schrift „Vom unfreien Willen" für die theologische Anthropologie, 2000.

Band 65: Lippert, Stefan: Recht und Gerechtigkeit bei Thomas von Aquin. Eine rationale Rekonstruktion im Kontext der Summa Theologiae, 2000.

Band 64: Marburger Jahrbuch Theologie XII. „Ökumene". Hrsg. von Wilfried Härle und Reiner Preul, 2000. *vergriffen*

Band 63: Mohri, Erika: Maria Magdalena. Frauenbilder in Evangelientexten des 1. bis 3. Jahrhunderts, 2000.

Band 62: Das Wesen des Christentums: Hrsg. von Dietrich Korsch und Cornelia Richter, 2002.

Band 61: Schnuck, Martin: Staatstheorie und Wirklichkeitsverständnis., 2000.

Band 57: Wohlers, Michael: Heilige Krankheit. Epilepsie in antiker Medizin, Astrologie und Religion, 1999.

Band 56: Schlapkohl, Corinna: Persona est naturae rationabilis individua substantia. Boethius und die Debatte über den Personbegriff, 1999.

Band 55: Bienert, Wolfgang A.: Werden der Kirche – Wirken des Geistes. Beiträge zu den Kirchenvätern und ihrer Nachwirkung. Hrsg. von Uwe Kühneweg, 1999.

Band 54: Im Kontinuum: Annäherungen an eine relationale Erkenntnistheorie und Ontologie. Hrsg. von Wilfried Härle, 1999.

Band 53: Marburger Jahrbuch Theologie XI. „Reich Gottes". Hrsg. von Wilfried Härle und Reiner Preul, 1999. *vergriffen*

Band 52: Vetter, Martin: Zeichen deuten auf Gott. Der zeichentheoretische Beitrag von Charles S. Peirce zur Theologie der Sakramente, 1999.

Band 50: Text und Geschichte. Facetten theologischen Arbeitens aus dem Freundes- und Schülerkreis. Festschrift für Dieter Lührmann. Hrsg. von Stefan Maser und Egbert Schlarb, 1999.

Band 48: Braungart, Christiane: Mitteilung durch Darstellung. Schleiermachers Verständnis der Heilsvermittlung, 1998.

Band 27: Herms, Eilert: Von der Glaubenseinheit zur Kirchengemeinschaft. Plädoyer für eine realistische Ökumene, (1989) ^{2}2004. *Vergriffen*